Buch

Geheimdienste: Sie sind der Ku-Klux-Klan einer jeden Gesellschaft. Ihre Mitglieder manipulieren führende Politiker, Generäle, Waffenhändler und Geschäftsleute für ihre Zwecke. Sie gieren nach Macht und Einfluß auf allen Ebenen, und es besteht zu jeder Zeit die Gefahr, daß sie sich zu einer unkontrollierten Schattenmacht, einer »Mitternachtsregierung« entwickeln.

Die Schauplätze, an denen Jürgen Roth für seinen schonungslosen Report recherchierte: USA, Frankreich, Südafrika, die Schweiz, die Bundesrepublik und der Iran. Beteiligte haben ausgepackt – aber viele andere haben Angst um ihr Leben. »Wir jagen dir eine Kugel in den Kopf«, drohte ein südafrikanischer Geheimagent, als es Jürgen Roth gelang, südafrikanische Todeskommandos, die in Europa unbehelligt ihr schmutziges Geschäft erledigen, ausfindig zu machen. Und ein französischer Geheimagent und Waffenhändler meinte: »Ihr seid Selbstmörder, wenn ihr weiterrecherchiert!« Jürgen Roth ist es gelungen, wenigstens die Spitze des Eisbergs zu entdekken. Zum erstenmal wird enthüllt, wie und in welchem Umfang Geheimdienste inzwischen auf politische Ereignisse Einfluß nehmen.

Autor

Jürgen Roth, Jahrgang 1945, ist Journalist und Schriftsteller. Buchveröffentlichungen unter anderem: *Armut in der Bundesrepublik* (1971), *Frankfurt: Die Zerstörung einer Stadt* (1975), *Geographie der Unterdrückung – die Kurden* (1978), *Zeitbombe Armut. Soziale Wirklichkeit in der Bundesrepublik* (1985), *Makler des Todes* (1986) und *Rambo. Die Söldner* (1988).

Der Autor zahlreicher Fernsehdokumentationen erhielt 1985 den Fernsehpreis der Bundesarbeitsgemeinschaft der Freien Wohlfahrtsverbände.

JÜRGEN ROTH

DIE MITTER- NACHTS— REGIERUNG

Wie westliche Geheimdienste internationale Politik manipulieren Ein schonungsloser Report

GOLDMANN VERLAG

Der Goldmann Verlag
ist ein Unternehmen der Verlagsgruppe Bertelsmann

Made in Germany · 2/92 · 1. Auflage
Genehmigte Taschenbuchausgabe
Copyright © 1990 by Rasch und
Röhring Verlag, Hamburg
Umschlaggestaltung: Design Team München
Druck: Presse-Druck Augsburg
Verlagsnummer: 12318
SK · Herstellung: Heidrun Nawrot
ISBN 3-442-12318-6

Inhalt

Vorwort

> »Niemand soll und wird es schauen, was einander wir
> vertrauen, denn auf Schweigen und Vertrauen ist der
> Tempel aufgebaut.«
>
> *J. W. Goethe*

Der Wolkentorbogen, riesig und grau, stülpt sich dämonenhaft,
als wolle er das Bergmassiv verschlingen, über den Kaunergrat,
eine kilometerlange Kette von Zacken und Spitzen, im äußersten
Süden von Tirol. Von hier aus sind es nur wenige Kilometer bis
zur italienischen Staatsgrenze. In der Bergmulde eines über
3 000 Meter hohen Massivs liegt ein schmutziges gelbgraues
Schneefeld. Noch werden die Wolken in der Mitte des Torbo-
gens von der Abendsonne bestrahlt. Doch das Tageslicht, das
von den rötlichen Sonnenstrahlen auf die Wolkenwände geworfen wird, löst sich auf, als die Gewitterwolken in das Tal hinun-
terschwappen.
Der beleibte Agent, ein Nordamerikaner mit vielen Alias-Na-
men, alias Georg C. alias Samit alias Mr. Y. Dieser Ex-CIA-
Mann sieht von dem, was sich draußen zusammenbraut, nichts.
Magisch zieht ihn etwas furchtbar Triviales in Bann. »It's din-
ner-time.« Verwaschene Jeans, Cowboy-Stiefel und ein labbri-
ger Pullover. Er entspricht nicht unbedingt dem luxuriösen Am-
biente des Hotels, in dem er dem Dinner entgegenfieberte.
Agententreff im glücklichen Austria. Mister Alias kommt gerade aus Wien. Familienangehörige von ihm, ehemalige Mitarbeiter der CIA, sie nennen sich »Senioren«, hatten sich in einem
Hotel getroffen, um über die neueste Entwicklung in der »Company« zu reden, wie der amerikanische Nachrichtendienst CIA
von seinen Agenten intern genannt wird. Tagesthema in Wien,
plaudert Mister Alias, wobei er zunehmend aggressiver wird, ist

die Tatsache, daß es seiner Company unter dem derzeitigen Präsidenten Bush so gut wie nie geht. Was die Senioren besonders stört, ist, daß die Abteilung »Operations Directorate«, verantwortlich für verdeckte Operationen, vom Waffenhandel über Destabilisierung bis hin zu politischen Morden, eine Blütezeit durchmacht. Die Senioren in Wien, die sich als liberale Agenten verstehen wollen, akzeptieren das nicht.

Weil sie sich ärgern, streuen sie ein paar delikate Informationen. »Bush bekommt seine Geheimdienstinformationen unbearbeitet, ungefiltert, ungeprüft auf den Tisch, sozusagen als Rohmaterial.« Das ist neu.

Normalerweise, weiht mich der Agent in die Intimsphäre präsidialer Informationsbeschaffung ein, erhält der höchste Mann im Staat einen täglichen Vortrag über die nachrichtendienstliche Lage, das »Digest« und »Cable summary«. Die Zusammenfassung dessen, was Spione, Satelliten und Agentenstellen täglich aus allen Ländern dieser Welt abgehört und niedergeschrieben haben, wird ins »Fort« gefunkt, in die »Festung«, das Hauptquartier des amerikanischen Nachrichtendienstes CIA im grünen Langley/Virginia. Unter Bushs Vorgängern wurde das geheimdienstlich gesammelte Nachrichtenmaterial zuerst ausgewertet. Nicht jeder Blödsinn, den Agenten oder Dienststellen nach Langley funkten, wurde an den Präsidenten weitergegeben. Die Zusammenfassung ging dann über den Nationalen Sicherheitsberater an den Präsidenten. In besonderen Fällen ließ sich der Präsident vom CIA-Direktor unterrichten.

Bush ist nicht nur der erste Präsident in den USA, der selbst einmal CIA-Chef war, sondern auch der erste, der nun die ungefilterten Informationen, in denen auch die Quellen genannt werden, direkt zu lesen bekommt. »Seine wichtigste Lektüre«, empört sich Mister Alias, »ist dieses Material, das er jeden Morgen bündelweise, noch vor dem Frühstück, wie eine Droge in sich hineinzieht.«

»Was noch wichtiger ist«, beschwert er sich weiter, »bislang mußten Anordnungen über Einsätze der CIA schriftlich festgehalten werden.« Jetzt läuft das mündlich zwischen Bush und dem CIA-Direktor.

Aktionen der CIA entziehen sich somit der Kontrolle des Kongresses, weil nichts nachgewiesen werden kann und verräterische schriftliche Dokumente fehlen.

Agent Alias versteht sich als einer der liberalen Restposten in der CIA, einer Fraktion, die immer mehr ins Hintertreffen kommt, weil die Hardliner seit Jahren das Sagen haben. Ein Motiv dafür, daß er auspacken will.

Bei einem der ersten Treffen, noch in Washington, bot er zum erstenmal an, Insiderinformationen preiszugeben, lockte mit sensationellen Enthüllungen.

Wohl wissend, welch fragwürdige Quellen Agenten sind, pflegten wir seitdem behutsam den Kontakt. Er ist ja auch kein unsympathischer Typ, im Gegenteil.

Daher sitzen wir jetzt hier, im Restaurant eines noblen Tiroler Vier-Sterne-Hotels, darunter tut es ein Agent wohl nicht.

Wir wollen ihm Gutes antun, führen ihn zuerst durch das Dorf, eigentlich ein Skiort, dessen Hänge mit Liften vollgepflastert sind. Ein Dorf, das sich rühmt, die einzige Dorf-U-Bahn der Welt zu besitzen. »American way of life« in den Tiroler Bergen.

Kaum sind die Körbchen mit den aufgewärmten Minisemmeln auf den Tisch gestellt, schon hat er zugegriffen. In fünf Minuten ist alles weg. Die Vorspeise, eine kalte Suppe aus heimischem Steinobst, »mit dem luftigen Karamelstangerl«, wie es auf der Speisekarte steht, weg. Lautes Knirschen, Schmatzen, Rülpsen – nichts bleibt übrig. Der poelierte Auflauf verschiedener Freilandgemüsearten »auf Veltlinerschaum« – es ist kaum vorstellbar –, mit rasender Geschwindigkeit verschwindet er in einem Mund und in einem Magen, der durch nichts irritierbar erscheint.

Der Koch gibt sich Mühe.

Der im kaltgepreßten Olivenöl gebratene Rinderhochrücken, umrandet von einer leichten Gurken-Kümmel-Creme, verziert mit frisch geerntetem Feldkürbis, gerade serviert – schon weg und ein neuer Rülpser. Nervtötend.

Wir sind keine guten Geister, die einem Ex-Agenten (oder ist er doch noch aktiv?) uneigennützig ein nicht billiges Abendessen bezahlen. Pommes, Ketchup und irgendwelche Würste hätten es wohl auch getan. Er hätte uns dann jedoch höchst mißtrauisch beäugt: Wie könnt ihr mir so etwas antun? Nein. Es muß etwas Besonderes sein. Bitte schön.

Dafür soll er, verdammt noch mal, jetzt sitzen wir schon eine Stunde zusammen, endlich auspacken, über das schizophrene Leben eines Geheimagenten, über Geheimdienste, über die viel geredet, noch mehr geschrieben wurde und über die wir viel zuwenig wissen, allenfalls Bruchstücke, die viel zu brüchig sind, um sich eine Meinung bilden zu können. Noch ist er nicht bereit.

Wie gebannt beobachten wir den Freßvorgang, vergessen deshalb für Minuten den Grund für unser Hiersein, lauschen seinem mahlenden Zerstörungswerk im Mund, das immer weiterverschlingt, was ihm an kulinarischen Köstlichkeiten auf den Teller gelegt wird.

Beim Nachtisch, einem mit Pistazien-Topfenmus gefüllten Zitronenomelette, garniert mit Honigmelonennektar, holt er zum erstenmal Atem, macht eine Pause, und wir kommen dazu, ihn etwas näher zu befragen.

Ist er überhaupt jener geheimnisvolle Mann, über den in Amerika soviel berichtet wurde? Welche Identität ist seine wahre?

Er kann ja vieles, und das stundenlang, behaupten, wo er überall für das glorreiche Amerika mit schmutzigen Tricks als Agent gewirkt hat – Belege müssen auf den Tisch. Zuerst ziert er sich, muß sich wohl zieren, je länger die Ungewißheit, desto interessanter die Person. Beim vierten Glas Tignanelle, einem herben italienischen Weißwein, Jahrgang 1983, löst sich die Spannung. Er kramt aus einer schwarzen Lederhülle Ausweise. Einen aus Vietnam. Auf dem Stück Plastik der »Study-Observation Group« der US-Army steht sein Rang: Oberst. Wir begutachten die Identitätskarte, staunen, so etwas haben wir noch nie gesehen. »Der Inhaber des Ausweises verfügt über uneingeschränkte Vollmachten.« Dann, nach einer Weile, zückt er einen Pilotenausweis der »Air America«. Aha, Air America, die CIA-Fluggesellschaft. Man kennt sie in eingeweihten Kreisen als eine berüchtigte CIA-Transportfirma: für Waffen, Drogen samt Agenten, die in geheimer Mission das Werkzeug für ihr Wirken unter die Leute bringen. Das Foto – ist er das wirklich? Das aus Vietnam ist dreißig Jahre alt, und das, aufgenommen, als er bei der »Air America« diente, dürfte auch älter als zwanzig Jahre sein. Damals war er schlank, heute fällt er ins andere Extrem. Damals, in den sechziger Jahren, arbeitete er in Vietnam bei einer Einheit, der »Study-Observation Group«. Innerhalb der Einheit gab es wiederum eine Spezialtruppe, das »Phönix-Programm«. Unter dem Vorwand, Vietnam zu »befrieden«, wurden all jene Vietnamesen gefoltert und ermordet, die in den Ruch des Verdachts kamen, mit den Vietcongs zusammenzuarbeiten. 40 000 Verdächtige wurden auf diese Weise »befriedet«. Nicht nur dafür war Mister Alias an prominenter Stelle verantwortlich. Er brachte darüber hinaus, zum Siege amerikanischer Ideale, den Drogenhandel in Südostasien in Schwung. Der laotische Bergstamm »Meo« durfte seine Opiumanbauflächen ausdehnen, die CIA kaufte ihnen das Opium ab, als Gegenleistung erhielten sie Waffen und Ausbilder, um gegen die verhaßten Kommunisten kämpfen zu können. Das ist also einer jener Männer, die heute geläutert sein wollen? Ein Agent, damals Ende der sechziger Jahre schon Oberst, der in Ausübung schlimmster Kriegsverbrechen hohe Orden an den Uniformrock geheftet bekam und heute bereut?

Ja, damals, in den sechziger und siebziger Jahren, goldene Zeiten waren das für Agenten. Aber in unseren aufgeklärten Zeiten kann es doch nicht mehr passieren, Drogen zu politischen Zwecken einzusetzen, wagen wir naiv einen Einspruch, obwohl wir's besser wissen müßten.

Der realpolitische Dämpfer, wir rechneten damit, folgt sofort. Was damals begonnen wurde, die todbringenden Drogen als politische Waffe einzusetzen, das wollten und konnten er und sein Auftraggeber in Langley nicht aufgeben. Mister Alias, der sich nun zufrieden in den Stuhl zurücklehnt, die Kirchenglocken läuten zur 20-Uhr-Andacht in die barocke Dorfkapelle, kommt ins Erzählen. Wir haben es geschafft. 1985 war er dabei, als vom Boden der Bundesrepublik aus synthetische Drogen in die USA geschmuggelt wurden. Über fünf Tonnen des synthetischen Teufelszeugs wollten er und seine deutschen Helfer außer Landes bringen. Dummerweise flog der Schmuggel auf. In seinem Buch »Der Mob« schildert auch Dagobert Lindlau, welch riesiges kriminelles Geschäft das war. Er wundert sich dabei, daß das Ganze so gut organisiert gewesen sei, vermutet, daß es von einer mächtigen Organisation gelenkt sein müßte und man eigentlich einen Geheimdienst hinter der Aktion vermuten müßte. Was Lindlau nicht aussprechen wollte oder weil ihm die Informationen fehlten, Mister Alias scheut sich nicht, darüber zu reden. Auftraggeber waren nicht die kolumbianischen Drogenbarone, keine Cosa Nostra, auch nicht die sizilianische Mafia – sondern die ehrenwerte Staatsfirma CIA. Mit dem Erlös sollten die Contras in Nikaragua finanziert werden. Wäre der Schmuggel nicht aufgeflogen, was Mister Alias immer noch peinlich berührt, dann hätte es Erlöse in Milliardenhöhe gegeben. Irgendwie mußte ja der antikommunistische »Freiheitskampf« der Contras unterstützt werden. Verdeckt und heimlich, durch kriminelle Machenschaften, an denen die Saubermänner der amerikanischen Regierung beteiligt waren.

»Drogen und Geheimdienste«, so lernen wir inmitten der unschuldigen Tiroler Bergwelt, in der die Wellen der Empörung hochgehen, wenn wieder mal ein räuberischer Fuchs einen Hühnerstall ausräumt oder ein Wilderer, der ein Reh geschossen hat, das ärgste ist, was sich an krimineller Energie entlädt, »Drogen und Geheimdienst«, insistiert der Agent, »das ist ein besonders dreckiges Arbeitsgebiet, auf dem sich einige Kollegen und Staaten tummeln, die ansonsten vehement den Drogen den Krieg erklären.«

Er, der langgediente Ex-Agent aus Langley, ist zweifellos kein Herr Irgendjemand, sondern ein eher außergewöhnlicher Mann, außergewöhnlich schon dadurch, daß er hochgebildet ist und von Selbstzweifeln geplagt. Wären nicht das aufdringliche Schmatzen und die üble Angewohnheit, ständig, pausenlos, irgend etwas zu essen, keine Ruhe zu geben, bis nicht alles auf dem Tisch leergefegt ist, er wäre ein Sympathieträger für seinen Berufsstand.

Jetzt hat er sich schon so weit vorgewagt, uns Identitätskarten seiner Agentenvergangenheit gezeigt, und wir zweifeln immer noch ein wenig.

»Die Nase«, werfen wir geradezu kühn und indiskret ein, »die Nase auf dem Foto hier des zweiten Ausweises, den Sie uns zeigten, diese Nase, die wir vor uns sehen, ist viel kürzer und dünner als die auf dem Ausweisfoto. Das sind Sie doch gar nicht!«

Ohne es laut auszusprechen, denken wir: Will er uns irgendein Märchen erzählen, mit gefälschten Ausweisen angeben, obwohl er in Wirklichkeit ein kleines Licht ist, ein Wichtigtuer, ein dubioser Schwätzer?

Der Verdacht keimt sowieso ständig, obwohl andererseits, wir kommen nicht darum herum, er bei anderen Gelegenheiten abenteuerlich klingende Stories von sich gab, die nachprüfbar waren.

Mister Alias läßt die Frage nach seinem intimen Gesichtsteil, wie zu erwarten, kalt. »Aber doch«, antwortet er behaglich, »die Nase ist operiert worden.«

Keine Schönheitschirurgie, sondern, wie in einem Hollywoodschinken, eine notwendige Veränderung seines Gesichtes, zur Tarnung und Sicherheit.

Aus der großen wurde eine kleine Nase.

Zweifel lassen sich nicht durch noch so stimmige Erzählungen ausräumen, wir zweifeln weiterhin.

»Dann schauen Sie eben hier.« Wir betasten die alte/neue Nase. »Ja, da ist sie operiert, hier sieht man doch die Narbe.«

Gläubige Menschen, die wir sind, geben wir uns zufrieden, vorerst.

Das Tal ist derweil von grauen Wolkenschleiern eingehüllt. Blitze zucken waagerecht über die Bergspitzen, die Haare auf den Armen richten sich auf, beginnen wie elektrifiziert zu zittern. Ihn rührt nichts.

Er kratzt sich am rechten Fußknöchel. Die Pistole ist etwas verschoben. Sie steckt in einem Halfter, das am Fuß befestigt ist. Wird er endlich auspacken? Und was?

Später, nicht an diesem Tag, wird er wirklich reden. Von einem politischen Skandal, der bis zum heutigen Tag in Europa seltsamerweise nur Insidern bekannt ist. Er wird einiges Spektakuläres, aber noch lange nicht alles, über einen politischen Schachzug erzählen, der folgenreich war und ein so gewaltiges Betrugsmanöver, daß bis heute keiner recht glauben will, was 1980 geschehen ist. Ein Wahlkampfbetrug, der Watergate oder Irangate als mickrige Politmanipulation in den Schatten stellt. Was in den Monaten zwischen Juni 1980 und Januar 1981 in Washington, London, Bonn, Paris, Zürich, Rom, Tel Aviv und Teheran an Geheimdiplomatie organisiert wurde zum Sturz eines liberalen amerikanischen Präsidenten, das könnte zu einem politischen Erdbeben bislang ungeahnten Ausmaßes führen. Ist das der Grund dafür, daß die Aufklärung der damaligen Machenschaften derart massiv behindert wird, daß sogar einige Leichen auf der Strecke geblieben sind, damit nichts an die Öffentlichkeit kommt? Und jene, die zu den Wissenden gehören, schweigen aus Angst vor einem frühzeitigen Tod oder sind stumm, weil sie Komplizen sind, Geiseln eines Pokers um die Macht um jeden Preis.

Ein Rückblick

Die journalistische Auseinandersetzung mit Geheimdiensten beziehungsweise mit Geheimdienstoperationen ist, merkwürdig genug, ein ständiges Suchen nach dem letzten Rest der Wahrheit, der hinter den Aussagen von Agenten stehen kann, sofern sie reden wollen, reden dürfen oder reden sollen. Das kümmerliche Korn der Wahrheit sei auch das einzige, an dem sich zu orientieren ist, betonen abgeklärte Agenten im Zustand höchster Alkoholisierung – dem Zeitpunkt, an dem Journalisten etwas erfahren könnten, wären sie nicht ebenfalls durch das Mithaltenmüssen bei den Alkoholorgien neutralisiert.
Sich mit Agenten und Geheimdiensten als neutraler Beobachter auseinanderzusetzen, das ist ein ständiger Kampf darum, wer letztendlich die bessere psychische und physische Kondition hat. Einmal hat das Eintauchen in den modrigen Sumpf der Geheimdienste eine subjektive Dimension, weil darauf geachtet werden muß, daß die alkoholgepeinigte Leber geschont wird, und dann, objektiv, geht es um die Suche nach Fakten und Erkenntnissen, die man aus den aufgeblähten und selbstgefälligen Agentenenthüllungen herausfiltern muß, um sich nachprüfbaren Fakten zu nähern. Wer will sich schon von diesen Heimlichtuern mißbrauchen lassen?
Jeder der Beteiligten, ob neugieriger Journalist oder der taktie-

rende Agent, spielt seine Rolle in diesem Schauspiel, das Suche nach Wahrheiten über die Hintergründe bestimmter politischer Entscheidungen heißt. Ein bizarres Schauspiel, in dem sich jeder argwöhnisch gegenübersteht, in dem das Banale am Schluß übrigbleibt. Kapriolen von Aussagen, Lügen über Lügen, Halb-wahrheiten, Weder-Noch und dann doch das gewisse Etwas, ein Happen da, ein kleiner Schachzug dort, neue Lügen – das eine der tragenden Elemente von Geheimdiensten. Tröstlich könnte sein, daß alles systemunabhängig funktioniert.

Agenten sind Menschen wie du und ich, wie Herr Jedermann – und doch wieder nicht.

Sie führen ein Berufsleben, das seine einzige Berechtigung durch die Art der Beschäftigung, das Objekt des Handelns, erhält. Der Staat bedarf des Schutzes vor Anfeindungen und Angriffen jeder Art, vor Revolutionen und Konterrevolutionen, vor Demokratie und Diktatur, vor Kapitalismus, Revisionismus oder Kommu-nismus, vor Subversion und Terrorismus. Der Staat darf nicht zusammenbrechen, der Staat, dieses anonyme Wesen, will be-friedigt werden, damit er vom Bürger geliebt werden kann.

Es ist ein Naturgesetz: Jedes Tun benötigt seine Legitimation, auch und gerade bei jenen Personen, die vorgeben, den Staat schützen zu wollen. Ohne das Gefühl der grenzenlosen Macht, ohne die theologische Interpretation von Staatssicherheit wäre ja einiges sinnlos, was Agenten treiben. Damit das Opfer für die Staatssicherheit einen Sinn hat, ist eine Ideologie notwendig. Für deren dogmatische Absicherung, Kapitalismus hin, Kommunis-mus her, ist jedes perfide Mittel recht.

Der König samt Günstlingen, der Hohepriester und die Mini-stranten, ergo der Staat mit dem Staatsapparat, sie können ohne die Agenten und das allgegenwärtige Mißtrauen nicht existie-ren. Die Menschen sind an sich bösartig, voller Tücken, der alttestamentarischen Erkenntnis wird ständig gehuldigt.

Aber: Geheimdienste, ob im Westen, Osten, Süden oder Norden dieser Welt, mit ihren undurchschaubaren Aktivitäten, den legalen und illegalen Praktiken, dem Sammeln von Schnipseln, aus denen politische Analysen entstehen, der fanatischen Heimlichtuerei – das ist ein Marionettentheater, wo selbst jene nicht genau wissen, wer die Fäden zieht, die selbst an solchen zappeln. Dabei könnte man es belassen, wären die Dienste und die mit ihnen und für sie arbeitenden Personen nicht für alle Staaten unentbehrlich. Und weil sie glauben, über allem, auch den Gesetzen und Verfassungen, zu stehen, vorgeben, sie zu schützen, sind sie etwas Besonderes.

Der Geheimdienst ist der Ku-Klux-Klan in einer demokratischen Gesellschaft. Nach außen präsentieren sich die Marionetten als normale Sterbliche, aber wehe, sie befinden sich in Aktion, in der Gemeinschaft von Gleichgesinnten, in der Dunkelheit der Anonymität, dann werden die Kapuzenmänner zu hemmungslosen Fanatikern einer gottähnlichen Staatsideologie, Hohepriester der Staatsräson.

Geheimdienste und Agenten: Sie sind und fühlen sich als Mitglieder einer politischen Loge, die nach Macht und Einfluß auf allen Ebenen giert, eine geheime Gesellschaft, eine Bruderschaft, die vorgibt, schützen zu wollen, was man Ideale der demokratischen Gesellschaft, Werte nennen könnte wie Freiheit, Gerechtigkeit und Menschlichkeit. Da diese Werte jedoch, je nach ideologischer Betrachtungsweise, ganz unterschiedlich leuchten, ein Glaubensbekenntnis sind, das vehement verteidigt wird, haben der Agent und der Geheimdienst seine Daseinsberechtigung. Der Zweck heiligt a priori alle Mittel. Wir wollen nur das Beste, sagen sie – Widerspruch ist nicht zugelassen.

Über Leichen gehen – das ist nicht nur eine volkstümliche Umschreibung dafür, daß irgendeiner alle Hindernisse aus dem Weg räumt, um zum Erfolg zu kommen. Sondern so läuft es manchmal in der Wirklichkeit ab.

Namenlose Menschen dienen diesem Moloch einer Fata Morgana, die Sicherheit genannt wird. Die meisten, die für die Aufrechterhaltung dieser Sicherheit alles opfern und dafür Gehalt und im Ruhestand, sofern sie ihn erleben, Pension kassieren, wollen das bleiben, was sie immer waren: Biedermänner in einer höchst geheimnisvollen Schattenwelt, in der Grautöne fehlen, in der es nur schwarz und weiß, Feind oder Freund gibt. Ausnahmen findet man auch. Das ist dann der einzige Zugriff für Journalisten (sofern die Journalisten nicht sowieso für einen Nachrichtendienst arbeiten), die sich mit Geheimdiensten und ihren Operationen beschäftigen, jenen, die etwas vom Schleier des Geheimen, unter dem sich manche politischen Entscheidungsträger gerne verstecken, lüften wollen.

Nicht sehr häufig, manchmal aber doch, reden nämlich die Herren Agenten.

Dann beichten sie ihrem Gegenüber, als stünde die Letzte Ölung bevor. In Wirklichkeit wollen sie jedoch nichts anderes, »corriger la fortune«, als dem augenblicklichen Glück nachzuhelfen, ihre Wahrnehmung von Realitäten, sprich, ihre politische Beurteilung des Laufs der Welt, an den Meistbietenden zu verkaufen. Geschichten über die Dienste sind deshalb fast immer Wahrnehmungen über den Versuch einer Annäherung an das politische Leben, das der Mehrheit der Bevölkerung, dem Volk, von den Herrschenden nicht gerne gezeigt oder erklärt wird. Es geht um politische Entscheidungen, deren Zustandekommen eigentlich nur dem Kreis der Eingeweihten zugänglich gemacht werden dürfen. Geheimdienstler wissen von diesem Konflikt, weil sie es sind, die mithelfen, daß vieles verborgen bleibt. Bei manchen von ihnen entsteht daraus ein Loyalitätskonflikt zwischen dem eigenen Ego, schließlich hat man was zu sagen, und dem Dienstherrn, der bedient werden muß, der alle Hebel in Bewegung setzt, damit das Geheimnis für immer ein Geheimnis bleibt. Ein ewiges Lavieren.

Wer glaubt unter diesen Prämissen noch einem, der für den Geheimdienst arbeitet? Nur die Heerscharen der Leichtgläubigen?

Die nächste Frage: Was sind das eigentlich für Menschen? Überwiegend kümmerliche Gestalten, Protzer, Betrüger, Scharlatane, Blender?

Was sie vereint, ist, daß es für sie keine Normalität gibt. Wo alles geheimgehalten werden muß, hinter jedem Busch der Gegner vermutet wird, da ist davon auszugehen, daß selbst die Wahrheit nur die Lüge ist. Doch diese Lüge, und das ist der bizarre Umkehrschluß, kann die Wahrheit sein, zumindest ein Teil davon.

Die sind alle paranoid, sagt einer, der es weiß, ist er doch ausgebildeter Professor für Psychologie und gleichzeitig im Dienste und Sold des führenden westlichen Geheimdienstes. »Wenn sie aus dem Dienst zurücktreten, werden die Kollegen und Kolleginnen entweder Alkoholiker oder nehmen sich das Leben.«

Ganz so schlimm scheint es nicht zu sein. Einige, die Gescheiteren und Nachdenklichen nämlich, verfassen Bücher. Da gibt es die Geheimdienstchefs, die von ihrer selbstlosen Hingabe für den Staat schreiben, als Lebenserinnerungen. Da gibt es die Abtrünnigen, die sich noch einmal rechtfertigen wollen. Und da wollen jene Kasse machen, die von ihren Heldentaten oder Missetaten, unter Pseudonym selbstredend, der Nachwelt etwas hinterlassen wollen, um nicht gänzlich in der Versenkung zu verschwinden. Einige glänzen im Licht der Scheinwerfer von Talk-Shows, geben sich cool, gewieft und lügen, so daß einem der Atem stockt. Es sind gerngesehene Paradiesvögel. Als Leute von einem anderen Stern nimmt man ihnen jeden Schwachsinn als weltumwälzende Enthüllung ab. Und ist ganz gebannt von der Übereinstimmung zwischen dem Klischee und der Wirklichkeit.

An gescheiten Agenten mangelt es andererseits auch nicht: Ex-Agenten, die aufrüttelnde, alarmierende und nachdenkliche Bücher geschrieben haben. Ihnen ist, man mag zu ihrer Vergangenheit stehen, wie man will, viel zu verdanken, weil sie über die kriminellen Machenschaften ihrer ehemaligen Auftraggeber aufklären. Es sind Menschen, die nicht mehr mitmachen wollen, die Nase von den kleinen und großen Verbrechen, die sie im Auftrag ihres Staates begangen haben, voll haben. Auf dieser surrealen Bühne bewegen sich Agenten wie der intime Kenner arabischer Lyrik und Verfasser eines Buches über englische Literatur, der danach bei der CIA landete und unter anderem im Auftrage seines Vereins in den Särgen toter Vietnamkrieger Drogen in die USA transportieren ließ, ebenso, wie er in Bolivien dabei war, um Che Guevara in den Tod zu jagen.

Sein Geld hat er, jetzt, wo er die Pension eines Altgedienten genießen kann, in Gemälden angelegt. Teure Klassiker. Millionenwerte hängen in seinem Salon.

Geheimdienstoperationen bringen etwas ein.

Ein anderer, auch einer, der abgetreten ist, um dann auf der publizistischen Schaubühne wieder aufzutreten, lebt in München, in einem kargen Einzimmerappartement, in einer Wohngegend, die nicht den Eindruck macht, als wohnten hier vermögende Mieter. Das Zimmer ist mit Agententhrillern in Versandhandelsausgaben vollgestopft. Unter den gesammelten Bänden trivialer Agenten- und Spionageliteratur tropft der Abfluß der Spüle. »Eine Geheimadresse ist das«, erläutert er die Tristesse. »Hier kommen russische Juden her, die zuerst einmal von uns gebrieft werden müssen.« Wie schön hört sich alles an, was er sagt, und seine junge schwarzhaarige Lektorin, die neben ihm sitzt, glaubt sie wirklich, was er überzeugend von sich gibt? Sicher, irgendwann einmal, vor zwanzig Jahren, lebte er in einem nordafrikanischen Land, drei Jahre lang war er für den israelischen Geheimdienst MOSSAD tätig. Gemunkelt wird, daß er wegen Alkoholproblemen aufs Abstellgleis geschoben wurde. Heute schreibt er Bücher – und die sind nicht einmal so schlecht. Was dem einen seine Abhandlung über englische Dramatiker, ist dem anderen sein Arafat-Porträt.

Ein Agent droht

»Dich hänge ich noch auf«, und »mein Freund Lopez wird dir
eine Kugel in den Kopf jagen, wenn er dich erwischt«. Pedro
Lopez, das ist ein kleiner glatzköpfiger Dicker, den ich einmal
auf dem Züricher Flughafen getroffen habe. Obwohl sein Äußeres so unendlich mickrig ist, unterschätzen sollte man ihn tunlichst nicht. Einst, vor zwanzig Jahren, galt er als ein berüchtigter Folterknecht, der für den Geheimdienst PIDE in Mosambik
gearbeitet hat, als das Land im südlichen Afrika noch zum
portugiesischen Kolonialreich gehörte. Danach verdingte er sich
beim südafrikanischen Geheimdienst und machte sich später
schließlich selbständig: als Waffenhändler, der inzwischen in
Lissabon ein »Konstruktionsbüro« leitet, in dem er irgendwelche NATO-Aufträge erledigt. Und jetzt arbeite er wieder für den
neuen portugiesischen Geheimdienst, erzählte er mir, als er mir
noch keine Kugel in den Kopf jagen wollte.
Auf ihn bin ich gestoßen, als ich über die Zusammenarbeit des
Bundesnachrichtendienstes, BND, mit einer kriminellen Terrororganisation, der mosambikanischen RENAMO, recherchierte.
Der Portugiese ist inzwischen sauer, weil ich die Tastatur des
Handwerks bediente, die er und seinesgleichen so perfekt beherrschen.
Gambit. Die Schacheröffnung mit ihm als Bauernopfer. Ich
täuschte ihn. Denn das Treffen sollte in aller Heimlichkeit stattfinden. »Keine Tonaufnahme, keine Fotos, keine Fernsehauf-
nahmen« – das waren die Bedingungen.

Manchmal kann man auf solche Bedingungen eingehen. Alles ist »off the record«. Doch bei ihm, mit seiner Vergangenheit und der Möglichkeit, ihn aus seinem bisherigen Schattendasein zu entreißen, konnte und wollte ich nicht auf derartige Vereinbarungen des Anonymbleibens eingehen.

Herbst 1988. Regen klatscht gegen die Windschutzscheibe. Die Autobahn in Richtung Züricher Flughafen ist vollgestopft. Nichts geht mehr. Ich komme ins Schwitzen, denn das Treffen mit Lopez, im Flughafen, steht bevor. Kommen wir rechtzeitig an? Wir schaffen es.

Gegen 13 Uhr erwarten wir ihn. Unser Kontaktmann, ein südafrikanischer Agent, hat alles arrangiert. Wir auch.

Auf der Flughafenempore, im 1. Stock von Halle A des Züricher Flughafens, postiert sich ein Kollege, Thomas Giefer, mit der Kamera. Eine Stunde vergeht – niemand kommt. Ich versuche, den Kontaktmann telefonisch zu erreichen. Keine Antwort. Dann, nach einer Stunde, taucht er, mit seiner Freundin im Arm, freundlich winkend, auf. In seiner weißen Dinnerjacke und schwarzen Hose, an den Armen glitzern golden eine Rolex-Uhr und ein schweres Armband, ist er eine stattliche Figur. »Unser Mann wird erst um 19 Uhr ankommen«, erklärt er die Verzögerung, »er hat das Flugzeug nicht mehr bekommen.«

Mist, denke ich, so lange kann Thomas nicht auf der Empore warten. Was tun? Ich schlage dem südafrikanischen Kontaktmann, sein Name ist Stoffberg, vor, daß er sich doch etwas von Zürich anschauen soll. Es hat aufgehört zu regnen, und die Sonne scheint, so daß wir uns später wieder am gleichen Platz, an der kleinen Bar, treffen. »Einverstanden?« Er ist es.

Ich renne zu Thomas, wir bauen die Kamera ab und beantragen bei der Flughafenpolizei erst einmal eine Drehgenehmigung. Wenn da oben jemand steht, mit einer Kamera, deren schwarzblaue Linse auch eine Waffe sein könnte, und wenn die ständig patrouillierende Polizei das falsch auffaßt – das könnte verhängnisvoll werden.

Pünktlich ist Stoffberg da. Thomas ist wieder auf der Empore in Halle A verschwunden, glücklicherweise rechtzeitig, denn Stoffberg kontrolliert pausenlos die Umgebung. Pünktlich um 19 Uhr landet die Maschine aus Lissabon. Doch dann geschieht etwas Unvorhergesehenes. Die Passagiere kommen nicht in Halle A, sondern in Halle B an, und die ist am anderen Ende des Flughafens. Stoffberg packt mich am Arm, ich kann Thomas nichts mehr sagen, und wir eilen zu Halle B. Unterwegs überlege ich, was mir jetzt noch helfen kann. Mir fällt nichts ein. Dann tritt er auf, Mister Pedro Lopez aus Lissabon. Mein erster Eindruck: Igitt, Igitt, das ist eine Ratte. Klein, dicker Bauch, Halbglatze und ein spitz vorstehendes Gebiß. Stoffberg und Lopez umarmen sich, beide sind eng befreundet.

Was aber wird aus den heimlichen Aufnahmen von Lopez? Ich habe ihm im Hotel »Möwenpick« ein Zimmer reservieren lassen. »Mr. Lopez«, sage ich, »ein Freund von mir hat das Zimmer bestellt. Er wartet in Halle A, um uns die Bestätigung zu geben.« Kein Nachfragen, kein Mißtrauen, es klappt. Nichtsahnend gehen Lopez, Stoffberg und seine Freundin mit mir in Halle A, wir stellen uns genau an den Platz, den Thomas und ich zuvor ausgewählt haben, wegen der Lichtverhältnisse. Stoffberg und Lopez schwelgen in Erinnerungen. Sie bemerken nicht, daß sie von oben gefilmt werden, obwohl sich Stoffberg ständig mißtrauisch umschaut. Es ist heiß in der Ankunftshalle. Stoffberg schwitzt und wischt sich mit einem Taschentuch ständig den Nacken trocken.

Nach fünf Minuten sage ich zu Stoffberg und Lopez, daß unser Freund uns wohl vergessen hat. »Gehen wir doch einfach ins Hotel.«

Die Szene im Züricher Flughafen, mit Lopez und Stoffberg, wurde später im ZDF gesendet, und das war es, was Lopez in so

24

helle Wut versetzte. Er ist aufgeflogen, zum erstenmal seit über zwanzig Jahren ist es gelungen, ihn öffentlich zu zeigen. Ein Agent wie er mag das natürlich nicht.

Stoffberg, der mir zwar keine Kugel in den Kopf schießen, aber »einen Strick drehen will«, ist ebenfalls kein unbeschriebenes Blatt. Im Gegenteil. Er ist jener südafrikanische Agent, der die Ermordung von führenden Vertretern der südafrikanischen Oppositionsbewegung »Afrikanischer Nationalkongreß«, ANC, auf dem Gewissen haben soll.
Ein Agent auf der Flucht. Stoffberg flüchtet von einem europäischen Land ins andere. Jetzt, Ende 1989, sitzt er gerade an der Côte d'Azur bei einem iranischen Waffenhändler. Er flüchtet aber nicht deshalb, weil er ernsthaft von der Polizei gesucht wird, obwohl er immerhin höchst verdächtig ist, südafrikanische Killerkommandos in Europa organisiert zu haben, und er unter anderem in der Bundesrepublik illegale Waffengeschäfte organisierte. Das trägt man bei uns mit Gelassenheit. Er ist auf der Flucht aus einem ziemlich banalen Grund: weil er seine Hotelrechnungen nicht mehr bezahlen konnte. Wenn man in den teuersten Hotelsuiten, ob in Frankfurt oder Luzern, einige Monate residiert, türmen sich die Rechnungen.

In der Bundesrepublik lebte er, unerkannt, zwischen Dezember 1987 und Juli 1988. Ganz am Anfang hat ihm, glaubt man seinen Beteuerungen, die CIA seine Rechnungen bezahlt. Aber nur so lange, wie er nützlich war. Dann saß er auf dem Trockenen. Die Hotelmanager eines kleinen Luxushotels in Sindlingen muckten auf, als die 30 000 Mark voll waren. Der immer freundliche Südafrikaner haute ab, in ein kleines Hotel, ebenfalls Vier-Sterne-Güte, im Frankfurter Bahnhofsviertel. Wieder ist das Verhältnis zum Hotelmanager geradezu herzlich. Der weiß oder vermutet zwar, was der illustre Gast aus Südafrika treibt, daß er kein gewöhnlicher Geschäftsmann ist. Ständig laufen über den Telefax-Apparat des Hotels Mitteilungen, verschlüsselt und unverschlüsselt, für Stoffberg ein. Doch noch weiß er nicht, warum Stoffberg das andere Hotel so schnell verlassen hat. Bei ihm bleibt Stoffberg bis Ende Juli 1988 – dann geht die Flucht weiter, diesmal in die Schweiz, nach Luzern.

Damals, im Frühjahr 1988, konnte mir die ganze Konfusion um diesen Stoffberg, der einsam in der Hotelbar saß, voller Herzlichkeit sprühend, nur Recht sein. Kennengelernt habe ich ihn, als in französischen Zeitungen zum erstenmal sein Name im Zusammenhang mit der Ermordung von Dulcie September, der französischen Repräsentantin des ANC, erwähnt wurde. Die Pariser Journalisten, die als Quelle den britischen Nachrichtendienst angaben, wähnten Stoffberg in der Nähe von Frankfurt. Nach langwierigem Telefonieren fand ich ihn dann. »Kein Problem«, wir können uns treffen. In einer schmuddligen Kneipe saß mir der Mann gegenüber, der ein Killerkommando organisiert haben soll.

Wir plaudern. Stoffberg trinkt Whisky pur, etwas Deutsch hat er auch gelernt. »Weißt du, daß im Hotel ›Hilton‹ in Düsseldorf ständig zwei Amerikaner wohnen, mit denen ich einst in Hongkong zusammengearbeitet habe – ein Killerkommando?«

Ich weiß natürlich nichts. Was ich weiß, ist, wer dieser Stoffberg ist. Ein abgetauchter südafrikanischer Agent und Waffenhändler. Ein Kollege von ihm, ein Deutscher, der im Sauerland im Untergrund lebt, beschreibt ihn so: »Er ist ein Killer, ein extrem gefährlicher Mann mit bester Deckung.« Was heißen soll, daß ihn Regierungsstellen schützen. Über ein Jahr lang war ich mit ihm in Verbindung, und in dieser Zeit erfuhr ich erneut einiges über Geheimdienste, über Verbrechen im Auftrag des Staates. Denn, wie sagte er in aller Offenheit: »Our job was to do the things that the government could not be seen to be doing.«

Mein Gott, denke ich, das ist ja wieder Hollywood. Stoffberg spürt die Skepsis und schürt nach. In Dallas gibt es eine Gesellschaft, die »Peregrine International Associates«, eine Tarnfirma der CIA. Diese Gesellschaft führte geheime Operationen durch, die zu sensibel waren, um da die Regierung mit hineinzuziehen. Er gab mir auch die Telefonnummer. Später rief ich an. Ja, die Firma gab es. Und in einem Interview bekannten sie sich offen zu dem, was Stoffberg behauptet hatte.

»Sie gaben uns die Genehmigung von der Mutter. Wir würden nie etwas ohne die Genehmigung der Mutter unternehmen.« Genehmigung durch die Mutter, so definierte ein Sprecher der Firma, ist das O.K. von der Regierung, der CIA und dem Verteidigungsministerium. Wir werden Stoffberg noch besser kennenlernen, und er wird noch mehr über diese Firma sagen. Später, wenn ein wenig mehr Vertrauen zwischen ihm und mir entstanden ist.

Manchmal spielen Agenten einem Material zu. Eindeutige Dokumente. In einem Fall über eine Art politischer Loge, in der auch bundesdeutsche Politiker mitmischen sollen.

Der »Cercle«

Es war an einem sonnigen, aber kalten Frühlingstag. Das Telefon klingelt. Eine unbekannte Männerstimme meldet sich. »Wollen Sie etwas über einen Politiker in der Bundesrepublik erfahren, der gerade dabei ist, Ihren Außenminister zu demontieren?«

Keine Frage, das Angebot reizt, der journalistische Jagdinstinkt ist geweckt. Das Treffen soll in Bonn stattfinden, in einem Weinlokal. Mißtrauisch und zurückhaltend sitze ich dem Anrufer am nächsten Tag gegenüber. Welches Interesse hat er? »Ich will da nicht mitmachen.« Und er erzählt eine Geschichte, die stimmen kann oder auch nicht. Er würde für einen englischen Nachrichtendienst arbeiten, wäre in Bonn stationiert, und ich sei ihm empfohlen worden. Ich frage nicht nach, denn mir ist ziemlich gleichgültig, wem ich das »Geschenk« zu verdanken habe. Vielleicht ist es auch nur eine Mogelpackung, wie so oft. Mich interessiert, wer Außenminister Genscher in sein Fadenkreuz genommen hat. »In London«, sagt er, »habe ich einen Mann kennengelernt, einen Brian Crozier.« Die Glocken der Erkenntnis beginnen zu läuten. Brian Crozier ist Gründer des »Instituts für Konfliktforschung« in London. Ein dubioses »Institut«, dem man enge Bindungen zu diversen Nachrichtendiensten nachgesagt hat. Ein Mann mit politischen Ambitionen.

Am 8. November 1979 wird Crozier in einer vertraulichen Notiz des damaligen obersten bayrischen Staatsschützers Hans Langemann erwähnt:

»Der militant-konservative Londoner Publizist Brian Crozier, bis September 1979 Direktor des renommierten ›Institute for the Study of Conflict‹, bemüht sich derzeit, zusammen mit seinem weitgefächerten, international-politischen Freundeskreis, eine anonyme Aktionsgruppe auszubauen und auf eine breitere Funktionsebene zu stellen. Diese Gruppe will er vorzugsweise den Multis nahebringen, wozu das beigefügte Planungspapier erstellt worden ist. Nicht zuletzt, um auf diesem Wege die notwendigen Geldmittel bereitgestellt zu erhalten, und zwar initial 750 000 Dollar, maximal 3 Millionen US-Dollar. Crozier wird unter Vorlage und Verbreitung dieses zwar ›secret‹ gestempelten Papiers bei deutschen Industriellen bereits vorgesprochen haben. Außerdem muß darauf hingewiesen werden: Crozier war jahrelang Mitarbeiter der CIA. Es muß unterstellt werden, daß seine Aktivitäten von dort aus voll eingesehen werden. Er unterhält des weiteren, wie es auch im Planungspapier zum Ausdruck kommt, Verbindungen zu Exponenten der wichtigsten westlichen Nachrichten- und Sicherheitsdienste.

Spezifische Ziele von Croziers Aktionsgruppe sind: Regierungswechsel zu bewirken, um die Freiheit von Handel und Wandel zu verteidigen, und sich allen Formen von Subversion, einschließlich des Terrors, entgegenzustellen. Was die Gruppe tun kann: Das Verfassen von Beiträgen durch bestimmte, gut bekannte Journalisten in Großbritannien, den USA und anderen Ländern. Zugang zum Fernsehen, Gewährleistung einer Lobby in einflußreichen Kreisen, sei es direkt oder durch Mittelsmänner, öffentliche Demonstrationen in bestimmten Gebieten zu ausgesuchten Themen, die Einbeziehung der hauptsächlichen Nachrichten- und Sicherheitsdienste sowohl zur Informationsgewinnung als auch zur Informationsausgabe in diese Einrichtungen. Was die Gruppe tun kann, wenn die Geldmittel bereitstehen: Durchführung internationaler Kampagnen mit dem Ziel, feindliche Personen zu diskreditieren.«

Dieser politisch ambitionierte Agent oder, umgekehrt, der Politiker mit nachrichtendienstlichem Background trat mehrmals in der Bundesrepublik auf.

Brian Crozier tönte 1979 vor dem Soziologischen Institut der Universität Würzburg, »daß die Macht der Parteien in den liberalen Demokratien zu beschränken und ein festes Korps von Berufspolitikern – die durch eine praxiorientierte ›Schule für Politik‹ laufen müssen – zu schaffen sei«. Schon 1972 organisierte sein Institut eine Kampagne gegen »subversive Elemente in der britischen Industrie«. Um diese zu entlarven, wurde ein Spezialreport publiziert mit dem wissenschaftlich wohltönenden Titel »Die Ursachen für Konflikte in der britischen Industrie«. Die Ergebnisse waren von vornherein klar. Es waren militante Linke, die böse Schuld auf sich geladen hatten, weil sie Streiks organisierten und damit der britischen Industrie Schaden zufügten.

1976 verstärkte das Institut seine Arbeit auf internationaler Ebene. Es fand eine Reihe von Konferenzen des Instituts statt, beispielsweise zum Thema: »Wie die Entspannung beerdigen und die USA wieder in ihre Gendarmenrolle zurückführen«.

Während einer Tagung des Instituts im Jahre 1984 in Rom ging es darum, den Einfluß der Kommunisten in Europa zu stoppen. Die Teilnehmer, so geht aus internen Protokollen hervor, diskutierten, welche Maßnahmen dazu notwendig wären. Anwesend war unter anderem ein William Colby, ehemaliger CIA-Chef. Man einigte sich auf folgende Maßnahmen: »Durch Desinformation sollen systematisch falsche Nachrichten (false informations) in das Kommunikationssystem des Gegners eingeschleust werden mit dem Ziel der Spaltung und Demoralisierung gegnerischer Bewegungen.« Die Mittel: Es sollten Denkfabriken gegründet werden, von denen, nach gezielten Desinformationen, sofort die Lösungen für die von ihnen selbst produzierten Konflikte angeboten werden.

Das segensreiche Wirken des Instituts, besser gesagt, der hinter ihm stehenden Nachrichtendienste, bewirkte, daß sich Politiker anschlossen. Europaweit organisierten sich Ende der siebziger Jahre rechte und rechtsradikale Politiker, Militärs und Geheimdienstler in einer Gruppe, die sich den Namen »Cercle Violet« gab. Wieder so eine merkwürdige Schmuddelvereinigung von Geheimdienstlern, Politikern und ihren Wasserträgern, die der Gefahr entkommen wollen, nicht mehr für voll genommen zu werden.

Ein Mann aus Bayern war schon ziemlich früh in diesem Verein aktiv: der Bundestagsabgeordnete Hans Graf Huyn, Regierungsdirektor a. D. mit dem Wahlkreis 209 in Rosenheim. Vorsitzender des CSU-Arbeitskreises 5: Auswärtiges, Verteidigung, Deutschland- und Berlin-Politik und Buchautor. Seine Bücher fallen dadurch auf, daß sie fast vollkommen aus Zitaten bestehen. Graf Huyn, berichtet mir der Agent, telefoniere ständig mit Brian Crozier, ob im Bundeshaus (dann würde Huyn sofort alle Türen schließen) oder in seiner Privatwohnung. Beide pflegten einen überaus herzlichen politischen Umgang.

O Gott, winke ich verdrossen ab, das ist doch ein geistig zurückgebliebener Altherrenverein. Die Croziers und Huyns dieser Welt suhlen sich halt gern im kalten Krieg der fünfziger Jahre, sehen überall die kommunistische Weltverschwörung. Spätestens seit Gorbatschow und der Perestroika ist denen doch jeglicher Wind aus den Segeln genommen. Ewiggestrige, politische Spinner, die niemand ernst nimmt. Und der Cercle Violet oder Croziers Institut – das habe sich doch aufgelöst.

»Da täuschen Sie sich sehr«, protestiert mein Gegenüber. »Schauen Sie einmal hier in die Papiere.« Er legt mir einen Brief, datiert vom 9. Januar 1989, vor. Absender ist Brian Crozier, 303 The Linen Hall, London. Empfänger: Hans Graf Huyn in Neukirchen am Simsee, seine Privatwohnung.

31

Zweifellos ist das, was er mir reicht, eine echte Sensation. Da dachte man, daß die geheimdienstlich operierenden reaktionären Knochen aufgehört haben, die Öffentlichkeit zu manipulieren. Und dann das.

»My dear Hans«, so Crozier. »Ich hoffe, daß das Bonner Friedensforum noch besteht, oder wenn nicht, daß etwas Ähnliches existiert oder aufgebaut werden kann. Die Idee ist, eine solche Organisation zu benutzen, um bestimmte Parolen zu verbreiten.«

Das von Crozier genannte »Bonner Friedensforum« ist aktenkundig. In den besten Zeiten der Friedensbewegung war es besonders aktiv, mit Flugschriften gegen die Friedensbewegungen, mit Plakaten gegen die »kommunistische Gefahr«.

»Welche Parolen? Um was geht es?« frage ich den Mann. Er schaut sich nach allen Seiten um, als stünde einer seiner Kollegen hinter einer Säule, und er reicht ein weiteres Papier herüber.

Diesmal ist es das Tagungsprotokoll eines »Cercle«-Treffens, das am 21. Februar 1989 stattgefunden hat. Teilgenommen haben neben Crozier und dem CSU-Politiker Huyn ein Prof. Theodor Bach, Julian Amery, Charly Mayer aus den USA, Frank Barnett, Antony Pinay und ein P. K. van Byl.

Amery, Charly Mayer und Frank Barnett sind allesamt Typen, die in Verbindung mit der CIA standen oder noch stehen. Antony Pinay ist ein steinalter französischer Ex-Ministerpräsident, und P. K. van Byl war einst ein hoher südafrikanischer Geheimdienstagent im BOSS.

Sie sind alt, ausgepowert, verbittert. Sind sie deshalb bedeutungslos? Überbewertet man sie nicht, wie ein kleines Haar, das nur unter dem Elektronenmikroskop zu einem mächtigen Balken wird?

Dagegen spricht der immer noch vorhandene Einfluß dieser Altherrenverbindung, und dagegen spricht, was an konspirativen Aktionen geplant wurde.

Das Treffen vom 21. Februar wurde übrigens am 10. April in Washington fortgesetzt. Graf Huyn war wieder dabei.

Das wichtigste Thema, so das Tagungsprotokoll: »Was kann getan werden, um die Pro-Gorbatschow-Stimmung in der Bundesrepublik einzudämmen??«

Auszüge aus dem Tagungsprotokoll:

»Das Problem:

Genschers Macht ist ungebrochen. Er bestimmt die Bonner Auswärtige Politik, obwohl er seit 14 Jahren dafür verantwortlich ist und obwohl er den Kanzler von der FDP abhängig macht.

– die Schwäche von Kohl, dem großen Beschwichtiger,
– die Popularität von Gorbatschow in der öffentlichen Meinung der BRD,
– die Medien.

Mögliche Methoden:

– Im Bundestag? Unterstützung von Alfred Dregger (Vorsitzender der CDU/CSU-Fraktion)? Unterstützung von Otto Lambsdorff?
– Kann Genscher diskreditiert werden? Sicherlich ist eine Menge ›Dreck‹ verfügbar.
– Haben wir irgendwelche Verbündeten in den Medien? Horchem? Die Welt??
– Ist das gesamte westdeutsche Fernsehen verfault?
– Außerhalb des Parlaments (Außerparlamentarische Aktion). Können wir das Bonner Friedensforum benutzen? Mögliche Themen oder Slogans für Demonstrationen: Stop der Wiederbewaffnung in der UdSSR; bezahlt nicht Gorbatschows Rechnungen.
– Diplomatischer Druck, besonders durch den neuen US-Botschafter, Dick Walters.
– Ein Kommentar: Die Modernisierung von Waffen (Lance) ist relativ unbedeutend. Das wichtigste Problem ist die allgemeine Atmosphäre der Versöhnungspolitik.«

Das ist schon etwas, was auf eine Sabotage offizieller Politik hinausläuft, und zwar mit den klassischen nachrichtendienstlichen Methoden: mit der Desinformation, der Diffamierung des politischen Gegners, in diesem Fall von Außenminister Genscher, der als »Weichling« und »Handlanger Moskaus« denunziert werden soll.

Deshalb ist auch die Vorgeschichte des Herrn Crozier und die des Grafen Huyn so wichtig, weil die beiden das, was im Jahr 1989 geplant ist, an anderer Stelle und an anderen Orten mit anderen Themen schon mehr oder weniger erfolgreich durchexerziert hatten.

Alarmieren müßte auch, daß der neue US-Botschafter Walter als Bündnispartner dieser Miniputschisten betrachtet wird. Und der neue US-Botschafter ist kein unschuldiger Diplomat, sondern ein international berüchtigter Experte für Subversion, Sabotage und Putsche.

Der Informant gibt mir, nachdem wir drei Stunden zusammengesessen haben, noch weitere Hinweise. Er will, daß die Geschichte dieses »Cercle« an die Öffentlichkeit kommt. Dann geht er. Seitdem habe ich ihn nicht mehr gesehen.

Und so begann der »Cercle«:
Motor und Namengeber des »Cercle«, der einst »Cercle Violet« hieß, war der Pariser Rechtsanwalt Jean Violet. Inzwischen lebt er zurückgezogen in einem französischen Dorf. Sein Sohn hat jetzt das Erbe des Vaters übernommen. Wenn Violet manchmal Journalisten empfängt, erzählt er ihnen von seiner Leidenschaft, der er seit vierzig Jahren als Spezialist für Internationales Recht frönt: der internationalen Politik. Wenn er besonders gut drauf ist, gibt er sogar seine Beziehungen zum französischen Auslandsspionagedienst SDECE zu, dem er zwischen 1958 und 1962 angehörte.

Gegen Ende der sechziger Jahre baute Violet eine Akademie in

Paris auf, die »Académie Européenne des Sciences Politiques« (AESP), die »Europäische Akademie für Politische Wissenschaften«. Ihren Statuten entsprechend, stand sie »der totalitären Ausbreitung des Kommunismus und dem internationalen Marxismus feindselig gegenüber«.

Die rote Gefahr drohte und hat »bereits auf so gefährliche Art alle unsere Institutionen vergiftet, indem sie den Raum für subversive Formen der Demagogie öffnet.«

Stöbert man in alten Unterlagen, so findet man das Protokoll einer nichtöffentlichen Sitzung des Langemann-Untersuchungsausschusses im Bayerischen Landtag. Langemann – zur Erinnerung – war jener hohe bayerische Staatsschützer, der vor Jahren über die innige Zusammenarbeit von Geheimdiensten, Politikern und Industrieunternehmen auspackte und danach als verrückt erklärt wurde. Auf jeden Fall führten seine Anschuldigungen zu einem parlamentarischen Untersuchungsausschuß. Während einer Sitzung stießen die Kontrolleure der Regierung auch auf den »Cercle Violet«.

Da klagte der Abgeordnete A., daß dieser »Cercle« politisch sehr bedeutsam sei. Die Erwiderung eines CSU-Abgeordneten: »Das weiß ich nicht. Aber er hat jedenfalls wenig Effekt. Für mich scheint es eine Ansammlung älterer Herren gewesen zu sein, die irgendwo herumkrebsen.« Auf diese Bemerkung wiederum antwortet ein SPD-Abgeordneter: »Das sind keine alten Herren, sondern ehemalige CIA- und BND-Leute, die hier zusammenspielen.« Als man bei dieser explosiven Mischung angekommen war, intervenierte ein CSU-Mann: »Ich halte es für gefährlich, wenn wir solche Dinge an die Öffentlichkeit spielen. Wenn solche Dinge publik werden, schadet das dem Ansehen der Bundesrepublik. Dann beschließen wir, daß sowohl Hinweise auf andere Staaten als auch Hinweise auf Verbindungen staatlicher Dienste, gleich welcher Art, unterlassen werden.«

Eigentlich hätten zu diesem Zeitpunkt die SPD-Genossen, als

Permanent-Opposition in Bayern, aufhorchen und weiterbohren müssen. Nichts geschah. Lieber die Finger von etwas Undurchschaubarem lassen, das könnte ja den Staatsapparat in ein dubioses Licht rücken. Staatsinteressen, damit läßt sich halt jede Opposition, zumindest in Bayern, einschüchtern. Wem nützt es schließlich, wenn die Öffentlichkeit erfährt, wie rechtsradikale Organisationen und Geheimdienste in Europa mit so anständigen CSU-Politikern wie dem Abgeordneten Graf Huyn zusammenarbeiten?

Dabei gehörte dem illustren »Cercle«, von dem man dachte, er sei längst aufgelöst, der ehemalige portugiesische Putschistengeneral António de Spinola an. Oder ehemalige Franco-Minister in Spanien. Und, verwunderlich ist es nicht, auch die italienische »Loge P2« hat ihre Leute im »Cercle« gehabt. Sie wird auch später, in einem anderen Zusammenhang, noch eine entscheidende Rolle spielen. Aber das wußte ich zu dem Zeitpunkt, als ich den Agenten in Bonn traf, noch nicht.

Dafür ist die »Loge P2« wohlbekannt. Eindeutige Absicht dieser »Loge P«, in der »Politiker, Bankiers, Rechtsextremisten, Geheimdienstler und Unternehmer die Fäden zogen«, so Parlamentsuntersuchungen in Rom, »war die Verschwörung und Geheimbündelei gegen die bestehende italienische Verfassungsordnung, die Lenkung von rechtsextremistischen Terroristen zum Zwecke der Destabilisierung des politischen Systems in Italien«.

Freien Zugriff hatten die seltsamen Logenbrüder zu den Archiven der italienischen Geheimdienste, die eng mit ihnen zusammenarbeiteten. Dadurch war es ziemlich einfach, Politiker zu korrumpieren und zu erpressen – auch eine Form nachrichtendienstlicher Aktivitäten.

Die Frage bleibt, was diese skurrilen und senilen Politiker, Geheimdienstler und Militärs bewegt, sich in paranoiden Geheimzirkeln zu organisieren. Leiden sie unter Verfolgungswahn?

Reicht ihnen die Macht, über die sie verfügen, nicht aus? Wollen sie unbedingt die Welt nach ihrem Staatsverständnis ändern? Oder versuchen sie mit allen Mitteln ihre Kalte-Krieger-Ideologie zu retten, eine Ideologie, die schon längst nirgendwo mehr funktioniert?

Die klarste Aussage macht der Cercle-Mann und CSU-Bundestagsabgeordnete Hans Graf Huyn. In seinem Buch »Der Angriff – der Vorstoß Moskaus zur Weltherrschaft« schreibt er auf Seite 257, was Sache ist: »Der politische Wille zum Überleben, zur Verteidigung und zur politischen Offensive muß vorhanden sein. Solange die Sowjetunion nicht bereit oder in der Lage ist, ihren Angriff auf die übrige Welt in jeglicher Form internationalen Klassenkampfes einzustellen, muß die Bereitschaft und Fähigkeit bestehen, dem Angriff auf allen Gebieten entgegenzuwirken, wo dies erforderlich ist: in der klassischen Diplomatie und zwischenstaatlichen Auseinandersetzungen ebenso wie auch auf dem Gebiet des Stellvertreterkrieges, der Subversion, der Infiltration und des Terrorismus.«

Der Südafrikaner

Dezember 1988. Fünf Grad minus. Seit Stunden fällt Schnee, der Straßenlärm erstickt. 350 Kilometer von Frankfurt entfernt, ist Dirk Stoffberg wieder aufgetaucht, der südafrikanische Agent, der Kopf eines Killerkommandos sein soll. Seine neue Residenz ist ein Luxushotel. Lange hat es gedauert, ihn wiederzufinden, nachdem er, von einem Tag auf den anderen, sein Hotel in Frankfurt verlassen mußte. Irgend jemand muß ihm das Leben unerträglich gemacht haben. Das Hotel »Grand National« am Vierwaldstätter See in Luzern ist ein imposantes Bauwerk, eine Absteige der oberen Zehntausend, ein Tempel mit dem Charme englischer kolonialer Pracht – an den Fassaden bröckelt's ein wenig.

Schon Anfang des 20. Jahrhunderts, die Phantasie schweift ab angesichts der Gäste im 500 Quadratmeter großen Kaffeehaus, in dem man ein Fernglas braucht, um die Decke genau betrachten zu können, war das ein Refugium des alten bleichen britischen Geldadels. An der Rezeption, die Angestellten tragen schwarzen Frack mit goldenen Schlüsseln auf den Revers, frage ich nach dem Mann, dem nicht gelang, seine Spuren zu verwischen.

»Herr Stoffberg ist nicht da. Bitte warten Sie auf ihn an der Bar, er wird gleich erscheinen.«

Mein Gott, welch ein Paradies für Barhocker und Longdrink-Säufer. Tiefe dunkle Ledersessel, gedämpftes Licht und im Hintergrund die kupferglänzende Bar aus dunklem Teakholz.

Ich bestelle Tee. Endlich einmal keine mit heißem Wasser aufgebrühten Teebeutel, sondern frischer Ceylon-Tee, serviert in bauchigen silbernen Kannen, mit einer Auswahl von Kandisstükken, braunem Rohrzucker und ordinärem weißem Zucker in einer Schale. Gerade als ich mich zurücklehnen will, taucht er auf, mit einem Husky, einem Schlittenhund.

»Hallo, my friend«, begrüßt er mich, nicht freundlich, sondern geradezu herzlich. Dabei würde er mir entsetzlich gerne an die Kehle gehen, weil ich ihn und seinen portugiesischen Freund Lopez hereingelegt habe. Vom weiß livrierten Kellner mit weißen Handschuhen läßt er sich einen Whisky bringen und schaut mich an. Von einem Augenblick auf den anderen verdunkelt sich sein vom kalten Wind gerötetes Gesicht.

»Gestern war die Polizei bei mir, sieben Mann von Interpol und Beamte der Schweizer Polizei. Sie haben den Aufzug gesperrt und mich sechs Stunden vernommen. Wegen der französischen Sache.«

Die französische Sache, das ist die vornehme Umschreibung dafür, daß ihm vorgeworfen wird, eine in Paris lebende südafrikanische Oppositionspolitikerin ermordet zu haben, zumindest aber, daß er einiges über die Hintermänner, ein südafrikanisches Killerkommando, wissen soll. Ob Stoffberg zu diesem Zeitpunkt schon wußte, ob ihm die Beamten Glauben schenkten? Ahnte er, daß auch seine Tage in Luzern gezählt waren? Wahrscheinlich nicht. Er baute vielmehr darauf, daß ihm, einem prominenten Agenten mit ausgezeichneten Kontakten zur Schweizer Bundesanwaltschaft, schon nichts geschehen würde. Ich mache mir meine Gedanken und genieße den Tee, er stürzt den Whisky herunter

Zehn Minuten sind mit nichtiger Konversation vergangen, dann drängt er mich aufzubrechen, in sein Zimmer zu gehen.

»Da können wir uns besser unterhalten.«

Auf dem Weg zum Aufzug schaue ich verstohlen umher, ob

nicht irgendwo eine dunkle Gestalt lauert. Nichts geschieht, der Aufzug bringt uns in den sechsten Stock. Wir gehen über einen langen Gang, der Hund läuft voraus. Schließlich sind wir da – Nr. 636. Das ist kein normales Hotelzimmer, sondern eine Suite, drei Räume, ausgestattet mit einem der Preislage des Hotels entsprechenden Luxus. Pro Tag, überlege ich, zahlt er mindestens 1 000 Franken für sein neues Operationszentrum.

Ich setze mich, warte ab, Stoffberg ist verschwunden. Auf dem Glastisch vor mir steht ein großer Blumenstrauß, daneben liegen Zeitschriften, Waffenjournale. Draußen, am Ufer des Vierwaldstätter Sees, den man direkt vor sich sieht, haben sich die Schwäne an der Uferböschung zusammengekauert. Der Schnee fällt weiter. Der Fernsehapparat mir gegenüber läuft auf Hochtouren, Sky Channel ist eingeschaltet, eine Trickfilmsendung für Kinder.

Stoffberg kommt aus dem Nebenraum, seinem kleinen Büro, mit einer Flasche Weißwein, einem Valois 87.

Wir trinken. Er ist wie immer außergewöhnlich freundlich, fragt nach Frau und Kind, ist um mein leibliches Wohl besorgt.

Alle, die ihn in den letzten Monaten kennengelernt haben, finden ihn »unheimlich sympathisch, zuvorkommend, höflich«. Ein trügerischer Eindruck, die Fassade, hinter der in bestimmten Momenten gierige Aggression auszubrechen droht.

Plötzlich ein kreischender Laut. »Das war die Antiabhöranlage.«

Sofort geht er wieder in den Nebenraum, schaltet dort den Radioapparat ein. Eine Disharmonie von lauten Tönen: Fernsehapparat, Radioapparat, Stoffberg hat Angst, abgehört zu werden. Ich muß mich anstrengen, um Stoffberg zu verstehen. Er zeigt mir eine Visitenkarte. Dirk Stoffberg, Generalbevollmächtigter der Atlantic Bankers Corporation in Atlanta/USA. »Eine CIA-Tarnfirma«, erklärt er die Karte, auf der seine neue Adresse in Luzern eingedruckt ist.

»Wissen Sie«, fragt er mich, »wer einen Stock tiefer wohnt?«
Woher sollte ich.

»Zwei Angehörige der CIA, ein Mann und eine Frau, die vor
kurzem geheiratet haben.«

Ist er in den Jahren seiner Flucht vor Enthüllung jetzt paranoid
geworden? Fast, als hätte er meine Gedanken verstanden, die
meinem distanzierten Blick zu entnehmen sind, steht er ruckar-
tig auf, kramt in einem Schrankfach und legt mir ein dickes Buch
auf den Tisch. Titel: »CIA – Manual. Handbuch für Einsätze der
CIA in Europa«. Ich blättere, lese etwas von Operationen, Desinformationen, verdeckter Kriegsführung, Antiterrorismus-
kampf – dann reißt er mir das Buch schon wieder aus der Hand.
»Kann ich eine Kopie davon haben?« frage ich, natürlich nur
zum Spaß. Stoffberg nimmt es auch so auf.

Inzwischen ist Susanne gekommen, seine Geliebte, eine Dame
aus höheren Kreisen, Mitbesitzerin einer Metallwarenfabrik in
Baden-Württemberg, die ihren bisherigen Mann aus Liebe zu
Stoffberg verlassen hat. Sie hat alle Brücken hinter sich abgebrochen, die Familie zu Hause gelassen, das Kapital mitgenommen,
um mit Stoffberg zusammenzuleben. Eine romantische Liebes-
beziehung?

»Sie ist ihm total hörig«, erzählen mir beobachtende Dienste, die
den Weg von Stoffberg genau verfolgen.

Susanne ist genauso sympathisch wie Dirk, momentan ist sie
ganz Bedienung. Sie bringt ihm Whisky, mir ein Glas Wasser.
Auf einmal bricht bei Stoffberg wieder die Aggression durch. Als
er von ihr etwas fordert, fragt er nach: »Hast du mich verstanden?«

Ein Satz, ausgesprochen wie ein herabsausendes Fallbeil. Ich
ducke mich innerlich. Extreme Aggression schwingt in Stoffbergs Verhalten gegenüber seiner Geliebten, hinterläßt den be-
klemmenden Eindruck, daß sie ihm trotzdem oder gerade deshalb auch die Füße lecken würde.

»Mein lieber Freund«, sagt er, als er sich wieder auf einen der vielen weißen Ledersessel gesetzt hat, »no more games now.« »No more games«, keine Spielchen mehr, ein Satz, den er in der nächsten Zeit häufig benutzen wird – so als wäre das, was bislang geschehen ist, nicht bitterer, tödlicher Ernst gewesen. Ich stelle das Glas Wasser auf den Tisch. »Nein. No more games, jetzt wird es ernst.«

Das Spinnennetz der Killer

Paris, 29. März 1988. Rue des Pétites-Écuriers. Eine kleine Straße im 10. Arrondissement, unzählige Läden, vier- bis fünfstöckige Häuser, Hinterhöfe, mit vielen Emigranten – nahe dem Gare du Nord und weit genug vom glitzernden Touristen-Paris entfernt.

Das Haus Nr. 28. Hier, im Hinterhaus, in das man ungehindert gehen kann, allenfalls kontrolliert von den neugierigen Augen Madame Miguens, der Concierge, ist das Büro des ANC, des »Afrikanischen Nationalkongresses«. Es ist 10 Uhr.

Die 45jährige Dulcie September ist, etwas verspätet, auf dem Weg zu dem Büro des ANC, das sich im vierten Stock des Hinterhauses befindet.

Als sie aus dem wackligen Aufzug steigt und die grün lackierte Tür zum Büro öffnen will, wartet bereits jemand auf sie. Mindestens sechs Schüsse werden auf sie abgefeuert, zwei direkt in ihren Kopf, ein Hinrichtungskommando in Aktion. Dulcie September ist sofort tot.

Seitdem sind die Mieter der gegenüberliegenden Wohnung verschwunden.

Einer ihrer besten Freunde, Godfrey Motsepe, selbst Ziel zweier Anschläge in Brüssel, erinnert sich an Dulcie.

»Wir waren noch vor wenigen Wochen auf einer gemeinsamen Konferenz in Afrika. Am Ende der Konferenz hat mich Dulcie gebeten, mit ihr zusammen spazierenzugehen, ein paar afrikanische Dinge einzukaufen und ein Bier zu trinken. Dulcie wollte mit mir allein zusammensein, als Freund, als Kamerad. Und jetzt ist sie tot.«

Motsepe trauert und ist gleichzeitig wütend: Die Mörder von Dulcie September sind bis zum heutigen Tag nicht dingfest gemacht, obwohl jeder zu wissen glaubt, wer dafür verantwortlich war. »Das Attentat wurde von Agenten des südafrikanischen Geheimdienstes durchgeführt, es ist der Höhepunkt einer langen Serie von Mordanschlägen gegen die Militanten des Afrikanischen Nationalkongresses«, behaupteten wenige Stunden nach dem Mord die Verantwortlichen des ANC.

Und Paul Breytenbach, ein bekannter südafrikanischer Schriftsteller, im Pariser Exil lebend, behauptet das gleiche: »Es waren Agenten der südafrikanischen Regierung.« Behauptungen sind noch lange keine Beweise. Beweise können gesucht und unterdrückt werden, je nach politischer Großwetterlage. Südafrika unterliegt zwar dem Bannstrahl einer kritischen Öffentlichkeit in Europa, ansonsten aber »business as usual«.

Dulcie Septembers Ermordung, das ist sicher, war der Höhepunkt einer ganzen Serie von Anschlägen gegen südafrikanische Oppositionspolitiker in Europa.

Wenige Tage nach dem Attentat erhielt ich von einem Freund, Jean Marie Stoerkel, einem Journalisten aus Mühlhausen, erste Hinweise auf die Tatbeteiligten. Die Quelle seiner Informationen, sagte er, sei der britische Nachrichtendienst.

Eine Information war, daß der Anschlag etwas mit einem ähnlichen Vorfall in Brüssel vor einigen Wochen zu tun habe. Und der zweite Hinweis, daß der Kopf eines südafrikanischen Killerkommandos, das gleichfalls mit dem Attentat in Verbindung stehe, sich derzeit in oder um Frankfurt aufhalten würde. Ob ich mich nicht darum kümmern könne?

Die Suche beginnt, die Suche nach Killern, die vor nichts zurückschrecken, die von niemandem aufgehalten werden, die unbeschränkte Vollmachten zu haben scheinen. Ist Brüssel der Schlüssel zu den Hintermännern der Attentate, zu den Mördern selbst?

Die Rue de Conseiller Nr. 25 ist eine kleine Straße in einem Stadtviertel, das nicht von Abrißunternehmern zerstört, noch nicht der Bürokratenmetropole einverleibt wurde.

Das kleine Büro des belgischen ANC befindet sich im Parterre eines Mehrfamilienhauses mit Blick auf eine Kneipe gegenüber. Im Lokal beobachtete im März 1988 ein Unbekannter mehrere Tage, was in dem Haus gegenüber los war. Mißtrauen erweckte er nicht.

27. März 1988. Am frühen Morgen, gegen fünf Uhr, kommt ein junger Mann nach Hause in die Rue de Conseiller Nr. 25. Per Zufall entdeckt er ein merkwürdiges Paket vor dem ANC-Büro. Er alarmiert die Polizei.

»Die Polizei kam etwa fünf Minuten später«, erzählte er mir. »Zuerst haben sie das Haus evakuiert. Als sie aber erkannten, welch große Sprengkraft die Bombe hat, haben sie die ganze Straße evakuieren lassen.«

Siebzehn Kilo TNT enthielt das Sprengstoffpaket, und wäre es explodiert, die zehn Hausbewohner hätten nicht überlebt. Doch das war nicht der erste Anschlag auf das belgische ANC-Büro beziehungsweise dessen Repräsentanten, Godfrey Motsepe.

4. Februar 1988. Im ANC-Büro von Godfrey Motsepe klingelt ein Mann an der Tür, der sich als Journalist der Zeitung »La Libre Belgique« ausgibt. Er möchte jetzt gleich ein Interview mit Motsepe führen. Motsepe ist mißtrauisch und weigert sich, ihn einzulassen. Der Unbekannte geht, wenige Minuten später ist er wieder da, geht auf das Bürofenster zu, das von der Straße aus leicht einsehbar ist, sieht Motsepe und feuert auf ihn. Er trifft ihn jedoch nicht, weil Motsepe den Schatten am Fenster sah, der eine Pistole zückte, und sich rechtzeitig zu Boden werfen konnte.

High-noon in Brüssel. Ist die Polizei fähig, den Attentäter zu ermitteln? Zuerst zweifelt sie an politischen Motiven des Anschlags, dann gibt sie zu verstehen, daß der ANC ja eine terroristische Vereinigung sei (das habt ihr davon), und schließlich wird die Fahndung nach dem Attentäter so lange verschleppt, bis nichts mehr zu ermitteln ist. Ein Attentat mit politischen Dimensionen.

Wenn politische Dimensionen sichtbar sind, kann beruhigt davon ausgegangen werden, daß auch Nachrichtendienste ihre Hände im Spiel haben. Aber vielleicht geht auch nur die Phantasie durch.

Was bei der belgischen Polizei auffällt, ist, daß sie in den letzten Monaten in Verdacht geriet, mit rechtsextremistischen Terroristen zu paktieren, Überfälle durchführte, die dann Linksextremisten in die Schuhe geschoben wurden. Ein Parlamentsausschuß befaßt sich seit Monaten damit.

Zur Beleuchtung des Hintergrundes gehört noch etwas anderes. Die meisten europäischen Investitionen in Südafrika kommen aus Belgien. Umgerechnet 75 Prozent der gesamten ausländischen Investitionen in Südafrika werden von Europa aus initiiert. Beteiligt sind die größten Gesellschaften.

Für Frankreich sind es beispielsweise Suez, BFCE, Crédit Lyonnais, Crédit du Nord, Société Générale, BNP, CCF, Paribas.

Für Belgien Bruxelles Lambert-Bank, Société Générale de Belgique, Paribas Belgique, Bekaert, Agfa, Petrofina und so weiter. Die Bundesrepublik ist mit BMW, Volkswagen, AEG, Telefunken kapitalmäßig gewaltig da.

Gerade in Belgien aber werden die großen Unternehmen von südafrikanischen Unternehmern geführt, oder die Unternehmen haben beste Beziehungen zu dem Rassistenstaat.

Finanzkräftige Kreise mit ihren politischen Interessen: Auch das könnte eine Spur sein.

Jedenfalls kann das alles mit den Attentaten zu tun haben, muß aber nicht der Grund dafür gewesen sein, daß nach den Attentätern und dem Bombenleger wenig intensiv gefahndet wird.

Zwar gibt Motsepe schon am Tag nach dem Attentat bei der Polizei eine genaue Täterbeschreibung, so daß ein Phantomfoto angefertigt wird. Wochen hört Motsepe nichts. Die Polizei war nicht untätig, das kann man nicht behaupten. Sie sendet das Phantomfoto an europäische Dienststellen. Ende Februar meldet sich die englische Polizei in Brüssel. Sie hat etwas gefunden, eine große Ähnlichkeit zwischen dem Phantombild und einem ihr bekannten Mann.

Es ist der 7. 3. 1988, als Motsepe unerwarteten Besuch erhält – von zwei Angehörigen der Brüsseler Antiterroreinheit. Sie legen ihm das Foto jenes Mannes vor, das ihnen aus England zugeschickt wurde.

»Das ist der Mann, der auf mich geschossen hat.«

Motsepe ist zu 95 Prozent sicher, daß der Mann auf dem Foto identisch mit dem Attentäter ist.

Es ist ein südafrikanischer Agent, Name: Joseph Klue.

Blinde sehen, und Lahme gehen, Taube hören, Tote stehen auf, wenn's der Staatssicherheit dient… In diesem Fall sollte der Sehende blind und taub sein.

Denn Wundersames wird von Motsepe gefordert. Er muß den Antiterrorspezialisten eine Zusage geben:

»Sprechen Sie nicht über die erfolgreiche Identifizierung, weder mit anderen Polizeibehörden noch mit der Justiz.«

Nur sie, die Antiterrorismusspezialisten, sollten Wissende sein, den anderen war das Los der Blinden zugefallen. War das ein politischer Schachzug?

Auf jeden Fall hat das tödliche Konsequenzen, gewollt oder nicht. Joseph Klue geht unbehindert seinen Aufgaben nach, ein Haftbefehl wird nicht ausgestellt.

Wäre damals, Anfang März, schon ein internationaler Haftbefehl erlassen worden, dann, daran gibt es keine Zweifel, wäre die französische Polizei gewarnt gewesen, hätte die ANC-Vertretung in Paris geschützt werden können.

Am 29. 3. 1988 wird Dulcie September ermordet. Von professionellen Killern. Am gleichen Tag noch wendet sich die französische Polizei an die belgischen Kollegen. Paris vermutet, daß es Verbindungen zwischen den beiden Attentaten gibt. Obwohl das Foto von Joseph Klue inzwischen in Belgien polizeibekannt ist, hüllen sich die Antiterrorismusexperten in Brüssel weiterhin in Schweigen und geben keine Informationen heraus. In den nächsten Wochen verdichten sich die Hinweise auf die Mittäterschaft von Joseph Klue an dem Attentat in Brüssel und dem Mord an Dulcie September. Trotzdem wird nicht nach ihm gefahndet.

Erst im Juni 1988 wird er mit Internationalem Haftbefehl zur Fahndung ausgeschrieben, immer noch sehr diskret. Und zu einem Zeitpunkt, an dem er längst wieder in seiner Heimat, in der Militärgarnison am Cap Outshoom, war.

Motsepes Anwalt, der belgische Senator Serge Moureaux, kann das alles nicht fassen, wundert sich über die schlampigen Ermittlungen, vermutet politische Motive. »Man hätte den Täter finden können, wenn rechtzeitig mit den Untersuchungen begonnen wäre. Denn man war im Besitz von sehr wichtigen Informationen, aufgrund derer es ein leichtes gewesen wäre, die Täter zu verhaften.«

Warum das nicht funktionierte?

»Diese Leute hatten an Ort und Stelle Mitwisser. Und ich gehe davon aus, daß Südafrika, wie die anderen Staaten auch, sogar in öffentlichen Institutionen Europas, auf jeden Fall in Belgien, unter anderem bei der Polizei, über Komplizen verfügt. Das ist der Grund dafür, daß die Mörder nicht gefunden wurden.«

Über die Attentäter von Belgien und Paris gibt es ein aufschlußreiches Dokument des belgischen Justizministers: »Es handelt sich um dieselbe Gruppe, Agenten Südafrikas.«

Joseph Klue ist in der europäischen Szenerie der Agentenzombies kein unbeschriebenes Blatt.

Er ist Major des südafrikanischen militärischen Nachrichtendienstes, MIS, der General C. van Niekerk unterstellt ist, einem Rassisten der alten Garde, zuständig für Geheimdienstoperationen in Europa. Besonders gerne hält sich Niekerk in der Bundesrepublik auf, in München.

Er ist der Mann, der öffentlich erklärte, daß der »ANC überall auf der Welt geschlagen werden muß«.

Aufgefallen ist Klue zum erstenmal in London, Anfang der achtziger Jahre.

»In der Zeit zwischen 1980 und 1982«, so erzählt der ehemalige Londoner ANC-Vertreter Solih Smith, »als sich gegen unser Büro ein Bombenanschlag richtete, war Klue Militärattaché an der südafrikanischen Botschaft in London. Damals wurden einige Leute wegen eines Einbruchs in unser Büro verhaftet. Und die sagten aus, daß Klue hinter den Bombenanschlägen und dem Einbruch stehen würde. Wenig später verließ Klue London. Offiziell hat man uns gesagt, daß er London verlassen habe, weil seine Dienstzeit zu Ende gegangen wäre.«

Major Klues »Dienstzeit« nahm deshalb ein unrühmliches, für einen aktiven Agenten aber jederzeit zu gegenwärtigendes Ende, weil inzwischen selbst den britischen Behörden die »Spionageaktivitäten« des Joseph Klue zu weit gingen. Sie wiesen ihn mit der Begründung aus, »daß seine Aktivitäten unvereinbar mit seinem diplomatischen Status« sind.

Klue war Spezialist für die Infiltration der Antiapartheid-Bewegung in Großbritannien, für Aktionen, die er mit drei weiteren südafrikanischen Agenten durchführte. Einer davon soll Dirk Stoffberg gewesen sein, der Mann, den man im Frühjahr 1988 in Frankfurt vermutete.

Politiker behaupten, daß allein sie für die Ausweisung von Klue gesorgt haben. Das stimmt so natürlich nicht. Es waren vielmehr Zöllner in Liverpool und weder der hochgepriesene Nachrichtendienst MI5 noch die »Special Branch«. Die Zöllner ließen einen von der südafrikanischen Botschaft aus operierenden Ring von Agenten auffliegen, zu dem auch Klue gehörte. Sie stießen auf einen Waffenhändlerring, und bei den weiteren Ermittlungen stellte sich heraus, daß diese Waffenhändler vom Boden der südafrikanischen Botschaft in London aus operierten. Als es gegen einige der Beteiligten, englische Staatsbürger, zu einem Prozeß im Old Bailey kam, wurde noch mehr ruchbar: daß nämlich von London aus ein Netzwerk südafrikanischer Agenten arbeitet, unbehindert und ungestört durch die britischen Nachrichtendienste, und das seit über zwei Jahren.

Die englischen Sicherheitsbehörden schauten einfach weg oder schmunzelnd zu, als die Agenten Südafrikas ihre Bombenanschläge planten oder dabei waren, südafrikanische Oppositionsbewegungen zu infiltrieren.

Sie schauten genauso zu, als von der Botschaft Südafrikas aus illegale Waffengeschäfte abgewickelt wurden, an denen bekannte englische Dealer beteiligt waren.

Beteiligt waren damals schon Joseph Klue und erneut der Mann, der auch später wieder auftauchen wird: Dirk Stoffberg.

In London erhielt ich weitere Hinweise auf die Hintermänner der Attentäter von Paris, Hinweise auf ein Killerkommando des südafrikanischen Geheimdienstes, das sich ungehindert in Europa bewegen konnte. Denn jedes Mittel schienen die Agenten Südafrikas einzusetzen, um die Antiapartheid-Bewegung, die gerade in Europa so vehement für die Rassengleichheit eintrat und propagandistisch überaus erfolgreich war, zu zerschlagen. Selbst Entführungen und anschließende Liquidierungen müssen die Agenten beherrschen, um den Job erfolgreich durchzuführen.

Penton Street, ein zerfallenes Haus. Das dortige Büro des ANC ist mit einer schweren grünen Stahltür geschützt, eine Fernsehkamera kontrolliert zusätzlich den Eingang. Es gibt genügend Gründe für diese Schutzmaßnahmen.

Frene Ginwala, eine ANC-Vertreterin, gehörte zu einer Gruppe von vier ANC-Leuten, die 1987 in London entführt und anschließend ermordet werden sollten.

»Im letzten Jahr gab es das Komplott, eine Anzahl unserer Leute hier zu entführen und zu töten«, sagt sie mir in ihrem Londoner Büro.

Eine Entführung mit anschließender Ermordung. Das ist wieder das Karussell der unglaublichsten Zusammenhänge, auf dem diverse Nachrichtendienste ihre eigenwilligen Pirouetten drehen, obwohl sie von einem einzigen Motor angetrieben werden – dem Staat zu dienen.

Dem Staat zu dienen, muß das etwa auch bedeuten, im Auftrag dieses Staates zu töten?

Die Vorstellungskraft eines naiven Demokraten schluckt so etwas nicht. Sie ist wahrscheinlich einfach zu begrenzt, um das aufzunehmen, was zur gängigen politischen Praxis dazugehört. Die geplante Entführung und Ermordung endete mit der Verhaftung der vier Agenten, die die ANC-Vertreter in London entführen wollten. Einer der Verhafteten war ein Frank Larsen. Bei der Hausdurchsuchung staunte die Polizei nicht schlecht über das, was sie alles fand: Tausende von Dokumenten, gefälschte Pässe, Geheimdokumente des Außen- und Verteidigungsministeriums, militärische Anleitungsbücher und detaillierte Beschreibungen über eine Operation mit Namen »Layout«.

Die Operation »Layout« war ein Plan, um auf den Seychellen-Inseln im Pazifik einen Putsch durchzuführen: mit Hilfe Südafrikas, dubioser Söldner, rechtsradikaler Organisationen und in London lebender Oppositionspolitiker der Seychellen. Und die Polizei fand haufenweise Notizen über Treffen, während derer die Entführung und Ermordung der ANC-Vertreter vorbereitet wurde.

Sollten die britischen Nachrichtendienste von diesen Aktivitäten nichts gewußt haben?

Doch als die Polizei immer nachhaltiger recherchierte und Genaueres wissen wollte, war das wie ein Griff ins Wespennest. Sie erhielt Order, die Ermittlungen einzustellen. Das lag wohl daran, daß aus einigen der Dokumente zu deutlich hervorging, welch enge Beziehungen zwischen dem südafrikanischen Geheimdienst und dem britischen Nachrichtendienst bestanden, und daß der britische MI5 bestens über die illegalen Aktivitäten der Südafrikaner informiert war. Befreundete Dienste kommen sich nicht ins Gehege, belastendes Material verschwand in irgendwelchen Archiven, das Netz südafrikanischer Agenten blieb unangetastet.

Unangetastet konnten daher auch die südafrikanischen Killerkommandos zu Werke gegen. Killerkommandos, die wir bislang nur schemenhaft wahrgenommen hatten und von deren Existenz Frene Ginwala erzählt:

»Sie haben Killerkommandos sowohl innerhalb wie außerhalb Südafrikas. Bis 1987 arbeiteten sie überwiegend in Südafrika. Dort haben sie Menschen entführt, sie haben führende Aktivisten von uns ermordet. Danach entwickelten sich deren Aktivitäten auch außerhalb des südlichen Afrikas. Doch schon zuvor hatten sie nachrichtendienstliche Operationen gegen uns durchgeführt. Sie haben unsere Büros in Europa abhören lassen, gegen dieses Büro gab es einen Bombenanschlag, Teile des Gebäudes wurden zerstört.«

»Glauben Sie, daß jemals bekannt werden wird, wer die Hintermänner der Killerkommandos sind, insbesondere, wer Dulcie September ermordet hat?«

Frene Ginwala zuckt resigniert die Schulter, überlegt genau, was sie sagen kann:

»Ob es öffentlich gemacht wird oder nicht, weiß ich nicht. Ich halte es aber für unwahrscheinlich, daß die europäischen Sicherheitsbehörden und Nachrichtendienste nicht in der Lage sind, herauszufinden, wer Dulcie September ermordet hat. Aber ob sie es veröffentlichen, das ist eine politische Angelegenheit. Wenn sie es publik machen würden, dann müßten sie hier die diplomatischen Missionen Südafrikas schließen, und das werden sie nicht tun.«

Killerkommandos aus Südafrika, ein Netzwerk südafrikanischer Agenten in Europa und Männer, die darin eine führende Rolle spielen. So stellt sich inzwischen das Szenarium dar, das mit der Ermordung von Dulcie September zu tun hat. Und erneut wird mir in London der Name eines Mannes genannt, der in all das verwickelt sein soll: Dirk Stoffberg.
Er sei Mitglied einer Sonderbrigade und gleichzeitig in Waffengeschäfte für Südafrika verwickelt.
Dirk Stoffberg, so meldete die »Sunday Times« im März 1987, ist kein Phantom, kein propagandistischer Geist aus der Welt der Agenten. Er wird beschuldigt, einer der »übelsten Spione der Welt« zu sein, der britische Journalisten rekrutieren wollte, um die Londoner ANC-Vertretung auszuspionieren.
Stoffberg dementierte, »er wäre kein Spion im üblichen Sinn des Wortes«.
Bei den weiteren Recherchen über diese schillernde Figur stoßen wir in Isleworth, einem tristen Vorort von London, auf ein harmlos aussehendes Geschäft. Mit diesem Unternehmen soll Stoffberg eng zusammenarbeiten. Das Unternehmen tarnt sich als Computer-Verkaufsfirma. In Wirklichkeit werden hier, hinter dem mit Computern vollgestopften Schaufenster, Waffengeschäfte für den Iran abgewickelt und gleichzeitig sensible Computerprogramme entwickelt, mit denen Raketen sicher ans Ziel gesteuert werden. Das Unternehmen heißt »ABComputers and

Electronics«. Der Besitzer, ein Iraner, steht mit Stoffberg in engen geschäftlichen Beziehungen.

Stoffberg selbst, so mir zugespielte Materialien, unterhält zahlreiche Firmen. Zum Beispiel die »Teiger Handels AG« mit Sitz in St. Gallen in der Schweiz und die »Iran International Trading Company« mit Sitz in Johannesburg.

Sind das nur Tarnnamen, oder ist Stoffberg in der Tat kein Spion im üblichen Sinne des Wortes? Ist er ein Spion, der gleichzeitig private Geschäfte – Waffengeschäfte – tätigt?

»Von Aziz an Dirk«. Ein Telex, das von der Firma »ABComputer« an Dirk Stoffberg geschickt wurde, beweist eines unmißverständlich: Er ist in Waffengeschäfte verwickelt. Aus dem Telex geht hervor, mit welchen Waffen gedealt werden soll: F5-Kampfflugzeugen, 120-mm- und 130-mm-Granaten sowie Sprengstoffen. Empfänger ist der Iran.

Inzwischen, es ist Mai 1988, verhärtet sich der Verdacht, daß Stoffberg in der Bundesrepublik lebt, um, so die offizielle Version, Waffengeschäfte zu organisieren beziehungsweise sich um deren finanzielle Abwicklung zu kümmern.

Stoffberg habe sich schon Anfang 1988 mit seinem Freund Aziz von »ABComputers« in Frankfurt getroffen. Aziz hätte sogar bei einer Frankfurter Bank ein Konto zur finanziellen Abwicklung der Waffengeschäfte eröffnet.

Außerdem, so erfahre ich, sei Stoffberg auf dem Londoner Flughafen Heathrow zusammen mit einem Unbekannten kurzfristig festgenommen worden. In dem Gepäck der Reisenden hat die Polizei nicht viel gefunden, bis auf eine Liste mit Namen von ANC-Repräsentanten in Europa. Das war nach dem Attentat in Paris.

Das Hotel, in dem sich Stoffberg und Aziz längere Zeit aufgehalten haben sollen, ist das »Hotel Post« in Frankfurt-Sindlingen. Und nicht weit davon entfernt, sehen wir eine Filiale der Volksbank Höchst. In der Bank wahrt man zuerst ein wenig das Bankgeheimnis, schaut aber im Computer nach, ob es diesen Aziz gibt. »Ja, ein Herr Aziz hat hier ein Konto.«

Im benachbarten Hotel das gleiche Ergebnis. »Herr Stoffberg, ein liebenswerter Mensch«, berichtet bereitwillig der Hotelmanager, »hat hier einige Monate gewohnt. Aber er ist nicht mehr hier, und niemand weiß, wo er zu finden ist.«

Ob ich etwas wisse, fragte mich der Hotelmanager, denn Stoffberg habe das Hotel verlassen und die Rechnung in Höhe von knapp 30 000 DM nicht bezahlt.

Jetzt, wo wir ihm auf den Fersen sind, dauert es nicht mehr lange, bis wir ihn ausfindig machen, im »Rhein-Main-Hotel« im Frankfurter Gutleutviertel, nahe dem Hauptbahnhof.

Dirk Stoffberg, der außergewöhnliche Agent: schwarze Haare, weißgraue Schläfen, grauer Bart, gebräuntes Gesicht, Hakennase, weißes offenstehendes Hemd und braune Lederjacke, Goldketten baumeln am Arm und am Hals.

Nach einem Vorgespräch in einer nahe gelegenen Kneipe will er mich näher kennenlernen. Er notiert sich sorgfältig meinen Namen auf einem Zettel, und zwei Tage später findet zum erstenmal ein Gespräch mit ihm in seinem Zimmer statt.

Das Zimmer 202 ist nicht besonders groß, ein Allerweltszimmer, mit Blick auf graue Häuserfassaden.

Wir sitzen auf der Bettkante, vor uns ein runder Tisch, auf dem er eine blaue Mappe mit Dokumenten auspackt. Schriftstücke über Waffengeschäfte mit oder von den United Arab Emirates – es ist nicht genau zu erkennen, weil er viel zu schnell blättert –, über Waffenbestellungen der iranischen Botschaft in Bonn bis hin zu Dokumenten der CIA.

Was will er damit sagen? Von seiner eigenen Spur ablenken? Dokumentieren, welch wichtige Person er ist, was er alles für sein Vaterland, das er heiß und innig liebt, getan hat und noch bereit ist zu tun?

Derweil, ich werde ja nicht ungesichert zu einem Mann mit einem derartigen Ruf gehen, dreht mein Kollege Thomas Giefer unauffällig mit einer 8-mm-Kamera. Natürlich sieht Stoffberg, daß er gefilmt wird. Er hat sogar generös die Genehmigung dazu gegeben. Der Trick mit der kleinen Kamera aber ist, das müßte der Superspion eigentlich wissen, daß sie nicht auffällt und man sie nach einer gewissen Zeit vollkommen vergißt.

Meine Taktik ihm gegenüber ist klar. Vertrauen gewinnen, sich als naiver Journalist präsentieren, dem man ungerührt jeden Mist erzählen kann.

»Nein«, antwortet er heftig auf die Frage, was er mit der Ermordung von Dulcie September zu tun habe, »nein, ich habe mit dem Mord nichts zu tun. Das war der amerikanische Geheimdienst, der hinter dieser Aktion stand.«

Ich schlucke. Der CIA traue ich fast alles zu. Aber warum sollten die Amis Interesse an der Ermordung von Dulcie September haben?

Stoffbergs Erklärung scheint, aus seinem Selbstverständnis von Agententätigkeit heraus, einleuchtend zu sein. Vielleicht projiziert er auch nur: »Überall in der Welt ist es ihre Politik der Einmischung in die internen Angelegenheiten der Staaten, sind es die Manipulationen, die sie durchführen, wie in Taiwan und Angola.«

Aber, wende ich ein, die politischen Verbindungen, um nicht Komplizenschaft zu sagen, gerade auf nachrichtendienstlicher Ebene zwischen Südafrika und den USA kann man ja nicht als bittere Feindschaft oder tödliche Gegnerschaft bezeichnen?

»Hinter der vordergründigen Szenerie, die Aufschluß über die Motive für das Liquidieren von Gegnern zu geben scheint, verbirgt sich etwas anderes. Daher würde ich vorschlagen, etwas tiefer in die Materie einzusteigen.«

Also wandern wir hinab, in die unergründbare Seelenlandschaft geheimdienstlicher Operationen.

»Es war sicher nicht die Absicht Südafrikas, Dulcie September direkt zu töten. Aber kann es nicht die Absicht der CIA oder einer anderen Behörde gewesen sein, Instabilität in Südafrika hervorzurufen? Und genau das ist eingetreten.«

Stoffberg will mich noch intensiver einweihen.

»Lassen Sie uns konkret werden. Ich weiß, daß vom Düsseldorfer ›Hilton‹-Hotel aus zwei Männer operieren, die einem Killerkommando der CIA angehören.«

Das hat er mir hingeworfen wie einem Hund einen saftigen Knochen, in der Hoffnung, daß ich mich an ihm verschlucken werde. Mehr will er im Moment nicht sagen, aber ich könnte später Näheres erfahren. Er bleibe ja noch einige Zeit in Frankfurt.

Nach diesem ersten Gespräch verschließt Stoffberg seine Unterlagen im roten Reisekoffer. Zwei Stunden haben wir uns in dem inzwischen verräucherten Zimmer unterhalten. Wir verabschieden uns »Bis zum nächstenmal« und gehen.

Der Knochen, mit dem er uns lockte, war zu schmackhaft, als daß wir ihn nicht begierig aufnahmen. Am nächsten Tag setzen Thomas und ich uns ins Auto und fahren ins Düsseldorfer »Hilton«. Der Chefportier, an den mich Stoffberg verwiesen hat und dem ich einen schönen Gruß von ihm ausrichten soll, weiß gleich Bescheid, als ich ihm die beiden Namen nenne, die Stoffberg mir gab. »Ach ja, die beiden Herren kenne ich gut. Die sind häufiger hier. Momentan aber leider nicht.«

Bereitwillig beschreibt er sie: »Groß, durchtrainierte Leute.« Weiter kommen wir nicht. Wir wollen auch nicht.

Ein merkwürdiger Mann, dieser Stoffberg. Thomas und ich stellen uns immer wieder die gleiche Frage: Warum redet er eigentlich mit uns, will er uns benutzen in irgendeinem Spiel, das wir nicht durchschauen?

In den nächsten Tagen und Wochen sehe ich ihn häufig. Der

Superspion trifft sich mit einem Journalisten, von dem er glaubt, daß er leicht einzuwickeln sei und begeistert wie ein Jünger zuhört, wenn er Agentengeschichten aus »Tausendundeiner Nacht« von sich gibt. Er müßte sich doch eigentlich denken können, daß ich nur an einem Interesse habe: Wie agiert ein Agent vom Boden der Bundesrepublik aus vor dem Hintergrund seiner Verwicklung in die Ermordung von Dulcie September?

Unterdessen schreibt selbst die südafrikanische Presse über den Mann in Frankfurt. »Stoffberg«, so der »Sunday Star« in Johannesburg, »ist der Anführer eines sogenannten Z-Squad, eines geheimen Killerkommandos, das in Europa operiert und noch brutaler als die Mafia ist. Das Kommando hat eine unbeschränkte Autonomie, die von niemandem kontrolliert wird.« Dieses Killerkommando untersteht dem NIS, dem »Nationalen Nachrichtendienst«, dem Dienst also, dem Stoffberg auch angehören soll. Gibt es, so die Vermutungen, Rivalitäten zwischen den beiden südafrikanischen Diensten, dem »Nationalen Nachrichtendienst« und dem »Militärischen Nachrichtendienst«? Ist das der Grund, daß Stoffberg den Kontakt zu uns nicht abbricht? Versucht er, uns zu benutzen?
Fragen, die wir uns stellen. Wir warten ab.
Die nächsten Wochen sind eine Tortur. Nach jedem Treffen mit Stoffberg komme ich total erledigt nach Hause, meine Leber rumort. Stoffberg säuft, und das richtig. Whisky, Wein, Schnaps, gläserweise, flaschenweise. Und ich muß immer mittrinken.
Jedes Treffen bedeutet aber auch ein Zipfelchen mehr an konkreten Informationen. Zum Beispiel über den Waffendeal, an dem er in Frankfurt arbeitet.
Seinen Worten nach steht ein gewaltiges Waffengeschäft kurz vor dem Abschluß. Der Handel mit Kriegswaffen, den er schon in London eingefädelt hat – Waffen für den Iran –, soll wegen

der Finanzierung in der Bundesrepublik zu Ende gebracht werden. Er ist geschickt vorgegangen, um die Aufmerksamkeit der Behörden nicht auf seine Tätigkeit zu lenken.

Er kooperiert mit einem iranischen Waffenhändler, einem Esatollah Ameli in Nizza. Der kaufte sich in Baden-Württemberg in eine Metallwarenfabrik ein. »Nachdem das Waffenbeschaffungsbüro der Iraner in London geschlossen wurde«, vertraute mir Stoffberg einmal an, »kaufen sich die Iraner bei bundesdeutschen mittelständischen Unternehmen ein. Sie haben dadurch eine private Abdeckung.«

Über die unschuldige baden-württembergische Firma organisieren der Iraner und der Südafrikaner die finanzielle Abwicklung des Waffendeals. Stoffberg kann zufrieden sein.

Eines ist jetzt eindeutig: Die Waffengeschäfte, von denen wir bereits in London etwas erfahren haben, sind nicht nur Scheingeschäfte, um ans schnelle Geld zu kommen. Was aber ist mit den Killerkommandos und der Ermordung von Dulcie September?

In Paris ist eine neue Verdachtslinie aufgetaucht. Demnach gehörten zu dem südafrikanischen Killerkommando französische Ex-Söldner. Genannt wird Bob Denard, ein Söldnerführer, der lange Zeit vom französischen Geheimdienst geschützt wurde und nun für den südafrikanischen militärischen Abschirmdienst arbeitet.

Denard, soviel ist bekannt, verfügt außerdem über enge Kontakte zu extremen Rassistengruppen, die ein Interesse daran haben, die Regierung in Pretoria zu diskreditieren, um selbst die winzigsten Reformen zu verhindern. Deshalb hätten sie Dulcie September ermorden lassen.

Eines Tages ruft mich Stoffberg an, lädt mich und meine Frau ein, gemeinsam mit ihm seinen Geburtstag zu feiern. Ich gehe natürlich hin, nehme aber nicht Reni mit, sondern Rena, die

Frau von Thomas. Ich erwarte, daß er in einer solchen intimen Atmosphäre noch mehr als bisher erzählen wird, und dazu braucht man einen gerichtsverwertbaren Zeugen. Rena ist überrascht, zieht ein schwarzes Kleid an, und wir gehen zu dem Treffen.

Als wir ankommen, erwartet uns Stoffberg schon. Er ist nicht alleine da. Zwei iranische junge Frauen feiern mit ihm und drei Männer, von deren Existenz ich bislang nichts wußte.

Überschwenglich begrüßt er Rena als meine Frau, stellt mich als seinen »Freund« vor und dirigiert uns zu unseren Plätzen. Stoffberg muß in diesem Restaurant, dem »Salzhaus«, häufiger Gast gewesen sein. Mit dem Wirt ist er schon bei dem privaten »Du«. Wir feiern, trinken insbesondere, und ich sehe Renas verzweifelte Blicke zu mir. Sie scheint in Bedrängnis zu sein. Der Mann, an dessen Seite Stoffberg sie gesetzt hat, redet unaufhörlich auf sie ein. »Ich kenne Sie doch. Wohnen Sie nicht in Sachsenhausen und haben einen Sohn?«

Rena, die Arme, kommt ins Schwitzen.

»Nein, da müssen Sie mich mit irgend jemandem verwechseln, ich wohne im Nordend und habe auch keinen Sohn, sondern eine Tochter.«

Platzt jetzt die gesamte Dramaturgie, die ich so gut vorbereitet hatte?

Das Mißtrauen des Mannes jedenfalls bleibt bestehen, und er befragt sie skeptisch weiter. Vielleicht hat er sie tatsächlich in Sachsenhausen gesehen. Er ist der Sohn des ehemaligen Frankfurter Präsidenten der Industrie- und Handelskammer. »Ein guter Freund von mir«, sagt Stoffberg.

Der andere Typ, mit kurzgeschorenem Haar, »ist ein SS-Mann, der enge Verbindungen zur rechtsradikalen Szene hat«, stellt ihn Stoffberg vor. Derweil flirtet er selbst mit den beiden iranischen Frauen, weist sie aber rüde ab, als die eine ihn umschmeichelt und gleichzeitig um eine Geldspende bittet. Nichts ist umsonst.

Der Abend war kein Reinfall, obwohl wir kaum etwas Neues erfahren. Immerhin bin ich jetzt noch näher an ihn herangekommen, glaube ich zumindest.

Der Durchbruch gelingt mir, als ich ihn ein paar Tage später in ein italienisches Restaurant einlade. Ich soll ihm etwas empfehlen.

Ich bestelle für ihn ein Kalbsschnitzel in Marsalasauce, als Nachtisch ein Mandelcreme-Dessert und am Ende einen Grappa-Champagne. Ein edles Getränk. Zehn Jahre gelagert, Stoffberg ist hingerissen.

Und redet mehr, als er eigentlich will, als wir beim dritten Glas Grappa angekommen sind.

»Streng vertraulich ist das, was ich dir sage.« Inzwischen sind wir schon beim Du gelandet. »Natürlich gehöre ich dem südafrikanischen Geheimdienst an, dem ›Nationalen Sicherheitsdienst‹, und habe verschiedene Aktionen durchgeführt. Zum Beispiel die Ermordung der ANC-Vertreterin in Mosambik, Ruth First.«

Der Grappa läßt Stoffberg etwas von den Hemmungen vergessen, die er ansonsten hat: über sich selbst zu reden. Das, was viele vermutet haben, bestätigt Stoffberg. Die Ermordung von Dulcie September und die Attentate auf Antiapartheid-Gegner in Europa haben etwas mit rivalisierenden Geheimdiensten zu tun.

Er schimpft auf den »Militärischen Nachrichtendienst«, der ihn sabotieren würde, greift die Korruption in diesem Nachrichtendienst an und meint, daß der »Militärische Nachrichtendienst« vollkommen unkontrolliert wirke, »so daß selbst der Staatspräsident ihn nicht beeinflussen kann«.

Und dann erzählt er mir mit unschuldigen Augen: »Ich habe selbstverständlich nichts mit der Ermordung von Dulcie September zu tun, aber ich weiß, daß es meine Leute in Johannesburg waren.«

Ein Agent, der seine Kollegen verrät? Eher ein Agent, der schuld-beladen die Verantwortung auf andere abwälzen will. Stoffberg ist schließlich kein Liberaler, sondern ein strammer Rechter.

Irgendwann einmal habe ich ihn nach den Motiven für sein Handeln befragt.

»Die Repräsentanten des ANC sind Kommunisten, die gegen die weiße Herrschaft in Südafrika sind. Außerdem sind sie fana-tisch, wollen Südafrika zerstören und sind daher eine Gefahr für mein Land.«

Er ist, wie es sich gehört und ins politische Konzept paßt, davon überzeugt, daß der ANC vom sowjetischen Geheimdienst KGB kontrolliert wird.

Der KGB. Stoffberg hat ein merkwürdiges Verhältnis zu ihm. Er erzählte bei einem der vielen Trinkgelage, aber noch im Zustand des bewußten Denkens und Sprechens, daß er von dem KGB-Repräsentanten in Genf eingeladen worden war. Man wollte sich mit ihm unterhalten. Das Treffen hätte in Liechtenstein stattgefunden.

»Wir haben zusammen zu Mittag gegessen.«

»Aber der KGB muß doch ein Interesse gehabt haben, mit dir zu sprechen«, wende ich ein.

Stoffberg lacht laut auf.

»Wie jeder ein Interesse daran hat, mit mir zu sprechen. Wir redeten zusammen, es war ein geselliges Essen.« Und er erstickt fast an einem Lachanfall.

Das Lachen endet schlagartig, als ich ihn erneut nach seiner Verwicklung in die Ermordung von Dulcie September frage.

»Das ist lediglich eine der üblen Desinformationskampagnen der CIA«, wehrt sich Stoffberg.

Es ist Ende Juni, Stoffberg spaziert mit mir am Mainufer ent-lang, wir steigen in ein Tretboot und fahren den Main hinunter.

»Niemand kann mithören«, sagt Stoffberg – dafür läuft ein Tonband, das ich mir eingesteckt habe.

Killerkommandos, ob aus den USA oder Südafrika, Stoffberg soll mir in entspannter Atmosphäre sagen, was Sache ist.

»Ich habe mit den CIA-Leuten gesprochen, war mit ihnen im ›Hilton‹-Düsseldorf zusammen. Als ich zwei Monate in China lebte, habe ich ihre Operationen ganz direkt mitbekommen. Sie wurden in einem CIA-Camp in Kanada trainiert, sind Teil eines Mörderteams, und ich habe sie in China arbeiten sehen.«

Wir gehen, während wir das Tretboot gegen die Strömung strampeln, auf die Welt der Geheimdienste ein, wie Stoffberg sie sieht.

»Nachrichtendienste der ganzen Welt manipulieren Tatbestände, legen falsche Fährten. Aber was ist ein Spion? Es ist in der Hauptsache eine Person, die Informationen sammelt, legal und im geheimen. Es ist nicht die Welt eines James Bond.«

»Aber Leute zu töten durch Killerkommandos der Geheimdienste, das klingt doch ein wenig wie in einem der Superthriller aus Hollywood, das ist James Bond pur.« Stoffberg schmunzelt, Ölflecken ziehen am Boot entlang, an den Glasfassaden der Bankhochhäuser brechen sich die Sonnenstrahlen, ein Feuerwehrboot fährt an uns vorbei.

»Es ist eine besondere Form von Krieg. Sie benutzten natürlich in der Regel keine Angehörigen des Dienstes, sondern private Organisationen, die den Job erledigen. Es läuft wie bei einem einfachen Geschäftsmann mit einer Firma ab. Der wird gefragt, ob er einen Job erledigen kann. Ja, und dann, wenn der Job erledigt ist, erhält er seinen Lohn. Aber keiner ist auf der ständigen ›pay roll‹, der Gehaltsliste der CIA in Langley. Dafür gibt es Sonderkonten.«

Nach dieser Fahrt auf dem Main gibt mir Stoffberg zum erstenmal Dokumente. Papiere, Vernehmungsprotokolle. Es geht um die Aktivitäten der amerikanischen Zollbehörden, die tief in ein riesiges Agenten- und Waffenhändlernetzwerk eingedrungen sind. Sie sollen das bestätigen, was Stoffberg behauptet hat.

Die Unterlagen machen deutlich, daß amerikanische Behörden sich untereinander bekämpfen, daß kriminelle Machenschaften von höchsten Stellen abgedeckt und sogar initiiert werden.

Danach haben im Frühsommer 1982 zwei freie Mitarbeiter der US-Zollbehörde sich in Washington mit einem Wayne Long von der »Defense Intelligence Agency« getroffen, um über die Untersuchung gegen den Chef eines Waffenhändlerringes, Ian Smalley, zu sprechen. Den beiden war es gelungen, in den Waffenhändlerring einzudringen. Sie gaben sich als potentielle Geschäftspartner aus, um zu erfahren, wer bei dem Waffengeschäft mitmischt. Später wollten sie das Geschäft auffliegen und den Boß der Waffenhändler vor ein Gericht bringen lassen.

Der Mann von der »Defense Intelligence Agency« instruierte die beiden Agenten, daß sie weiter mitmischen sollen. Alles wäre abgedeckt, auch das Außenministerium wisse Bescheid. Die Summe, um die es bei diesem Geschäft ging, war riesig: 40 Millionen Dollar.

Die Agenten des Zolls machten also weiter. Und sie erfahren von Smalley, dem Boß der Waffenhändler, wie die Waffen unter Verletzung der Exportbestimmungen den Iran erreichen würden. Smalley, der Waffenhändlerboß *und* CIA-Mann, erklärte ihnen bereitwillig, wie man vorzugehen gedachte. Die 8 000 TOW-Raketen, um die es ging, würden offiziell an die Vereinigten Arabischen Emirate geliefert werden.

Wenn der Frachter den Persischen Golf erreicht, würden seine Leute den Kapitän und die Crew »killen, danach das Schiff in einen iranischen Hafen bringen«.

Die Agenten Gary Howard und Ronald Tucker akzeptierten. Smalley war auch zu anderen Geschäften bereit und weihte seine »Partner«, die V-Leute, entsprechend ein. Er offerierte, daß er waffenfähiges, angereichertes U-235-Plutonium liefern könne, das aus dem Plutoniumlager Aldermaston in Großbritannien gestohlen worden war. Er zeigte den Agenten sogar Fotos des tödlichen, strahlenden Materials und wies darauf hin, daß das Plutonium jetzt in Portugal lagern würde.

Eigentlich hätte jetzt der Handel auffliegen müssen. Nichts geschah. Die Untersuchung der beiden V-Männer stockte. Warum, das geht aus den amtlichen Akten hervor, die mir Stoffberg übergeben hat.

»Die Untersuchungen gegen Ian Smalley, der Dr. Doom genannt wird, wurden durch höchste Regierungsstellen sabotiert. Diese Regierungsstellen befürchteten, daß eine Untersuchung und Anklage gegen Smalley geheime und illegale Waffenlieferungen für den Iran aufdecken würden, die vom Nationalen Sicherheitsrat, dem Pentagon, dem Außenministerium und anderen hohen Regierungsstellen gedeckt wurden.«

Die beiden freien Mitarbeiter der US-Custombehörde sind frustriert, weil ihre Arbeit nicht honoriert wurde. »Wir sind tief betroffen über die Art von verschiedenen verdeckten und offenen Operationen, die von Angehörigen der US-Zollbehörde durchgeführt wurden. Das reicht von Plänen, um Menschen zu töten, über das Ignorieren von Informationen über den internationalen Terrorismus bis hin zu der Verletzung von US-Gesetzen.«

Beide schildern einen skandalösen Vorgang. Um einen Drogenhändlerring auffliegen zu lassen, würde ein Informant der US-Behörde mit falschen Pässen ausgerüstet und ihm erlaubt werden, selbst mit Drogen zu handeln. Um das Geschäft zu finanzieren, sollten Piloten, die große Beträge von Geld aus dem Verkauf von Drogen in Südamerika transportierten, getötet werden.

Der Pilot, so die Aussagen der Ex-Zollmitarbeiter, sollte von dem Informanten der US-Zollbehörde ermordet werden, damit dieser sich das Geld nehmen kann.

Dann würde der Informant das Flugzeug über die Karibik fliegen, eine Zeitzünderbombe aktivieren, um an einem bestimmten Punkt mit dem Fallschirm aus dem Flugzeug zu springen: »Das

Flugzeug wird noch einige hundert Kilometer fliegen, bevor es explodiert. Diese Art der Operation ist auch in anderen Teilen der Welt geplant.« (Statement of Witness vom 26. 10. 1987)
Damals, als ich die Dokumente las, konnte ich sie noch nicht einordnen, wußte nicht, daß sie im Zusammenhang mit einem politischen Skandal standen, bei dessen Aufklärung Stoffberg mir später helfen wollte.

Der Skandal, um den es ging: Im November 1979, nach der Revolution im Iran, besetzten aufgebrachte Studenten die amerikanische Botschaft und nahmen 55 Geiseln. Im November 1980, ein Jahr später, sollte in den USA ein neuer Präsident gewählt werden. Ronald Reagan und George Bush kandidierten gegen Jimmy Carter. Die Geiseln waren immer noch nicht frei. Monate vorher begannen konspirative Treffen, um die offizielle US-Regierungspolitik zu sabotieren.
Es fanden geheime Verhandlungen zwischen den politischen Gegnern des damaligen Präsidenten Jimmy Carter und Khomeinis Leuten in Teheran statt. Ihr Ziel war, zu verhindern, daß die Geiseln noch vor den Wahlen freikommen. Denn dann hätten Reagan und Bush keine Chance gehabt, gewählt zu werden. Als Gegenleistung sollten die Iraner nach der Amtseinführung des neuen Präsidenten Reagan sofort Waffen erhalten. Waffen gegen Geiseln beziehungsweise die wochenlange Verzögerung ihrer Freilassung, um dadurch die Wahlen zu gewinnen – das ist der Skandal.
Ein Skandal, auf den wir erst Monate später stoßen werden. Stoffberg hatte auch damit etwas zu tun.
Schließlich war er in diese Waffengeschäfte verwickelt, in die Affäre »Houston III«.

Inzwischen haben wir den Eindruck gewonnen, daß Stoffberg mit seinen Enthüllungen über Killerkommandos der CIA von der Beteiligung seiner eigenen Regierung an den Attentaten ablenken will. Denn alle Indizien weisen auf den südafrikanischen Geheimdienst hin.

Joseph Klue in Belgien, der Mann, der den belgischen ANC-Vertreter erschießen wollte, wird inzwischen mit Internationalem Haftbefehl gesucht.

Für den belgischen Justizminister wurden die Attentate, ob in Paris oder Brüssel, vom südafrikanischen Geheimdienst geplant. Stoffberg wurde von der französischen Polizei in Frankfurt als wichtiger Zeuge für die Ermordung von Dulcie September gesucht. Doch obwohl er sich seit Monaten in Frankfurt aufhielt, haben ihn die Behörden offiziell nicht gefunden.

Er bekennt sich offen dazu, daß er dem südafrikanischen Nachrichtendienst angehört, gibt zu, Joseph Klue gut zu kennen, scheut sich nicht, zu bekennen, daß er etwas mit der Ermordung der ANC-Repräsentantin Ruth Weis in Mosambik zu tun hatte, verfügt über enge Verbindungen zu rechtsextremen Söldnern, ist im Waffengeschäft tätig – alle Informationen, die wir Ende März erhalten haben, trafen zu.

Eine dichte Indizienkette, die zumindest dazu führen müßte, daß Stoffberg von den deutschen Behörden »befragt« wird. Aber so einfach ist das nicht.

Der BND, der Bundesnachrichtendienst, weiß zwar über ihn Bescheid, aber er sei nur für die Auslandsaufklärung zuständig. Stoffberg sei südafrikanischer Staatsbürger, gehöre außerdem einem befreundeten und keinem feindlichen Nachrichtendienst an, und schließlich habe er auf deutschem Boden keine Verbrechen begangen.

Ähnlich überzeugend argumentiert die Frankfurter Staatsanwaltschaft, die Stoffberg wegen Betruges sucht, ihn aber nie finden konnte. Und von seinen anderen Aktivitäten wußten sie nichts.

»Wenn sich Killerkommandos auf deutschem Boden aufhalten,

hier aber nur planend tätig sind«, so entschuldigt sich die Frankfurter Staatsanwaltschaft, »kann man juristisch nichts gegen sie unternehmen.« Stoffberg hätte es freuen können. Wären da nicht seine Waffengeschäfte bekannt geworden. Und die veranlaßten ihn schließlich, in Frankfurt sein Quartier zu verlassen und in die Schweiz abzureisen.

Der Bundesnachrichtendienst und eine Terrororganisation

Politik selbst gestalten, nicht Politik beobachten – da bubbert das Herz vieler Geheimagenten. Es sind verwegene Wünsche manch eines besoldeten Beamten, Vergütungsgruppe A11 und höher, die im politischen Rotlichtviertel der Demokratie, dem Bundesnachrichtendienst, von Zeit zu Zeit in Erfüllung gehen dürfen. Nicht nur immer im kleinen schäbigen Büro hocken, mit Blick auf Tannen und Fichten, sondern einmal hinaus in die verruchte große und weite Welt jetten. Je konspirativer, mit einer falschen Legende, dem Fachausdruck für gefälschte Papiere, um so spannender werden die Ausflüge in das feindliche Universum, in dem ständig das Böse lauert.

Die Rede ist von Beamten und Angestellten des Bundesnachrichtendienstes in München-Pullach. Abgeschirmt mit Stacheldraht, hohen Mauern und Fernsehkameras, bestens behütet also, hocken dort keine Typen à la James Bond, sondern die Meiers und Schmidts, unauffällige Vollstrecker, die der Regierung in Bonn politische Entscheidungshilfen geben sollen.

Der Bundesnachrichtendienst ist eine Behörde, die nach dem Zweiten Weltkrieg über dreißig Jahre, also fast ein Drittel des Jahrhunderts, ohne jede gesetzliche Grundlage von der westdeutschen Bevölkerung hingenommen wurde. Seine Funktionen und Befugnisse blieben daher rechtlich im Rechtsstaat Bundesrepublik ungeregelt, Stasi à la Bonn. Es herrschte ein Zustand, der manchem ehrgeizigen Politiker und seinen getreuen Wasserträgern in Pullach Gelegenheit gab, auf einem Terrain zu wirken, wo demokratische Prinzipien wie Nichteinmischung, Selbstbestimmung und Menschenrechte leichtfertig zu einer dumpfen Peep-Show verkommen konnten.

Politische Heißblüter im BND, angestachelt durch alte und kalte Krieger, sehnten in der Vergangenheit Konflikte herbei, schürten sie mit belegter Stimme im Dickicht ihrer strategischen Biertischvorstellungen. Männer, die eine tief sitzende Unterwerfungs- und Gehorsamsbereitschaft gegenüber den Stärkeren an den Tag legen und die einmal den Spieß umdrehen wollen. Gelegenheit dazu gibt es genug. Um ein Beispiel herauszugreifen: Wie und welche »Freiheitskämpfer« in der Dritten Welt, in diesem riesigen Projektionsgebiet für Ideologien, sind zu unterstützen?

Die »Freiheitskämpfer« im Osten oder Westen, die antikommunistischen Heroen der Marktwirtschaft versteht sich, genießen auch in Pullach eine besonders große Aufmerksamkeit. Kampf gegen den Terrorismus – das ist identisch mit dem Kampf gegen den Kommunismus. Diese Begrifflichkeit des kalten Krieges ist auf die Fahnen derjenigen geschrieben, die im Bundesnachrichtendienst eifrig »Freiheitskämpfer« am Leben erhalten, sie logistisch und finanziell unterstützen, selbst wenn die Freiheitskämpfer nichts anderes als gemeingefährliche Killer sind. Wen stört's schon?

Die Dialektik von Elend, Unterdrückung und Freiheitskampf, von Terrorismus und Selbstbehauptungswillen ist für einige Pullach-Strategen lediglich der Vorwand zum Ausleben eines wirren Machtrausches. Die Kosten können auf die Betroffenen abgewälzt werden, wenn es gelingt, die Hände in Unschuld zu waschen. In der Sprache der Geheimdienste heißt das dann »Dementi«.

Tausende Kilometer vom Rotlichtviertel politischer Geheimniskrämerei entfernt, in Südafrika und Mosambik, wird nicht etwa

70

beobachtet, werden keine politischen Informationen gesammelt und ausgewertet, da wird Politik gemacht, wenn's not tut, selbst gezündelt.

»Freiheitskämpfer« im Norden des heute ausgebluteten Landes Mosambik wissen, wenn in ihrem Hauptquartier in Gorongoza, an der Grenze zu Malawi, wieder einmal eine verschlüsselte Nachricht über die hochmodernen Sendeanlagen, made in Germany, eingegangen ist, daß brüderliche Hilfe unterwegs ist. Dann kann man wieder für die Freiheit Opfer bringen: morden, massakrieren und brandschatzen.

Achttausend Kilometer von München-Pullach entfernt, zwischen dem 11. und dem 27. Breitengrad an der Ostküste Afrikas, da liegt Mosambik. Ein Land mit heute etwa 15 Millionen Einwohnern. Über 500 Jahre war es eine portugiesische Kolonie. 1964 begann der Befreiungskampf unter der Führung der Frelimo. Zehn Jahre später endete der bewaffnete Befreiungskampf, als die Regierung in Lissabon, nachdem die Salazar-Diktatur durch die »Nelkenrevolution« gestürzt worden war, das Recht der mosambikanischen Bevölkerung auf Selbstbstimmung und Unabhängigkeit akzeptierte.

Erinnerungen an eine Zeit, die aus dem geschichtlichen Bewußtsein vieler gelöscht worden ist: Kolonialherrschaft.

Mosambik war für Portugal nichts anderes als ein billiges Rohstoffreservoir mit einem Dienstleistungswasserkopf in der Hauptstadt Maputo. Das Ergebnis dieser Kolonialökonomie war, daß es kaum eine Industrialisierung gab und keine soziale Versorgung der Bevölkerung. Am Ende der Kolonialzeit gab es gerade 14 Krankenhäuser, und zwar dort, wo die portugiesischen Händler und Siedler lebten: in den städtischen Gebieten. Und das für eine Bevölkerung von damals zehn Millionen Menschen.

Der dramatischste Aspekt portugiesischer Kolonialherrschaft war zweifellos die alarmierend niedrige Alphabetisierung – zur

Zeit der Unabhängigkeit waren 93 Prozent der Bevölkerung Analphabeten. Zu den sieben Prozent der Bevölkerung, die lesen und schreiben konnten, gehörten wiederum auch die Angehörigen der portugiesischen Gemeinde. Das Volk sollte unwissend bleiben.

Am 25. Juni 1975 schließlich wurde Mosambik unabhängig und proklamierte eine Volksrepublik. Klar, daß sich die neuen jungen Politiker aus den leidvollen Erfahrungen mit der westlichen Kolonialpolitik heraus dorthin orientierten, wo sie als erstes Hilfe zu erhalten hofften: in die UdSSR und nach China. Imperialismus und Kampf gegen Imperialismus waren damals keine Schlagworte. Und so wurde in der Volksrepublik Mosambik eine Einparteienregierung gebildet. Demokratie, bei vielleicht drei Prozent Alphabeten, das stand überhaupt nicht zur Debatte. Die Einheitspartei Frelimo regierte und diktierte zum Wohle des Volkes, wie es in den Statuten hieß.

Als dann die Portugiesen nach der Unabhängigkeitserklärung aus dem Land flüchteten, da war das Volk auf sich allein gestellt, jene Menschen, die am kolonialen Reichtum Portugals so entscheidenden Anteil hatten.

Zurück ließen die Portugiesen ein Land ohne jegliche Infrastruktur, ohne Schulen und Gesundheitseinrichtungen, selbst die wenigen Industrieeinrichtungen schleppten die aus dem Land flüchtenden Kolonialisten mit sich oder zerstörten sie.

Erbärmliche Rache für das Ende ihrer Kolonialherrschaft, mit katastrophalen Folgen für das Land. Sie hinterließen nichts als Trümmer. Und die neue Regierung sollte noch lange Zeit mit den kolonialen Trümmern konfrontiert werden. Schließlich war beziehungsweise ist Mosambik nicht irgendein afrikanisches Land, sondern es grenzt an Südafrika.

Die Apartheidregierung Südafrikas hatte nun zum erstenmal gemeinsame Grenzen mit einem Staat, der seine Unabhängigkeit durch einen bewaffneten nationalen Befreiungskampf errungen hatte – andere, wie Angola und Rhodesien, folgten. Die Regierung in Pretoria fühlte sich bedroht. Mosambiks Regierung wurde daher zu einem der bevorzugten Haßobjekte der Weißen am Kap, mit allen Konsequenzen der verdeckten und offenen Kriegsführung seitens Südafrikas gegen die Frelimo-Regierung in Maputo.

José Luis Cabaco, der »Stellvertretende Sekretär für Internationale Beziehungen« der Frelimo-Partei, sieht es so: »Destabilisierung in Mosambik ist in eine Perspektive eingebettet, die sich von der anderer Spannungsgebiete in der Welt unterscheidet, wo wirtschaftliche und soziale Instabilität ein Mittel für die Herbeiführung politischer Veränderungen ist. In Mosambik hat Destabilisierung das Endziel, die nationale Instabilität zu perpetuieren, das Land abhängig und paralysiert zu halten, unregierbar und unfähig, seine geographische Lage und Infrastruktur in den Dienst der regionalen wirtschaftlichen Befreiung zu stellen.«

In der Tat ist das, was der einstige junge Revolutionär, heute grau geworden, erzählt, so eingetreten.

Das unabhängige, von kolonialer Abhängigkeit befreite Mosambik ist das zweitärmste Land der Welt.

Als Unfähigkeit der Kommunisten, Planwirtschaft, als Vetternwirtschaft und afrikanische Dummheit werden die weißen »Herrenmenschen« es bezeichnen. Sie müßten es besser wissen. Denn das, was in Mosambik wie in einem Mikrokosmos zu verfolgen ist, ist ein bewußt herbeigeführter Zustand. Ein Zustand, der zeigt, wie ein Land so lange destabilisiert wird, bis es in das Koma verfällt und danach jede Hilfe annimmt, um dem drohenden Tod zu entkommen. Ein Paradebeispiel kühner westlicher Entwicklungspolitik – mit mildtätiger Hilfe von Nachrichtendiensten, Rebellen und wirtschaftlicher Erdrosselung –, das ist Mosambik. Und deshalb ist dieses Land am Indischen Ozean, 8 000 Kilometer von der Bundesrepublik entfernt, ein Lehrstück für skrupellose politische Strategien.

Acht Kilometer geteerte Landstraße führen vom Flughafen in die Hauptstadt Maputo. Afrika pur: erbärmliche Blechhütten hinter Bambuszäunen, kleine Feuer am Straßenrand, um die sich Menschen drängen. Dann am Stadtrand Maputos ein prunkvoller Platz, der so gar nicht in die armselige Umgebung paßt. Es ist der Heldenplatz, unter dem Samora Machel begraben ist. Samora Machel, der ehemalige Staatschef von Mosambik und Befreier von kolonialer Abhängigkeit, kam 1986 durch einen bislang ungeklärten Flugzeugabsturz über Südafrika ums Leben. An den Wänden überall vergilbte Parolen. »Wir wollen den Frieden, aber wir haben Krieg.«

Wir sehen keine in Flammen stehenden Hütten, hören nicht das trockene Geknattere von Gewehrschüssen, riechen nicht den lähmenden Geruch verwesender Leichen. Die Straßen in der Hauptstadt – eine Landschaft der grauen Einöde. Verrostete Rolläden an den wenigen Geschäften, das einzige, was tanzt, sind Affenbrotbaumblätter auf den Bürgersteigen. Es herrscht keine melancholische Stimmung, sondern Endzeit. Maputo ist eingekesselt von den Rebellen. Wer die Stadt verläßt, ist seines Lebens nicht sicher. Mit einem der an einer Hand abzuzählenden Taxis wagen wir uns einmal an die Stadtgrenze von Maputo. Die Fahrt geht an riesigen Baustellen vorbei, Gerüste ragen in den Himmel. Seit Jahren wurde nicht weitergearbeitet. Zwei Betonblöcke, hier beginnt Feindesland, nicht einmal zwanzig Minuten sind wir gefahren. Sandstraßen und riesige Löcher verhindern jede schnelle Flucht, an die wir ständig denken. Dann der Außenposten, ein Dorf, in dem in der Abendsonne die Fischer ihre Beute am Strand verkaufen. Bis hierher und nicht weiter will der Taxifahrer. Der Indische Ozean schlägt gegen den Strand, die Rebellen können überall sein.

Auf den Krieg stoßen wir zuerst im Zentralkrankenhaus von Maputo. Der Geruch süßlichen Blutes und herber Desinfektionsmittel legt sich auf die Atemwege. Die Augen werden mit unvorstellbarem Leid konfrontiert, der Atem gerät ins Stocken. In den Krankenräumen, vierzig Quadratmeter groß, die Farbe blättert überall ab, liegen in Stahlbetten zehn, in anderen 15 Opfer. Es sind verkrüppelte, in blutigen Mull eingepackte, eingegipste Männer, Frauen und Kinder. Opfer von Angriffen durch Rebellen, die in Mosambik von der Bevölkerung »Banditen« genannt werden, von den westlichen Förderern aus München-Pullach oder Washington-Langley dagegen »Freiheitskämpfer«. Hier werden wir mit ihrem Treiben konfrontiert.

Die »RENAMO«, die »Resistencia Nacional Moçambiquana«, so nennt sich die »Befreiungsbewegung«, kämpft seit über zehn Jahren mit südafrikanischer Hilfe gegen die Zentralregierung in Maputo, gegen den gottlosen Kommunismus, gegen die teuflischen Marxisten der »Frelimo«, die marxistisch-leninistische Einheitspartei von Mosambik. Über achtzig Prozent des Landes kontrollieren sie zwar nicht, wie sie behaupten, aber auch die Regierung kontrolliert es nicht. Niemandsland, in dem der Terror das Leben der Menschen prägt.

Mit dabei sind der südafrikanische Nachrichtendienst, der deutsche Bundesnachrichtendienst und die amerikanische CIA.

Sie sind auch dafür verantwortlich:

Atalia Gumende, ein junges Mädchen von vielleicht zwölf Jahren, ist vor drei Wochen eingeliefert worden. Ihr Körper bäumt sich auf, wenn sie versucht, Worte zu formen. Sie ist eine der wenigen ihres Dorfes, die einen Angriff der freiheitssüchtigen Rebellen überlebt haben. Schußwunden im Bein und Trauer im Gesicht – Mutter und Vater wurden vor ihren Augen massakriert.

In einem anderen Bett, im Männersaal, stützt sich ein alter Mann auf, vom Hals abwärts ist er in Gips verpackt. »Die Rebellen sind in unser Dorf gekommen«, erzählt er mit zitternder Stimme, »und haben alle ermordet.«

Eine Frau, ich schätze sie auf 45 Jahre, kann ihre Tränen nicht mehr zurückhalten, als ich mit einer Krankenschwester an ihr Bett trete. »Die kleinen Kinder wurden vor den Augen ihrer Eltern zerstückelt.«

Rebellenethik.

Paulo Mocita und Romao Sefo, zwei Jungen im Alter zwischen zwölf und 15 Jahren. Als wir sie sitzen sehen, ahnen wir nichts von ihrem Leid. Sie strahlen und basteln an kleinen Holzhütten herum. »So sah einmal unser Dorf aus.« Das Dorf gibt es nicht mehr, weil es durch die Rebellen niedergebrannt wurde. Paulo steht auf, und wir sehen zwei Stummel, die einmal Beine waren. Von Minen weggefetzt. Kinderschicksale, zwei von mehr als 400 000 anderen, die das gleiche oder ähnliches Leid hinter sich haben, und Tausende werden es noch vor sich haben.

José Zefania Machava ist ein anderes Kind, 14 Jahre alt. Sein Vater wurde als einer der ersten getötet, als die »Freiheitskämpfer« in das Dorf Massinga einfielen. Nachdem sie den Vater vor den Augen des Kindes erschossen hatten, forderten sie José auf, ihnen zu zeigen, wo dessen Freunde leben würden. José wußte nichts. Um ihn zum Sprechen zu zwingen, schnitten sie ihm einen seiner Finger ab. Sie fragten ihn erneut, aber er konnte nur antworten, daß er nichts wisse. Am Ende hatten sie ihm vier Finger abgeschnitten, und José konnte immer noch nichts sagen. Jetzt wurden die »Freiheitskämpfer« ärgerlich, und sie zerfetzten ihm das linke Ohr. Dann ließen sie ihn zurück. José ist eines von Hunderttausenden von Kindern in Mosambik, die nichts anderes wollen, als in Frieden zu leben. In Frieden leben, das dürfen die mosambikanischen Bewohner nicht, weil sie zur Freiheit westlicher Lebensart gezwungen werden sollen. Dazu dienen nicht nur die Überfälle auf Dörfer und kleine Städte. Die Opfer, sofern sie überleben, finden manchmal den Weg in das Zentralkrankenhaus von Maputo. Aber es sind die wenigsten. Wie in dem kleinen Ort Homoine. Am 18. Juli 1987, erinnert sich ein Pfarrer, stürmten die Rebellen die Stadt, verbrannten die Geschäfte und stürmten das Krankenhaus. Die in den Betten liegenden Patienten, Kinder, Frauen, Männer, alte Menschen, wurden mit Messern und Bajonetten aufgeschlitzt, die Kinder so lange gegen die Wände des Krankensaals geschleudert, bis nur noch blutiger Matsch übrigblieb. 420 Menschen wurden innerhalb weniger Stunden ermordet. Als sie sahen, daß die Armee anrückte, verließen die Banditen das Dorf. Weitere 500 Bewohner, meist Kinder, entführten die Banditen in ihre Lager. Sie werden, so hören wir dem Augenzeugen mit stummem Entsetzen zu, dazu gezwungen, Waffen zu tragen und gegen ihre eigenen Angehörigen zu benutzen. Sie sollen zu Killern ausgebildet werden. Als erstes werden die Kinder unter Drogen gesetzt, bevor sie überhaupt mit dem Militärtraining beginnen. Ein 12jähriger Junge beschreibt die nächste Stufe des Leidensweges: »Die Banditen gaben uns den Befehl, einige der gekidnappten Männer auszusuchen und zu töten. Sie gaben uns dazu eine Axt oder Machete, mit denen wir so lange auf die Opfer einschlagen mußten, bis sie tot waren.«

Der Prozeß der Brutalisierung ist damit nicht zu Ende. Als nächstes werden sie in ihre Heimatdörfer geschickt, um ihre eigenen Verwandten zu töten. Für die Kinder hat das unabsehbare Folgen. Sie werden von nun an nie mehr in ihr Heimatdorf zurückkehren können. Sie sind das Kanonenfutter für die militärischen Auseinandersetzungen mit der Frelimo-Armee. Denn die, so sagt man ihnen, schießen nicht auf Kinder. »Hätten wir ihre Aufträge nicht ausgeführt«, so erklärt ein 13 Jahre altes Kind, »dann hätten sie uns getötet.« In einem für das US-amerikanische Außenministerium erstellten Bericht schildert der Gutachter Robert Sersoy die kaum vorstellbaren Grausamkeiten der RENAMO.

»Männer, Frauen und Kinder müssen sechs Tage in der Woche von morgens bis abends ohne irgendeine Form von Vergütung auf RENAMO-Feldern arbeiten. Die Arbeit wird streng beaufsichtigt, unerlaubte Ruhepausen werden mit Prügel bestraft. Sofern sie eigenes Land haben, das sie in ihrer Freizeit – ein Tag pro Woche – bearbeiten dürfen, müssen sie einen großen Teil der Ernte abgeben. Selbst die Notrationen in Dürrezeiten – Beeren, Blätter und Pilze – werden konfisziert. Wenn Nahrungsmittel knapp sind, essen die RENAMO-Kämpfer immer zuerst. Außer auf dem Feld müssen die Männer auch als Träger arbeiten. Diejenigen, die als Träger gedient haben, berichteten übereinstimmend, daß auf diesen Zwangsmärschen schärfste Disziplin herrscht. Wer nicht mithält, wer seine Last fallenläßt, wird gewöhnlich schwer geschlagen, manchmal, bis er tot ist. Die Hauptfunktion der Frauen und Mädchen neben der Knochenarbeit auf den Feldern ist die sexuelle Befriedigung der RENAMO-Kämpfer. Aufgrund der Aussagen der Flüchtlinge, die in dem Report gesammelt wurden, scheint es so zu sein, daß diese Frauen sich regelmäßig vergewaltigen lassen müssen. Wer sich weigert, wird schwer bestraft, manchmal mit dem Tod.«

Die Liste ist unendlich zu verlängern. Eine Liste der physischen und psychischen Zerstörung einer ganzen Generation.

Denn das Hauptziel der Rebellen sind nicht etwa die Angriffe gegen das verhaßte Militär als Machtstütze der Regierung. Sie zerstören vielmehr Gesundheitsstationen, landwirtschaftliche Kooperativen und Schulen. In einigen Provinzen von Mosambik zerstörten sie fast neunzig Prozent aller Schulen. Lehrer werden besonders gern massakriert.

Der Bau von Schulen und Gesundheitsstationen, das war einst – bis die »Freiheitskämpfer« kamen – vordringliches politisches Ziel der jungen und unerfahrenen kommunistischen Regierung in Mosambik. Davon soll, so wollen es die »Rebellen«, nichts mehr übrigbleiben, ist auch nichts mehr übriggeblieben. Systematisch zerstören Freiheitskämpfer neben Menschenleben die Institutionen der Volksbildung und der Volksgesundheit. Die

Folgen sind statistisch meßbar. Zwischen fünfzig und sechzig Prozent aller Gesundheitseinrichtungen haben die RENAMO-Banditen zerstört. In der Umgebung von Maputo sogar neunzig Prozent aller sozialen Einrichtungen. Zwischen 1981 und 1989 starben über 400 000 Kinder an den Kriegsfolgen. Die meisten mußten sterben, weil keine sanitäre oder ärztliche Betreuung mehr zur Verfügung stand, um etwas gegen die überall verbreitete Malaria, Tuberkulose, Lungenentzündung oder gegen den Typhus zu unternehmen.

Und auch heute noch stirbt die Hälfte aller Kinder im Alter bis zu fünf Jahren – Mosambik hat eine der höchsten Sterblichkeitsraten in der gesamten Welt. Doch es sterben nicht nur die Kinder wie die Fliegen. Geschätzt wird, daß bis 1989 über 600 000 Menschen an den direkten Folgen des Krieges gestorben sind, daß über zwei Millionen an Hunger und Unterernährung leiden und vom Tod bedroht sind.

Nur nicht daran denken, sagt man sich im westlichen Ausland, sondern Augen und Gewissen schließen, letztlich geschieht das zur Durchsetzung eines höheren Wertes: der Freiheit, wie es die »Rebellen« nennen, wenn ihnen keine anderen Schlagworte mehr einfallen beziehungsweise keine mehr geliefert werden.

Was die wirklichen Ziele der RENAMO sind, beschreibt diese selbst:

»General-Plan Nr. 1 vom 24. 2. 1984 der RENAMO:

1. Zerstörung der mosambikanischen Wirtschaft in den ländlichen Regionen.

2. Zerstörung der Verkehrsverbindungen, um Exporte und Importe von und nach außen sowie den Transport heimischer Produkte im Lande selbst zu unterbinden.

3. Verhinderung der Aktivitäten von Ausländern (Kooperanten). Sie stellen die größte Gefahr dar, weil sie die Wirtschaft wiederaufbauen helfen.«

Im Hauptquartier der Frelimo, in einem weit angelegten Park

mit weißen Bungalowbauten, grünen Wiesen, schwarzen Mercedes und livrierten Dienern – die Staatspartei zeigt, wie es im Lande nicht aussieht –, treffen wir noch einmal den alten Revolutionär José Cabaso. Die Räume sind mit feinem Tropenholz getäfelt, dicke Sesselgarnituren stehen herum. Der verwöhnte Westler fühlt sich wohl nach all dem, was draußen vor den Türen der Partei zu beobachten war.

»Das zentrale Element der Destabilisierungsstrategie ist der ländliche Terrorismus – die systematische Massakrierung schutzloser Bauern, die Zerstörung von Lagerhäusern, Produktionsmitteln und die Vernichtung der sozialen Infrastruktur auf dem Land. Sie zielt auf die Zerstörung der ländlichen Gemeinschaften, machte zahlreiche Menschen zu Vertriebenen und Flüchtlingen und lähmt die ländliche Produktion. Um den Hunger zu verstärken, werden Nahrungsmittel- und Exportbetriebe angegriffen und zerstört. Züge und Fahrzeuge, die Nahrungsmittel und Medikamente zu den Vertriebenen bringen, werden angegriffen und zerstört; Arbeiter, die in den Notprogrammen beschäftigt sind, werden entführt und ermordet. Ein Land soll geschaffen werden, das nur durch internationale Hilfen überleben und das keine eigenen Lebensmittel mehr produzieren kann. Ein Land, in dem eine große Anzahl der Bevölkerung in absoluter Abhängigkeit lebt. Dadurch wird auf der einen Seite die Destabilisierung des Landes erreicht. Auf der anderen Seite wird für die Menschen eine Situation geschaffen, durch die sie für weitere terroristische Aktivitäten rekrutiert werden können. Denn sie sind so verwundbar, daß viele von ihnen jegliche Lösung akzeptieren werden, nur um überleben zu können. Selbst einige Missionskreise mit Verbindungen zum Kolonialregime schließen sich amerikanischen Evangelisten der extremen Rechten in Kampagnen gegen Solidarität und humanitäre Hilfe an.«

Tatsache ist, daß in Mosambik über 100 nichtstaatliche Hilfsorganisationen arbeiten. Sie helfen den Hungernden und Elenden, behaupten sie. Aber viele, von der Moon-Sekte bis zu rechten fundamentalistischen Evangelisationssekten, schüren unter der Tarnung der steuerbegünstigten Hilfe ihr ideologisches Feuer. Sie bekehren. Gut ausgerüstet mit Flugzeugen, Kommunikationseinrichtungen und Fahrzeugen, sind sie der Regierung überlegen.

Der Plan des Ausverkaufs von Mosambik jedenfalls ist erfolgreich gewesen. Mosambik ist das zweitärmste Land der Welt geworden.

In einem Außenbezirk von Maputo liegt ein Kinderheim, eingerahmt von einer Schule und einer Kirche. Fünfzig Jungen und Mädchen werden hier betreut, heimat- und elternlose Kinder, deren gesamte Verwandtschaft von den Rebellen abgeschlachtet wurde. Heute ist ein besonderer Tag. Ihre Exzellenz Melissa Wells, die in Mosambik stationierte US-Botschafterin, gibt sich die Ehre. Per Zufall sind wir auch da und kommen aus dem Staunen nicht mehr heraus. Melissa Wells fährt vor, gleich hinter ihr ein Kombi mit komplettem Fernsehteam. Frau Exzellenz steigt aus, die Kinder schauen neugierig, welch weißer Stern von einem anderen Planeten da niedergegangen ist. Doch für die neugierigen Kinder hat sie jetzt keine Zeit. Mit dem Leiter des Heimes, der eilfertig an das Auto gerannt kommt, wird abgesprochen, wie der Auftritt der Botschafterin medienwirksam plaziert werden kann. Der Befehl vom Regisseur des Fernsehteams der amerikanischen staatlichen Fernsehagentur: Alle Kinder des Heimes müssen vor die Tür und, wenn der Wagen erneut anrollt, begeistert winken und schreien. Der Produktionsauftrag des Teams: das schwere Leben der US-Diplomaten im Ausland zu dokumentieren. Frau Botschafterin fährt wieder weg, hinten an einer kleinen Kirche wendet ihr Opel-Senator in einer Staubwolke.

Action. Das Auto kommt, die Kinder schreien, jubeln, umzingeln das Auto. Lächelnd steigt die Botschafterin aus, tätschelt den lieben Kindern den Kopf (»human touch« genannt) und eilt, eingekesselt von den Kindern, in das Heim hinein. Die erste Szene ist abgedreht – die Kinder bleiben einsam stehen, Frau Botschafterin muß neue Regieanweisungen geben. Wieder eine Pause. Nächste Szene. Im Innenhof des Heimes will sich Frau Botschafterin Geschichten von den Kindern erzählen lassen, so der Einfall des Regisseurs. Das Medium ist Politik-Ersatz. Jetzt müssen die Waisenkinder erst einmal still an einer Wand stehen, zwanzig Meter von der Botschafterin entfernt, die in Zusammenarbeit mit dem Fernsehteam ihre Bluse zurechtrückt, den schwarzen Rock glattstreicht und noch einmal die manikürten Finger betrachtet. Der Regisseur des Fernsehteams bespricht mit ihr die nächste Einstellung. Welche Kinder sollen zu ihr kommen, und wie kann man Bewegung in das Bild bringen? Alles ist eingestellt, die Klappe fällt, und die Kinderlein kommen nach Plan. Frau Botschafterin läßt das erste Kind vor sich niederknien, redet irgendwelche Worte in englischer Sprache, die für die US-Fernsehzuschauer verständlich sind, für die Kinder keinen Sinn haben. Das dauert zwei, drei Minuten. Frau Botschafterin beugt sich zu den Kindern, hört aufmerksam zu, läßt sich ein Buch geben und etwas vorlesen, unterstreicht mit großen Augen, wie interessant alles ist, bis der Kameramann zufrieden nickt. Und nun kommen noch andere Kinder. Sie lesen ihr wieder etwas vor. »Prima«, ruft der Kameramann, sie tätschelt einem anderen Kind den Kopf, »wunderbar«, raunt der Regisseur, »nahe draufhalten«. Zwanzig Minuten dauert das Schauspiel. Dann dürfen die versammelten Kinder der Frau Botschafterin noch etwas vorsingen, und swingend und winkend geht die Frau vom anderen Planeten wieder zu ihrem bereitstehenden Wagen. Weder hat sie sich im Heim selbst umgeschaut, daher auch nicht die erbärmliche Einrichtung gesehen, noch etwas über die Gründe wissen wollen, warum die Kinder hier sind. Just for show, Frau Exzellenz. Doch es fehlt noch etwas, die letzte Einstellung. Die Kinder müssen die Frau Botschafterin verabschieden, würdevoll, afrikanisch, das heißt mit Gesang und Gekreische, die Trommeln fehlen leider. Sie steigt ein, winkt aus dem Autofenster, während die Kinder das Auto umringen, hinterherlaufen, winken, und dann ist der Spuk vorbei. Auch das Kamerateam kann einpacken und den Ort verlassen, wo Kinder leben müssen, deren Eltern verstümmelt und massakriert wurden, auch mit amerikanischer Hilfe.

Dabei wird in den Vereinigten Staaten diese Frau Botschafterin von den Konservativen heftig kritisiert. »Während einer Senats-Anhörung habe sie ihre Unterstützung für die ›Kommunisten‹ dargelegt und die Freiheitskämpfer als Banditen bezeichnet, die gleichen Worte, die der Kreml benutzen würde. Nun ist ihre Absicht klar, mehr ausländische Waffen für die Kommunisten.« So die Kritik der extremen Rechten aus Washington.

Was in Mosambik geschieht, ist ebenso schwer zu erklären wie die Tatsache, daß die amerikanische oder die bundesdeutsche Regierung, der amerikanische oder der bundesdeutsche Geheimdienst, wer denn sonst, die Killerbanditen in Mosambik direkt unterstützen. Das läuft geschickter und auch widersprüchlicher ab. Die politischen Fronten im eigenen Lager im Westen, die Auseinandersetzung zwischen Liberalen und Konservativen, spiegeln sich auch in Mosambik wider.

Zum einen besteht ein politisches Interesse an Mosambik, das zu strategischen Überlegungen führt: Mosambik versteht sich als kommunistische Regierung. Sie macht kein Hehl daraus, daß das Rassistenregime abgelöst werden muß, und verbündet sich mit anderen afrikanischen Staaten wie Angola oder Simbabwe, die einen eigenständigen politischen Weg beschreiten wollen. Natürlich sind das kommunistische Staaten, wie anders könnte das Freiheitsverlangen zu interpretieren sein. Verdammenswerter Kommunismus auf der einen Seite und auf der anderen die Hoffnung, die Regierung endlich zu politischen Verhältnissen zu zwingen, die die Augen in Washington oder Bonn glänzen lassen. Südafrika noch zu irgendwelchen Reformen zu veranlassen, ohne daß die politische Potenz des Landes beschränkt wird, gleichzeitig die Frontstaaten wie Mosambik nicht völlig zu verprellen; das sind die Ziele der westlichen Strategie.

Man will auf jeden Fall dabeisein, Einfluß nehmen, der Regierung den richtigen Kurs aufzwingen. Jetzt kommen die Rebellen ins Spiel und eine Kriegsführung, die als »Low-Intensity-Kriegsführung« umschrieben wird, als Krieg auf niedrigem Niveau, auf Rebellenniveau.

Der Triangel des Terrors:

1. Südafrika als der Staat, der die Rebellen logistisch, finanziell und materiell unterstützt,

2. Teile der US-Regierung, die das Kommunistenregime wegfegen wollen, und

3. europäische Länder wie Portugal und die Bundesrepublik, in denen es Kreise gibt, die aus den gleichen Gründen wie Teile der US-Regierung die RENAMO unterstützen, um die Regierung in Maputo aus den Angeln zu heben. Banditen dienen für sie als Garanten einer demokratischen Entwicklung in Mosambik.

Südafrika: Als im August 1985 die mosambikanischen Streitkräfte, unterstützt durch Simbabwe, die Zentralbasis der RENAMO in Gorongosa stürmten, beschlagnahmten sie eine Vielzahl wichtiger Dokumente. In den gefundenen Notizen und Tagebuchaufzeichnungen wurde säuberlich festgehalten, wie die Südafrikaner trotz eines Friedensabkommens mit Mosambik (dem sogenannten Nkomati-Abkommen) systematisch die Rebellen unterstützen.

Immer wieder werden in diesen Dokumenten mehrere südafrikanische Generäle, Angehörige des Militärischen Nachrichtendienstes (MIS), aus Pretoria genannt, unter anderem auch der südafrikanische General Colonel van Niekerk. Er ist auch in der Bundesrepublik kein Unbekannter, weil er hier eifrig die RENAMO-Repräsentanten besucht.

Die Dokumente sind eine Fundgrube dafür, wie die Rebellen gesponsert werden. Auszüge aus dem Tagebuch eines der Rebellenführer:

»Unsere Kämpfer sollen nicht mit der Bevölkerung über unsere Freunde reden, so daß der Feind nichts herausfindet, in dem Fall, daß unsere Freunde von der Bevölkerung gesehen werden. Es ist die Pflicht der Kämpfer, die Bevölkerung darüber zu informieren, daß diese Leute gefangengenommene Russen sind.« Gemeint mit dem Wort »Freunde« sind die europäisch aussehenden Söldner aus Südafrika, Portugal oder der Bundesrepublik.

»Informiere unsere Kämpfer, daß unsere Freunde Engländer sind.

Unsere Freunde müssen immer englisch sprechen und nicht afrikaans.«

Notiert werden auch die Treffen mit südafrikanischen Politikern und Militärs, die ja offiziell »nie« die Rebellen unterstützt haben.

»23. 2. 84 um 10 Uhr war ein Treffen in Pretoria zwischen Seiner Exzellenz (dem Banditenführer Dhlakama, d. Autor) und dem General des Militärischen Nachrichtendienstes, dem General der Spezialtruppen und Colonel Vaniker vom Militärischen Nachrichtendienst.

Objekt: Kriegsplanung angesichts der Situation in Südafrika.«

»16. 8. 84: Wir hatten ein Treffen mit Brigadier van Tonder und Colonel van Niekerk. Das Material für die Kriegsführung in den Städten wird geschickt, aber nicht all das, was wir gefordert hatten, da sich darunter Bomben befinden, die nur in Südafrika hergestellt werden, und es würde die Nkomati-Vereinbarung verletzen, wenn das herauskommen würde. Daher werden Bomben geschickt und Zeitzünder, die wir selbst zusammensetzen müssen.«

Ende September vereinbarten die südafrikanische Regierung und die Regierung in Mosambik Gespräche, um zu einer friedlichen Koexistenz zu gelangen. Doch in Südafrika gab es mächtige Gegner solcher Verhandlungen. Wie der südafrikanische Militärische Nachrichtendienst, der als heimlicher Herrscher des Rassistenregimes bezeichnet wird, die eigenen Politiker belauschte, geht aus folgender Notiz hervor:

»20. 9. 84: Sie werden Mikrophone im Verhandlungsraum installieren, um die Gespräche zwischen Pik Botha und der mosambikanischen Delegation abzuhören. Das wird für uns sehr wichtig sein. Wir werden dann Pik Bothas Pläne erfahren und die der Frelimo. Das wurde uns durch den Militärischen Nachrichtendienst garantiert.«

Die verdeckte Kriegsführung und die Rolle der USA

»Nationale Befreiungsbewegungen führen«, so deutete es US-Präsident George Bush, »einen Krieg im Schatten.«
Bush führt die Linie der alten Administration fort.
Ronald Reagans erster Außenminister, Alexander Haig, meinte 1981, als er ins State Department kam:
»Die sogenannten nationalen Befreiungsbewegungen behindern unsere Fähigkeiten, die Weltereignisse in unserem Sinne zu beeinflussen und die Rohstoffe für uns zu sichern.« (Interview mit A. Haig, Time, 16. März 1981, S. 25)
Ray Cline ist nicht nur Mitglied der WACL, der »Antikommunistischen Weltliga«, einem dubiosen Verein rechter Krieger, sondern auch ein ehemaliger Vizedirektor und Operationschef der CIA. Er setzte zu Beginn der Amtszeit der Reagan-Administration einen zweiten Strategiebegriff durch, wonach »die wichtigsten Ziele für die USA darin bestehen, einen Weg zu finden, um

den nationalen Befreiungskampf zu stoppen«. Cline, ein enger Freund der südafrikanischen Militärs, schwadroniert verbissen weiter, daß Südafrika den richtigen Weg gezeigt hat:

»Mit einer starken Regierung und einer Menge ökonomischer Power haben sie dort unten die nationalen Befreiungsbewegungen weggefegt.« (Sanders, Jerry, »Terminators«, Mother Jones, August 1985, S. 39)

Nun hat Cline, welch ein Glück, natürlich nicht unbedingt recht gehabt, obwohl Südafrika einen entscheidenden Anteil daran hat, daß sich unabhängige Regierungen im Süden Afrikas kaum entwickeln konnten.

Auf jeden Fall verdeutlicht seine Position, wie die westlichen Regierungen, besonders die Weltpolizei USA, Wege gefunden haben, um nationale Befreiungsbewegungen für sich zu benutzen oder, wenn das nicht klappt, sie zu bekämpfen.

In diesem Zusammenhang wächst eine Form der Kriegsführung, die bei uns nicht wahrgenommen wird, aus welchen Gründen auch immer. Vielleicht will man nur wahrnehmen, was mit militärischem Getöse, Superraketen und Atombomben für jeden sichtbar ist. Es geht um die Strategie und Planung der sogenannten »Low Intensity Conflicts«.

»Seit dem Zweiten Weltkrieg hat sich die Kriegsführung in der Dritten Welt ausgebreitet. Die Verwicklung der USA in derartige Konflikte kann als Hilfe für befreundete Regierungen erfolgen, die gegen die Rebellen kämpfen, als Hilfe für befreundete Rebellen-Bewegungen, die gegen nichtbefreundete Regierungen kämpfen, und als sogenannte Konterterrorismus-Aktionen.« (Christian Science Monitor, 25. 11. 1988, S. 3–4)

Diese Konzeption ist die vorherrschende Strategie der USA zur Lösung von Problemen in der Dritten Welt. Sie verbindet sinnigerweise ein Militärprogramm (das Schwert) mit »humanitären« Programmen (dem Friedenszweig) für wirtschaftliche und psychologische Beeinflussung von Ländern der Dritten Welt.

Was dahintersteckt, soll versteckt bleiben: Man führt nämlich einen Krieg, ohne ihn als solchen nach außen klassifizieren zu müssen. Man kann Menschen töten, ohne die politischen Kosten dafür zu bezahlen oder ohne die eigenen Truppen in Leichentüchern in die Heimat zurückbringen zu müssen. Für die USA, nach Vietnam, ein besonderes Trauma.

Die private Intervention

1987 erhob die Reagan-Regierung diese Form der Kriegsführung zur politischen Konzeption und installierte ein besonderes Gremium, das nur für diese Kriegsführung zuständig war. Das Gremium wurde in den Nationalen Sicherheitsrat eingegliedert, so daß es dadurch Teil der offiziellen Regierungspolitik wurde. Milliardenbeträge wurden für dieses Programm ausgegeben. Innerhalb dieser Strategie der »Low Intensity Conflicts« entwickelte sich eine weitere Form der verdeckten Kriegsführung: die privatisierte Intervention. In der Auseinandersetzung zwischen Ost und West, dem Süden und Norden genießt sie derzeit absolute Priorität. Sie ist wahrscheinlich das Grundmuster zur Lösung heikler politischer Probleme für die Zukunft. Die in New York ansässige Wochenzeitschrift »The Nation« beschreibt das so: »Als ein permanent sich neu bildendes Netz von ausländischen Regierungen, politischen Parteien und privaten Institutionen, deren Zweck es ist, eine weltweite Konterrevolution zu unterstützen, ohne dabei den Launen lokaler Wahlen oder der Kritik der öffentlichen Meinung in irgendeinem Land ausgesetzt zu sein.« Ein besonderer Bereich, in dem dieser Komplex privatisierter Intervention operieren möchte, ist die der humanitären Hilfe und Katastrophenunterstützung.
Blauäugig gehen wir, die normalen Bürger, davon aus, daß derartige Organisationen nichts anderes im Sinn haben, als zu helfen, Not zu lindern und politisch jungfräulich zu sein.

Aber: Diese nichtstaatlichen Organisationen sind wichtige Verbündete für das Militär, und zwar Teil einer Strategie, die eine verstärkte Hinwendung zur Gegen-Infiltrierung befeindeter Nationen wie Angola, Nikaragua oder Mosambik durch zivile und humanitäre Kanäle bezweckt.

Was damit gemeint ist, wurde 1987 in einem Bericht eines US-Senatsausschusses unverblümt festgestellt:

»Die Leistungen humanitärer und ziviler Hilfe an der Zivilbevölkerung in Entwicklungsländern, die sich Konflikten mit geringer Intensität gegenübersehen, sollten ausdrücklich als eine gültige militärische Mission angesehen werden.«

Ein anderer Bereich der »privaten Intervention« ist die Finanzierung von rechtsradikalen Denkfabriken, Stiftungen, Institutionen und »Forschungszentren« durch Geheimdienstkanäle. Das Ziel dieser neuen Formationen war und ist es auch, die RENAMO in Westeuropa zu unterstützen. Vier bedeutsame Organisationen bestehen derzeit, auch in Europa. Die »International Freedom Foundation«, die »Western Goals Foundation«, die »International Society of Human Right« und die »Mosambik-Solidaritäts-Kampagne«.

Die ersten drei Organisationen sind mit US-Stiftungen liiert, an erster Stelle mit der erzkonservativen »Heritage Foundation«, während die »Western Goals Foundation« später indirekt an die »Antikommunistische Weltliga« (WACL) angebunden wurde.

Ihr Ziel ist es, unter anderem die RENAMO als eine Befreiungsbewegung zu vermarkten, sie politisch zu legitimieren, damit sie auf dem internationalen politischen Parkett Einfluß nehmen kann. Propagandaarbeit für demokratische Bewegungen?

Die edlen Ritter der demokratischen Freiheit haben besonders konservative und liberale Politiker in ihrem Propagandavisier. Wissen sie doch, daß mit dem Schlagwort »Kommunismus« vieles erdrückt werden kann: vor allem die Wahrheit.

Das Zentrum der Propagandaarbeit für die RENAMO in den

USA, das »Mozambique Research Center«, wird von einem Thomas W. Schaaf geleitet. Er ist kein spinniger Einzelkämpfer, obwohl ein fanatischer religiöser Fundamentalist. Der Direktor dieses in Washington ansässigen Zentrums, das über enge Kontakte zur erzkonservativen »Heritage Foundation« verfügt, wollte der Freiheit auf die Sprünge helfen. Thomas W. Schaaf in einem Brief vom 23. 3. 1987: »Die Menschen, die nichts anderes haben als ihren Glauben an die Freiheit und an Gott, kämpfen gegen das kommunistische Regime und gewinnen. Präsident Dhlakama weiß, daß die Bevölkerung viele Dinge benötigt wie Medizin, Kleidung, eine Radiostation und Luftabwehrraketen.« Der Mann der Aufklärung steht nicht auf verlorenem Posten. Sein engster Verbündeter ist der ehemalige CIA-Operationschef Ray Cline. Ihr gemeinsames Ziel, die RENAMO auf Washington-Kurs zu trimmen, bedeutet, daß der Einfluß Südafrikas gemindert werden muß. Entsprechend fruchtbar entwickelten sich in den achtziger Jahren die Kontakte von Schaaf zu Reagans ideologischen Kreuzrittern. Mit einem von ihnen, einem Robert Mackenzie von der »Freedom Inc.«, pflegt er besonders intensive Kontakte.

Die »Freedom Inc.« wurde 1987 von US-Präsident Reagan ins Leben gerufen und gilt als die wichtigste Pro-RENAMO-Gruppe in den USA. Ihr Ziel ist es, die antikommunistischen Kämpfer, besonders in Nikaragua, Angola und Mosambik, zu unterstützen. Mit einem Etat von zehn Millionen Dollar.

Der Mann von der »Freedom Inc.« und Mr. Schaaf besuchten im September 1986 das Hauptquartier der RENAMO in Gorongosa, im Norden Mosambiks, und zwar einen Monat nachdem der Banditenführer Dhlakama bei Pat Buchanan, dem Direktor für Kommunikation im Weißen Haus, zu Besuch war. Das »Mozambique Research Center« (unter Leitung von Thomas Schaaf) tut alles, damit RENAMO hoffähig wird, und überbietet sich noch darin, die sicherlich nicht zimperliche rechte Propaganda von Reagans Leuten zu übertreffen. Auf grünem Papier posaunt man die neuesten Wahrheiten heraus. Meldungen wie die, daß die »kostbaren Steuer-Dollars der US-Bürger den Kommunismus unterstützen, die Unterstützung für Mosambik ein weiteres Äthiopien entstehen läßt und das US-Außenministerium eine marxistische Diktatur unterstützt«.

»Ja, das ist wahr«, bauen sich die Demagogen auf. »Bürokraten in Washington geben Ihr Geld aus, um die amerikanischen Interessen zu sabotieren und die Hoffnung von 14 Millionen Mosambikanern zu zerstören.

Und das, obwohl die Frelimo in 91 Prozent aller Fälle in den Vereinten Nationen gegen die USA gestimmt hat, die Frelimo Folter, Exekutionen ohne Gerichtsverfahren durchführt, Konzentrationslager unterhält.

Wenn wir nicht einiges gegen die pro-marxistischen Bürokraten im Außenministerium unternehmen, sind wir einen weiteren Schritt vorwärts, die Freiheit in Mosambik zu verkaufen.«

Schließlich ist in den Augen der Steinzeitideologen amerikanischer fundamentalistischer Beschränktheit »die RENAMO heute die mächtigste antikommunistische Bewegung der Welt. Aber ihr Kampf ist unbekannt und wird in der Presse häufig mißverstanden.

Die braven Freiheitskämpfer haben ihr Leben riskiert und opfern alles, weil sie wissen, daß ihr Kampf gerecht ist.«

Für naive Gemüter hört sich das erschreckend an, und darauf spekulieren die Hintermänner in der CIA. Doch auch andere Quellen schöpfen aus dumpfen Vorurteilen.

Die »Heritage Foundation«, stramm rechte Denkfabrik, gerne besucht von europäischen und bundesrepublikanischen kalten Kriegern, veröffentlicht die Zeitschrift »National Security Record«. Den internen Informationen der Zeitschrift nach, so in der Ausgabe vom Juni 1986 nachzulesen, wird der »Widerstandskampf in Mosambik gewinnen«.

Und dieser Kampf braucht Unterstützung. Schließlich befänden sich in »Mosambik 2 000 Kubaner, 1 000 Sowjets, 500 Ostdeutsche und tausend andere Sowjetblock-Personen«. In der Zusammenfassung einer politischen Analyse heißt es daher: »RENAMO führt einen siegreichen Kampf gegen das pro-sowjetische Regime. Es wäre deshalb der nächste logische Schritt für die Administration, um die Reagan-Doktrin zu realisieren, die Politik gegenüber Mosambik zu ändern und sie auf die Linie der allgemeinen US-Politik zu bringen, wie sie gegen andere marxistisch-leninistische Regierungen besteht.«

Daß den politischen Sektenführern die Politik des US-Außenministeriums, die die RENAMO als gefährliche Killer bezeichnet, ein Dorn im Auge ist, darf nicht darüber hinwegtäuschen, daß hinter alledem politische Schachzüge stehen.

In Südafrika ebenso wie in den USA.

Denn nicht alle Teile der US-Regierung unterstützen die Anti-RENAMO-Linie des Außenministeriums, während gleichzeitig auch Teile der südafrikanischen Regierung nicht mehr unbedingt ein Interesse daran haben, daß Mosambik weiter destabilisiert wird. Der ehemalige südafrikanische Außenminister Pik Botha beispielsweise wünschte normale Beziehungen zu Mosambik. Aber die RENAMO hatte einen mächtigen Advokaten im südafrikanischen Machtapparat in der Person des südafrikanischen Chefs des Militärischen Nachrichtendienstes C. van Tonder, der seit den frühen achtziger Jahren die RENAMO unterstützt.

So ist Südafrika sowohl für wie auch gegen die RENAMO.

Die RENAMO selbst ist zum Opfer des politischen Ränkespiels in Washington und Pretoria geworden. Die USA wollen offiziell mit der RENAMO nichts zu tun haben. Das markiert die Position des Außenministeriums. Andere wie die CIA wollen die RENAMO auf ihre Seite ziehen, während nicht wenige einflußreiche Kreise in dem südafrikanischen Machtapparat der RE-

NAMO zum Endsieg verhelfen wollen. Aber der Machtkampf ist derweil beendet. Beim letzten Nationalen Kongreß der RENAMO in Gorongosa, im Juni 1989, setzte sich die politische und militärische Strömung in der RENAMO durch, die bislang von rechtsradikalen US-Gruppen mit Unterstützung der CIA gesponsert wurde. Sie haben den Kampf gewonnen, denn sie kontrollieren die RENAMO.

Jetzt, wo die heimliche Kriegsführung Mosambik keinen anderen Ausweg mehr offenläßt, als politisch und wirtschaftlich zu kapitulieren, dürfen die Friedensengel sprechen. Das State Department will sogar Friedensinitiativen in Mosambik ergreifen. Demgegenüber wird die RENAMO immer noch von einigen der konservativen US-Organisationen unterstützt. Hinter ihnen steht die CIA, die mit den »Typen vom State Department« nichts zu tun haben will. Ihr Motiv ist eine Mischung aus Antikommunismus und dem Wunsch, an neuen verdeckten Operationen beteiligt zu sein. Daher ist man derzeit dabei, den Führer der RENAMO, Alfonso Dhlakama, als eine charismatische Figur aufzubauen.

Die politischen Werbestrategen in Washington wissen, was zu tun ist. Dem Mann aus dem Busch werden bürgerliche Sitten beigebracht.

Wie muß er sprechen, sich kleiden und mit Journalisten kommunizieren? Seine Förderer wollen ihm eine neue Darstellungsbühne in Europa und den USA zur Verfügung stellen, damit das Bild des massakrierenden Terrorführers durch einen eloquenten Politiker ersetzt werden kann. Ein erfolgreicher Schritt auf diesem Weg war im Juli 1988 vollzogen, als er beispielsweise eine Pressekonferenz abhielt, mit Beteiligung von Journalisten der »New York Times« und der »Washington Post«. Vier US-Journalisten wurden aus Johannesburg eingeflogen, in einer Maschine, die in den USA registriert war. Im Flugzeug waren aber nicht nur gekaufte Journalisten. Der Juli-Flug in das Gebiet der

RENAMO hatte noch Solar-Energie-Radiobatterien an Bord und Computersysteme, die eine ungehinderte Kommandostruktur der RENAMO ermöglichten.

Organisiert hatte den Trip die »Freedom Inc.«.

Aber nicht allein die privaten Organisationen unterstützen weiterhin die RENAMO, sondern direkt immer noch die CIA und das trotz einer Menge öffentlicher Dementis. In einem Artikel der Zeitschrift »Africa Confidential« heißt es dazu:

»Von den beiden US-Netzwerken, die bis heute die RENAMO unterstützen, wird eines von Kreisen innerhalb der ›Defence Intelligence Agency‹ (DIA) gestützt. Die zweite Operation trägt CIA-Stempel. Noch amtierende US-Offiziere erklärten, daß die DIA und die CIA verschiedene Meinungen über die Zukunft von Mosambik haben. Sie sind gekennzeichnet durch die unterschiedliche Unterstützung zwischen rivalisierenden Lagern in den USA und Südafrika. Das US-Militär setzt auf Südafrika und die zivile Seite auf Zivilisten in Mosambik.« (Africa Confidential, London, 2. 12. 1988, S. 1)

Kaum zu glauben, aber auch die Kirchen mischen mit. Vor allem konservative evangelische Kirchen, die in den USA neben jeder Tankstelle stehen, sind in Mosambik aktiv. Sie versuchen unter dem Deckmantel humanitärer Hilfe ihre privaten antikommunistischen Ziele durchzusetzen. Ihr Kampf gilt dem gottlosen Atheismus und Kommunismus. Und wenn man dabei hungernde Kinder füttern kann, was schadet es?

Michel Howard, Präsident einer solchen evangelischen Sekte namens »Sheknah«, hatte 1987 Waffen- und Kommunikationseinrichtungen an die RENAMO geliefert. 1985 schrieb er:

»1. Mosambik wird von einer antichristlichen Regierung beherrscht.

2. Die RENAMO kämpft gegen den Kommunismus.

3. Dhlakama, ihr Präsident, sagt: ›Wir brauchen Gott, wir wollen Jesus.‹

4. Wir glauben, daß es nicht mehr lange dauert, bis die RE-
   NAMO die volle Kontrolle über Mosambik hat.« (Gifford
   Paul, The Religious Right in Southern Africa, Harare 1988,
   S. 79)

Mosaiksteine ergeben früher oder später ein eindeutiges Raster:
Der Einsatz von privaten Interventionstruppen, unterstützt
durch südafrikanische Sponsoren, soll Mosambik destabilisieren und zerstören, ob es dem State Department behagt oder
nicht.

»Beide Stränge der verdeckten US-Operationen benutzen Techniken des Betrugs«, die der einstige CIA-Direktor William Casey
entwickelt hat. Er, der Superstratege, der Bush und Reagan
1980 an die Macht brachte, durfte später mit der Rückende-
kung seiner Gefolgsleute in der Administration ein weltweites
Netzwerk aufbauen, um den sowjetischen Einfluß zu bekämpfen, wo immer dieser entdeckt wurde. Seine Operationen bestanden unter anderem darin, daß private Organisationen und/
oder Personen (Journalisten, Politiker, Unternehmer etc.) eingesetzt wurden, die über gute Kontakte zu Geheimdienstkreisen
verfügten. Darunter waren viele zurückgetretene Generäle (das
Kriegshandwerk kann nicht verlernt, sondern muß ständig geübt werden), Ex-Offiziere und ehemalige CIA-Männer (das pa-
ranoide Dasein verlangt immer nach Nahrung), ausländische
Nationalisten (das Futter der Strategen) und Söldner.

Mit diesem wilden Haufen lassen sich Aktionen organisieren,
die den Vorteil für staatliche Behörden wie die CIA haben, daß
sie jederzeit »plausibel dementiert« werden können. Wer kann
schon verfolgen, woher diese privaten Gruppen ihr Geld bekommen?

Denn das von ihnen benutzte Geld steht in keinem Etat. Es
stammt aus Schwarzkassen, aus dem Waffen- und Drogenhandel.

Und die RENAMO profitiert davon. Denn sie ist die Fratze eines

Molochs, hinter dem weltweit operierende, halbprivate Netzwerke stehen, jene, die William Casey ins Leben gerufen hat.

Und Europa?

Ein nicht zu unterschätzendes Ziel der europäischen Unterstützung ist die Finanzierung der verbrecherischen Aktivitäten der Banditen. Ohne Geld keine Waffen, keine Propaganda, keine Kommunikationsmöglichkeiten. Wichtigstes Finanzierungszentrum ist Portugal. Wer taucht hier in Lissabon auf? Pedro Lopez, die glatzköpfige Kugel aus dem Züricher Flughafen, der mit dem Südafrikaner Stoffberg so gute Kontakte pflegte. Während der portugiesischen Kolonialherrschaft in Mosambik war er in Maputo einer der »wildesten Schlächter« im Geheimdienst PIDE. Dann mußte er nach Südafrika fliehen. In den letzten Jahren organisierte er völlig unbehindert von seinem NATO-Verbindungsbüro in Lissabon aus Waffenhilfe für die RENAMO. Waffen, die in Taiwan eingekauft und dann an die RENAMO geliefert wurden. Unter der Telefonnummer 242 34 77 in Lissabon war er immer ein beliebter Ansprechpartner. Denn in Portugal besteht ein dichtes Netz aus ehemaligen Landbesitzern, die aus Mosambik vertrieben worden sind. Ihr Haß auf die Nationalisierung ihrer Besitzungen war ein hervorragender Nährboden, um sie für die Unterstützung der Rebellen zu gewinnen. Portugal ist das europäische Land, in dem die RENAMO am längsten präsent ist.

Die portugiesische Umgebung gab eine hervorragende Tarnung für die südafrikanische Destabilisierungskampagne ab. Der internationalen Öffentlichkeit erschien es als ganz natürlich, daß eine mosambikanische Widerstandsbewegung ihre Auslandsbasis in der Hauptstadt der früheren Kolonialmacht errichten konnte. Portugal war jedoch nicht nur bloße Tarnung. Es gewährte der RENAMO in Lissabon vielfältige Unterstützung. Obwohl es offiziell nie zugegeben wurde, unterhielten hochrangige Mitglieder portugiesischer Parteien, einschließlich amtierender und ehemaliger Kabinettsmitglieder, persönliche Verbindungen zu den »Freiheitskämpfern«. Dies schließt auch den Vizepräsident der Sozialdemokratischen Partei ein, der im November 1980 eine RENAMO-Delegation in Lissabon traf. Die RENAMO-Vertretung in Portugal entwickelte sich in einem Maße, daß die mosambikanische Regierung im November 1984 bei dem portugiesischen Botschafter in Maputo offiziell gegen die Präsenz in Lissabon protestierte. Tatkräftige Hilfe leisteten hier bei der Ausweitung der RENAMO-Präsenz besonders Angehörige des Militärs und Geheimdienstbeamte.

Paulo Oliveira, ehemaliger RENAMO-Sprecher in Portugal, der sich im März 1988 nach Maputo abgesetzt hatte, sagte auf einer Pressekonferenz am 23. 3. 1988 in Maputo: Der Generalstabschef der portugiesischen Armee, Lemos Ferreira, habe die Besuche eines Journalisten bei der RENAMO in Mosambik im November mit organisiert.

Dieser Journalist spielt eine Doppelrolle. Neben seiner Tätigkeit als Vertreter der schreibenden Zunft ist er Mitglied des portugiesischen »Institus für Nationale Verteidigung« und der Informationsabteilung der Armee. Gegen entsprechende Vergütung verfaßte er für seine militärischen Dienststellen Insiderberichte über seine Mosambikaufenthalte. Anschließend schickten die portugiesischen Streitkräfte militärische Ausrüstungsgegenständen an die RENAMO.

Eine Analyse der amerikanischen und europäischen Gruppen, die die RENAMO unterstützen, zeigt eine westliche Kräftekonstellation, die teilweise versteckt auf Regierungsebene, aber doch überwiegend auf Nicht-Regierungsebene folgendes Ziel erreichen möchte: 1. das Ende Mosambiks unter der Frelimo-Führung und 2. eine Ersatzregierung. Das muß nicht unbedingt die RENAMO sein, jedoch eine Regierung, die sich der politischen und sozialen Ordnung in Südafrika unterwirft, wo westliches Kapital und eine Apartheid-Gesellschaft weiterhin die beherrschende Rolle spielen.

Die Connection der Bundesrepublik zu Terroristen

Zu den Vollstreckern der privatisierten Kriegsführung auf der Seite der RENAMO gehören daher wie selbstverständlich europäische Militärs sowie Sicherheits- oder Ex-Sicherheitsleute.
Was die Bundesrepublik betrifft, so gibt es mehrere Quellen, die von einer engen Kooperation zwischen RENAMO-Banditen und bundesdeutschen Unterstützern reden. Ein ehemals führendes Mitglied der RENAMO, Changinga Chivaca Joao, bekundete im November 1989 auf einer Pressekonferenz, daß zwar nicht die Bonner Regierung die RENAMO unterstützt, aber daß der Bundesnachrichtendienst ihnen sowohl finanzielle Mittel zur Verfügung stellte als auch für die persönliche Sicherheit des führenden RENAMO-Repräsentanten, der in der Bundesrepublik lebt, verantwortlich zeichnete. Hier verdichten sich zum erstenmal die Hinweise, inwieweit Regierungsstellen selbst die Terroristen in Mosambik unterstützen. Joao legte außerdem Wert auf die Feststellung, daß in München und anderen bundesdeutschen Städten diverse Treffen zwischen RENAMO-Vertretern und deutschen Politikern stattgefunden haben.
Und zwar zwischen dem Führer der RENAMO Alfonso Dhlakama und Franz Josef Strauß.
Ist das alles billige Propaganda aus Maputo?
Da schreibt in der Zeitschrift »Europäische Wehrkunde«, ein Blatt, in dem ansonsten Rüstungsprodukte für den weltweiten Verkauf angeboten werden, ein Rolf Hallerbach, daß »in Mosambik seit mehr als einem Jahrzehnt ein menschenverachtendes Regime eine Politik betreibt, die mehr den Interessen der offensiven sowjetischen Globalstrategie dient, als den Hunger des mosambikanischen Volkes zu stillen«.

Prompt folgt ein Hohelied auf die humane südafrikanische Regierung und die freiheitsliebende RENAMO. »Trotz Moskaus Hilfe für das Regime hat RENAMO die Regierung in Maputo durch große Erfolge in allen Provinzen in arge Bedrängnis gebracht.«

Südafrika wird als großer Retter der Freiheit in Mosambik beschrieben, mit einem Bild des Kommandeurs der Grenztruppen, General Paetziols. »Den Schlüssel«, so die marode Schlußfolgerung, »hält nicht Südafrika, sondern halten moskauhörige Tyrannen in Händen, die, fanatisch und ideologisch verblendet, die Schwarzen ihrer Länder gegen ihren Widerstand ›befreien‹.« (Europäische Wehrkunde, Dezember 1986, S. 709)

Propaganda, gut und schön. Dabei ist es nie geblieben. Nur gelegentlich sind in der bundesdeutschen Presse Informationen über die Anwesenheit von RENAMO-Repräsentanten erschienen. Wenn, dann geschah das offensichtlich gegen den Willen der betroffenen Parteien.

Immerhin fand schon 1981 auf dem Boden der freiheitlich-demokratischen Grundordnung ein Treffen der RENAMO-Führer statt. Während dieses Treffens wurde das einzige, bisher veröffentlichte politische Programm der RENAMO formuliert. Im März 1983 versammelte sich sogar der gesamte RENAMO-Nationalrat in Köln, und, der Höhepunkt, im April 1988 fuhren die Verbrecher aus Mosambik – wieder einmal – in die Bayerische Staatskanzlei zu Franz Josef Strauß. Alles ging top-secret vor sich, zu anrüchig waren die Repräsentanten der RENAMO. Deshalb ist am besten die CSU-Connection dokumentiert.

Am 26. Juni 1987 schreibt der Leiter des Büros für auswärtige Beziehungen der CSU, ein Dieter A. Schmidt, einen Brief an den Repräsentanten der RENAMO in Nairobi/Kenia: »Der Vorsitzende der CSU, Dr. h. c. Franz Josef Strauß, hat mich gebeten, Ihr Schreiben vom 11. Juni 1987 zu beantworten ... Ich möchte Ihnen sagen, daß wir laufend in direktem Kontakt mit dem

Präsidenten und dem Kommandanten Ihrer Organisation in der ›Casa Banana‹ stehen und von daher ständig und zufriedenstellend über die Probleme Ihrer Organisation unterrichtet sind. Wir kennen die Bedeutung Ihrer geforderten Unterstützung in der Bundesrepublik wie in Westeuropa und hoffen, daß auch andere Politiker in der westlichen Welt Ihre Bemühungen nicht ignorieren werden. Sollten Sie bei Gelegenheit in der Bundesrepublik sein, wäre ich erfreut, wenn wir ein Gespräch über Arrangements treffen können. Ich wünsche Ihnen viel Erfolg.«

Die vom CSU-Repräsentanten genannte »Casa Banana« bezeichnet das Hauptquartier der RENAMO in den Gorongosa-Bergen Mosambiks.

Evo Fernandes, ehemaliger Generalsekretär der RENAMO, hat nach eigenen Erklärungen Franz Josef Strauß mehrmals getroffen und ihm seine politischen Anliegen vorgetragen. Doch Evo Fernandes, ein Mann, der für die nationale Unabhängigkeit der RENAMO kämpfte und sich gegen den Einfluß Washingtons auf die politische Führung wandte, wurde 1987 in Lissabon ermordet, und zwar kurz nachdem er aus München zurückgekommen war.

Ist es nur eine Schutzbehauptung seiner ehemaligen Geliebten, die sagt, daß Fernandes deshalb umgebracht wurde, weil er auf die Forderungen aus München, daß sich die RENAMO an den Washington-Flügel binden muß, nicht eingegangen ist? Oder war Fernandes anderen Freunden, in München-Pullach beispielsweise, unbequem geworden?

Auspacken kann aber ein anderer Mann, Paulo Oliveira. Er war von 1985 bis 1987 Sprecher der RENAMO für Westeuropa mit Sitz in Lissabon. 1988, nach einem Amnestieangebot der Regierung, vertraute er sich den mosambikanischen Behörden an und wurde begehrter Kronzeuge, auch für die Verbindungen zwischen bundesdeutschen Behörden und der RENAMO. Deshalb ist er ein gefährdeter Überläufer.

In Maputo warten wir vier Tage lang, um ein Gespräch mit ihm führen zu können. Schwierig war es, weil die Regierung keine Verwicklungen mit der Bundesregierung wünschte. Das mosambikanische Außenministerium blockierte mit allen Mitteln die Kontakte zu Oliveira. Demgegenüber hatte die Frelimo-Partei ein Interesse daran, daß wir mit Oliveira reden. Sie setzte sich durch.

Wir treffen ihn in Maputo in einem kleinen Hotel. Sein Gesicht ist aufgedunsen, verstört blickt er ständig hin und her. Er hat hier keinen Schutz. Wer ihn umlegen wollte, und das will natürlich die RENAMO, der hat sicherlich keine großen Schwierigkeiten, den Auftrag zu erledigen. In seinem Zimmer sind die gelbgrauen Vorhänge geschlossen. Das erste, was er uns anbietet, ist mosambikanisches Bier. Fünf Flaschen werden hingestellt. Nach der zweiten Flasche taut er auf und beginnt zu erzählen.

Er bestätigt zuerst einmal die Verbindungen zwischen der RENAMO und bundesdeutschen Politikern.

»Franz Josef Strauß hat seit 1983 eine bestimmte Fraktion der RENAMO unterstützt, die Washington-Fraktion.«

»Aber«, so spricht er auf Tonband, »es gibt noch andere Verbindungen.«

Da ist der ehemalige Kanzlerberater von Helmut Kohl, Professor Werner Kaltefleiter. Der Professor für politische Wissenschaften und Vizepräsident der Universität Kiel leitet ein Institut für Sicherheitspolitik.

Hier veranstaltet er jährlich ein sogenanntes »Sommerseminar zur Nationalen Sicherheit«. Die Veranstaltung ist zumeist hochkarätig besetzt. RENAMOs Außenminister Fonseca, eingeladen mit dem Briefkopf der Uni Kiel, hatte so Gelegenheit zum Plausch mit wichtigen Leuten. Mit dem ehemalgien Nato-Generalsekretär Bernard Rogers zum Beispiel oder dem Staatssekretär im Bundesverteidigungsministerium, Oberstleutnant a. D.

Peter Kurt Würzbach. Diese Seminare mit RENAMO-Beteiligung wurden bislang öffentlich gefördert. 1985 mit 90.000 Mark von der Kieler Landesregierung.

Skrupel kennt der Südafrika-freundliche Kaltefleiter nicht – dafür wichtige Leute. So referierte 1986 zum Thema »Geheimdienste« Eberhard Blum, damals Chef des Bundesnachrichtendienstes (BND). Gerüchte über Verbindungen zwischen dem BND und der RENAMO kursieren zumindest im südlichen Afrika schon lange. Oliveira über Kaltefleiter:

»Er ist der andere wichtige Mann. Ich habe erfahren, daß Kaltefleiter häufig nach Pretoria fuhr. Er hat dort eine Farm. Kaltefleiter arrangierte Möglichkeiten für uns in Kiel, im Norden Deutschlands. Zahlreiche Treffen der RENAMO-Führung haben dort stattgefunden. Es gab dort auch ein Treffen des Nationalen Rates der RENAMO. Und als es ein ähnliches Treffen 1983 in Pretoria gab, da war Kaltefleiter ebenfalls anwesend.

Die Bindungen zwischen dem Professor für Sicherheitsfragen und dem Banditenchef Alfonso Dhlakama gingen so weit, daß dieser 1983, auf Einladung von Kaltefleiter, für sechs Wochen in die Bundesrepublik reisen konnte. Kaltefleiter verfaßte darüber hinaus ein Empfehlungsschreiben für die RENAMO-Delegation, gerichtet an das CSU-Mitglied Hans Graf Huyn. Er bat Huyn um die Vermittlung von Kontakten zu weiteren wichtigen Bundestagsabgeordneten. Erfolgreich. Auf der Tour de propagande traf die RENAMO-Delegation Vertreter der CSU-nahen Hanns-Seidel-Stiftung. Höhepunkt aber war damals das Treffen mit dem CSU-Chef Franz Josef Strauß.«

Oliveira packt weiter aus:

»Außerdem gibt es einen weiteren deutschen Akademiker. Ich glaube er ist Deutscher. Andreas Thomashausen in Südafrika.«

Dieser Thomashausen, den Oliveira erwähnt, ist kein Unbekannter. Er hatte bei Kaltefleiter über die portugiesische Verfassungsreform promoviert. In einem seiner Aufsätze wehrte sich

Andreas Thomashausen gegen die Kritik an der RENAMO, der vorgeworfen wird, daß sie »lediglich eine Söldnerbande ohne jegliches Programm oder erkennbare politische Ziele sei«. Nicht von ungefähr ist Thomashausen über solche Vorwürfe besorgt, ist er doch von seiner beruflichen Ausbildung her der geeignete Mann, das Problem der Reputation der RENAMO lösen zu helfen. In demselben Beitrag präsentiert Thomashausen seine Vorstellungen über ein für die RENAMO geeignetes politisches Programm, das zugleich auch als Verfassungsentwurf für ein von der RENAMO regiertes Mosambik dienen sollte.

Oliveira geht gar so weit zu behaupten, daß Thomashausen »für die nichtmilitärische Schulung von RENAMO-Führern in der Bundesrepublik verantwortlich zeichnet«.

»Er war einer der wichtigen Leute in Deutschland, die die MNR unterstützen. Der andere ist ein Wolfgang Richter.«

Wolfgang Richter – das ist die Spur zum Bundesnachrichtendienst. Er ist derjenige gewesen, der die RENAMO, nicht nur nach Angaben von Oliveira, logistisch und finanziell unterstützt hat. Und das tat er ganz sicher nicht als Privatperson und nicht ohne Netz und doppelten Boden.

»Woher wissen Sie so genau, daß Richter ein führender Mann des Bundesnachrichtendienstes war?«

»Das wurde mir unter anderem von Jorge Corrella bestätigt, dem ehemaligen Repräsentanten in Lissabon. Er hatte die Kontakte zu Richter und bezeichnete ihn mir gegenüber immer ›als Mann des BND‹. Die Kontakte fanden häufig in Lissabon statt. Auch Evo Fernandes flog sehr häufig nach Westdeutschland. Das war 1985 und 1986, als Fernandes nicht in Portugal war, weil er von der Polizei gesucht wurde. Er flüchtete zum BND.«

Wir wollen von Oliveira natürlich genauer wissen, wie die logistische Hilfe des BND an die Rebellen in Mosambik geleistet wurde. Und was der BND der RENAMO aus schwarzen Kassen zur Verfügung stellte.

»Bei einer Sache, von der ich weiß, war etwa eine Million Dollar im Spiel, die vom BND bereitgestellt worden waren, um Waffen zu kaufen. Es handelte sich um Raketen des Typs SAM 7, die auf dem Schwarzmarkt gekauft wurden und aus Polen kamen.«

Paulo Oliveiras Enthüllungen über die Kontakte zwischen der RENAMO und dem BND sind inzwischen auch durch die Aussagen von Joao, nach dessen Bruch mit der RENAMO, bestätigt worden:

»Das war einer der Punkte, die mit den Südafrikanern zusammen arrangiert wurden. Sie leiteten die Ausrüstungsgegenstände in die richtigen Kanäle. Es war auf jeden Fall der BND, der uns unterstützte. Als Fernandes in Deutschland war, hatte er alle Möglichkeiten durch den BND erhalten: Autos, Wohnungen und so weiter.«

Das ist nichts Neues, wurde bislang aber ständig dementiert. Und das, obwohl schon 1984 der damals amtierende stellvertretende Abteilungsleiter für Afrika im US-Außenministerium im Bundeskanzleramt gegen die CSU-Unterstützung der RENAMO protestierte. Gleichzeitig gab er zu Protokoll, daß der BND-Vertreter in Südafrika als RENAMO-Unterstützer galt. Ein weiterer BND-Agent, Rajab da Costa, diente sogar als RENAMO-Repräsentant in der Bundesrepublik.

Wie eng die Verbindungen zwischen bundesrepublikanischen Unterstützern und der RENAMO waren, belegt die Aussage eines weiteren Überläufers: Chanjunja Chivaca Joao. Er war der Leiter der »Organisations- und Mobilisierungsabteilung« der RENAMO für Europa. Auf einer Pressekonferenz am 30. 11. 1988 in Maputo behauptete er, daß Dhlakama, der Führer der RENAMO, noch im Oktober in Heidelberg gewesen sein, um ein Treffen der RENAMO-Führung zu leiten. Auf dem Heidelberger Treffen wurde beschlossen, daß Dhlakama unbedingt sein Image als Banditenchef ablegen muß, um als politischer Führer anerkannt zu werden. Laut Joao wurde beschlossen, daß die RENAMO ein diplomatisches Image pflegen müsse, um in der Lage zu sein, mit der Frelimo zu konkurrieren.

Das Treffen fand zu einem politisch wichtigen Zeitpunkt statt. Seit Monaten gab es eine neue Entwicklung im südlichen Afrika und insbesondere in Mosambik, Angola und in Südafrika selbst. Die Veränderungen im Kräfteverhältnis auf regionaler Ebene, bedingt durch die Perestroika in Moskau, schufen wieder einmal Bedingungen für neue Initiativen. Man hoffte auf Fortschritte im Sinne einer Beendigung der Konflikte im südlichen Afrika. Die Regierung in Maputo konnte davon ausgehen, daß eine Koexistenz und damit eine weniger angespannte Situation zwischen Mosambik und Südafrika möglich werde.

Das Ende der Konfrontation schien in Sicht.

Was lange Zeit undenkbar schien, war plötzlich möglich. Der südafrikanische Staatschef Botha traf sich mit seinem Kollegen aus Mosambik. Und der mosambikanischen Regierung wurde versprochen, daß die militärische Unterstützung für die RENAMO beendet werden soll.

Den kalten Kriegern im Westen und den Rebellen in Mosambik paßte das jedoch nicht ins strategische Konzept. Entsprechend schnell reagierten sie. Sie verstärkten erneut ihre Beziehungen zu Mitgliedern verschiedener Geheimdienste, um ihre Terroraktionen und ihre Propaganda nach außen zu intensivieren. Genau deshalb fand Mitte Oktober 1988 die Vollversammlung der RENAMO-Führung in Heidelberg statt. Auf dieser Versammlung formulierten sie einen Plan, um die terroristischen Aktionen in Mosambik zu verstärken. In Übereinstimmung mit den in Heidelberg entworfenen Plänen wurden die grausamen Massaker fortgesetzt.

Gefragt von diversen politischen Organisationen und Einzelpersonen, warum der BND die RENAMO unterstützt und wie es kommen kann, daß Terroristen wie die RENAMO-Mitglieder in der Bundesrepublik so vielfältige Unterstützung erhalten, kamen die Antworten schleppend und waren ziemlich unergiebig.

Das Bundeskanzleramt beantwortete die Frage nach der Unterstützung des BND für die RENAMO so:

»Ihre Fragen nach einer angeblichen Zusammenarbeit zwischen dem BND und der RENAMO beziehen sich auf Gegenstände, die nachrichtendienstlich-operativen Charakter haben. Über derartige Gegenstände erteilt weder der BND selbst noch das Bundeskanzleramt oder die Bundesregierung öffentlich Auskunft.«

Die SPD-Fraktion reagierte auf ähnliche Anfragen nicht weniger staatsbürgerlich distanziert:

»Ich kann Ihnen mitteilen, daß Ihre Hinweise in der möglichen und gebotenen Weise behandelt werden«, so Wilfried Penner von der SPD. Sein Parteigenosse Gerhard Jahn, Parlamentarischer Geschäftsführer der SPD:

»Ob die Behauptungen, die in der Öffentlichkeit aufgestellt werden, zutreffen und eine ausreichende Grundlage für eine parlamentarische Behandlung bieten, werde ich erst nach Prüfung beurteilen können.«

Der Arbeitskreis 1 der SPD weiß nicht mehr zu sagen als:

»Den Wahrheitsgehalt der von Ihnen zitierten Meldungen betr.: die RENAMO, können wir nicht überprüfen. Selbst wenn die SPD-Mitglieder in der PKK (Parlamentarischen Kontroll-Kommission, zuständig für die parlamentarische Kontrolle der Geheimdienste; d. Verf.) Zugang zu einschlägigen Informationen erhalten würden, unterlägen sie doch der Schweigepflicht und könnten diese nicht an Sie weiterleiten. Ich bitte um Verständnis.«

Ein klares Bekenntnis jedoch kam von der FDP-Fraktion:

»Die RENAMO ist nach Auffassung der FDP keine originäre Befreiungs- oder Widerstandsbewegung, sondern als Terrororganisation einzustufen. Die Bundesregierung hat eine Einreisesperre für den RENAMO-Führer Dhlakama erlassen.«

Der Brief ist datiert vom 4. April 1989. Noch ein Jahr zuvor reiste Dhlakama in München ein. Unbehindert. Franz Josef Strauß lebte zu dieser Zeit noch.

Mosambik – das ist ein Beispiel dafür, wie Nachrichtendienste arbeiten, insbesondere, wie man es schafft, kriminelle Organisationen zu stützen, ohne sich selbst dabei die Hände schmutzig zu machen. Immerhin kann man alles dementieren, und die parlamentarischen Kontrollorgane betrachten es anscheinend nicht als ihre Aufgabe, diese Aktivitäten zu unterbinden.

Wolfgang Richter, BND-Mitarbeiter, wirkte 1989 in Südamerika. Es ist nicht bekannt, daß er oder sein Amt dafür zur Rechenschaft gezogen wurde, daß sie mitverantwortlich waren am Tod Hunderttausender von Menschen. Das Leid, wenn es nicht vor der eigenen Haustür erfahren wird, ist für solche Leute lediglich eine statistische Größe, Zahlen und sonst nichts.

Der Professor, der für die CIA arbeitet –
Mr. Alias über sich selbst

Herbst 1989. Mr. Alias, der CIA-Agent im Rang eines Brigadegenerals, telefoniert ständig mit mir. Die Kontakte könnten
nicht besser sein, obwohl ich über ihn noch viel zuwenig weiß.
Die Dunkelheit ist eingebrochen, als es plötzlich klingelt. Ich
erwarte niemanden, höre unten im Hauseingang merkwürdige
Laute. Dann stampfen Leute die Treppe empor. Mr. Alias
kommt als erster. Ihm folgen zwei Hünen, in Trenchcoats mit
Hut und finsteren Gesichtern. Jetzt bist du fällig, denke ich.
Zum erstenmal habe ich Angst. »Das sind Freunde von mir, die
dich kennenlernen wollen«, begrüßt mich Mr. Alias. Die Blicke
des einen Begleiters huschen blitzartig hin und her, er hebt
Unterlagen hoch, sucht irgend etwas. Ich komme überhaupt
nicht dazu, mich zu beklagen – die Angst sitzt zu tief. Glücklicherweise sind im Nebenzimmer vier kurdische Freunde, und
höflich öffne ich die Tür, damit die Herren von der CIA sehen,
daß ich nicht alleine bin.
Wir setzen uns, der eine denkt nicht daran, seine schwarzen
Handschuhe auszuziehen oder den Mantel abzulegen. »Das sind
meine Vorgesetzten«, erklärt Mr. Alias den Besuch. »Der hier ist
der CIA-Chef für die Bundesrepublik«, es ist der freundlichere
Typ. »Und er da«, der mit den Handschuhen, »gehört auch zu
uns.« Einer, so erfahre ich später, heißt Sobko.
Der mit den Handschuhen setzt sich endlich, nachdem er gesehen hat, daß das Gespräch nicht heimlich auf ein Tonband
aufgenommen wird, etwas, an das ich gar nicht gedacht hatte.

Small talk am runden Tisch, langsam hört das Flattern des Herzens bei mir auf. Wir reden über Informationen, die mir beide geben wollen, darüber, daß die USA schon 1981 Waffensysteme aus NATO-Beständen in der Bundesrepublik in den Iran geliefert haben. Über den Preis für die Informationen wird verhandelt. Was will der CIA-Chef, wenn er es denn wirklich ist, mit dem Geld? frage ich mich. Es ist eine einzige Groteske, die sich abspielt. »Das ist ein bunter Vogel, dieser Mr. Alias, den ihr hier habt.« Sie nicken. Von einem Washingtoner Freund weiß ich, daß Mr. Alias in arge Bedrängnis geraten ist, weil er vor einem Gericht in den USA aussagen muß, was zu brisanten politischen Enthüllungen führen könnte. Mr. Alias will nicht, weil er »leben will«, wie er immer wieder betont. Und jetzt sitzt er mir gegenüber. Am nächsten Tag, einem Freitag im Dezember 1989, soll er von Frankfurt aus zur CIA nach Langley fliegen. Die beiden Männer werden ihn begleiten. Will er sich noch einmal zeigen, mir eine heimliche Botschaft zukommen lassen? Will er demonstrieren, daß er gezwungen wird, nach Washington zu fliegen? Mr. Alias, der sonst immer lautstark tönt, ist jedenfalls merkwürdig still. Die beiden CIA-Leute scheinen ihn im Griff zu haben. Dann, nach vielleicht 15 Minuten, verabschieden sie sich. Welchen Sinn sollte das alles gehabt haben? Ging es nur um Mr. Alias?
Bevor er meine Wohnung verläßt, steckt er mir noch Blätter zu, seine Geschichte:

»Ich bin ein Mann, der viele Namen hat, viele Ausweise und Pässe. In irgendeinem Drama von Shakespeare heißt es, viele Namen sind gleich kein Name. Trotzdem weiß ich genau, wer ich bin. Ich bin einer der Schlangenfresser (Snakeeaters), wie man in der CIA diejenigen nennt, welche verdeckt überall in der Welt die Feinde der Demokratie und des Westens beobachten und bekämpfen. Ich bin einer von denen, die immer einen vollgepackten Reisekoffer bereithalten, um innerhalb von Minuten in den neuesten Krisenherd reisen zu können. Einer meiner Pässe, falls er jemals bei Ein- und Ausreisen gestempelt worden wäre, würde die behördlichen Stempel solcher Länder wie Bolivien, Kolumbien, Nigeria, Venezuela, Libanon, Iran, Costa Rica, Pakistan, Vietnam, die Philippinen, Singapur und die Bundesrepublik enthalten. In zwanzig Jahren habe ich mehr als eine Million Meilen zurückgelegt — alles im Dienst des Kampfes um die Erhaltung des ›American way of life‹. Und die Aufenthaltsorte meiner Bemühungen bilden die weitgehend unbekannte und noch immer ungeschriebene Geschichte der Mitternachtspolitik der Vereinigten Staaten.

Wie kam es dazu, daß ich gerade diesen Beruf ausübte?

Schon bevor ich ein ›Schlangenfresser‹ wurde, hatte ich eine kurze, nichtsdestoweniger aber bewegte Vergangenheit. Ich bin als Jude in Europa Ende der zwanziger Jahre auf die Welt gekommen, als Sohn einer mittelständischen Kaufmannsfamilie, die sich noch vor Kriegsausbruch nach Amerika retten konnte. Dort bin ich aufgewachsen, und dank eines Stipendiums konnte ich an einer der elitären ›Ivy League‹-Universitäten Sprachen und Psychologie studieren. Während des Korea-Krieges diente ich bei den Ledernacken, wurde verwundet, gefangengenommen, nach dem Waffenstillstand ausgetauscht und mehrfach ausgezeichnet. Ich kam nach Hause und konnte promovieren.

Danach arbeitete ich zwei Jahre bei der UNO in New York. Ende der fünfziger Jahre begann ich eine akademische Laufbahn und wurde 1964 Professor an einer renommierten Universität. Im nächsten Jahr, während der Ferien, unternahm ich eine Forschungsreise nach Polen und in die baltischen Sowjetrepubliken. Bei meiner Rückkehr wurde ich von US-Geheimdienstbeamten aufgesucht und um einen ausführlichen Bericht über meine Eindrücke gebeten. Es war mein erster Kontakt mit den Trench-

110

coatbrigaden und auch meine erste Erfahrung mit den Realitäten des kalten Krieges. Ich lehrte weiter und baute mein Talent für Sprachen aus, indem ich zu den Sprachen, die ich beherrschte, noch Mandarin dazulernte. Ende des Jahres bekam ich Besuch von meinem alten Professor für Slawistik. Nach einigen Stunden netten Hin und Hers eröffnete er mir, daß er mich im Auftrag unseres Geheimdienstes besuchen würde, und fragte, ob ich Interesse hätte, mich bei der ›Firma‹ zu bewerben. Es dauerte nicht einmal drei Wochen, und ich hatte mich entschieden, den Elfenbeinturm gegen die ›bösen Straßen‹ einzutauschen.

Meine Universität beurlaubte mich auf unbefristete Zeit, und ich meldete mich nach Silvester zur Ausbildung auf der ›Farm‹, der Agentenschule der CIA, in der Nähe von Williamsburg, Virginia. Die Schule war als militärischer Stützpunkt getarnt, sein Name Camp Peary. Es folgte ein Lehrgang, der nur wenig mit den Techniken der traditionellen Nachrichtentätigkeit zu tun hatte. Das Training beschäftigte sich hauptsächlich mit Methoden der verborgenen Aktion. Meine Kollegen, darunter nur eine geringe Zahl von Akademikern und ich, nannten das Lager mit einer Art von Galgenhumor das ›Clandestine College‹, das heimliche Kolleg. Den Abschluß auf dem Kolleg bezeichneten wir als den akademischen Grad ›M. D. T.‹ – Meister der dreckigen Tricks.

Trotz der Leichtfertigkeit, mit der wir das Ganze privat durch den Kakao zogen, muß ich gestehen, daß es nicht wenige Momente gab, wo ich mein Überleben diesem Training zu verdanken hatte. Und wenn ich mich heute in aller Ruhe besinne, muß ich gestehen, daß dieses Training für die uns gestellte Aufgabe genau das Richtige, sogar das Beste war, das man uns beibringen konnte. Einer der Höhepunkte meiner Ausbildung war der Vortrag von Tom Karamessines, der im Juli 1967 stellvertretender Direktor für die Planungs-Direktion der CIA wurde. So hieß die spätere ›Einsatz-Direktion‹ damals noch. Damals habe ich auch Tom K. kennengelernt. Er war Sohn eines griechischen Immigranten, hatte an der gleichen Universität wie ich studiert und schien ein Mann von großer Redlichkeit und Standfestigkeit zu sein. Wir haben uns gut verstanden. Ich schätzte ihn so sehr, daß ich mir im Herbst 1978, als er einem Herzinfarkt erlag, die Zeit nahm, inmitten eines heiklen Einsatzes zu seinem Trauergottesdienst in die USA zurückzukehren. Damals, vor mehr als zwanzig Jahren, hatte Allen Dulles in einem Vortrag in Camp Peary unserer Klasse gesagt:

›Ein Nachrichtendienst ist der geeignete Nährboden für eine Verschwörung. Seine Mitglieder können überall hinreisen, ohne daß man ihnen Fragen stellt. Alle ihre Unterlagen sind Staatsgeheimnisse, selbst die Regierungsorgane können ihre Aktivitäten schlecht überprüfen.‹ Dulles sprach von der reichsdeutschen Abwehr im Zweiten Weltkrieg. Aber vielleicht hatte er auch die CIA im Hinterkopf.

Nach Beendigung meiner Ausbildung wurde ich nach Bolivien entsandt und der Beratereinheit, die dem bolivianischen Militär bei der Suche nach Che Guevara half, zugeteilt. Im August befand ich mich in der Nähe von Muyupamapa, wo man Monate früher Regis Debray gefangen hatte. Dank meiner guten Kondition konnte ich das Wetter, unerträgliche Hitze bei Tag und bei Nacht bittere Kälte, leicht überstehen. Fast an jedem Tag gab es ein Gefecht zwischen Guerillakommandos und den bolivianischen Stoßtrupps, die ich begleitete. Bei einem, am 31. August, wurde die DDR-Agentin Tania, die einzige Frau, die mit Guevara in Bolivien zusammen kämpfte, getötet. Endlich, eine Woche später, in den Cordilleras Central bei La Higueara, wurde Guevara am Fuß verwundet und gestellt.

Ich sah ihn in der Dorfschule, wo man ihn gefangenhielt. Er strahlte eine Würde und eine Souveränität aus, die ich niemals vergessen habe. Wenige Minuten danach wurde er von einem bolivianischen Offizier erschossen, ohne daß er um Gnade gebeten hatte. Die Indios hatten ihm einen aus Wolle gewebten Poncho geschenkt. Den nahm ich an mich.

Trotz der Anstrengung der letzten Monate war ich in einer sehr guten Verfassung, als ich nach Langley zurückkehrte. Ich hatte das Gefühl, etwas Wichtiges geleistet zu haben. Diesmal wurde ich nach Monterey, Kalifornien, in die Sprachenschule des ›Defense Language Institute‹ versetzt, um mein Russisch auf Hochglanz zu bringen, während ich auf eine neue Aufgabe wartete. April 1968 ging es los. Ich hatte drei Tage, um mich von meiner Frau und meinen zwei Kindern zu verabschieden, bevor ich über Paris nach Lagos, Nigeria, flog. Als Legende diente eine christliche Hilfsorganisation, die während des dort wütenden Bürgerkrieges Nahrungsmittel und Medizin an die hungernde Bevölkerung verteilte. Mein richtiger Auftrag lautete ganz anders. Aber da seither niemals etwas darüber bekannt wurde, darf ich hier nichts erwähnen. Ich blieb in Biafra bis Ende August. Am Tag vor dem Geburtstag meines ersten Sohnes kam ich wieder nach Hause. Wir feierten ein fröhliches Familienfest mit den Großeltern, die gerade aus Kalifornien bei uns zu Besuch waren. Am 2. Oktober machten wir vier Wochen Urlaub auf Mallorca. Wir segelten, tauchten und angelten. Es war während dieses herrlichen Urlaubs, daß ich eine gewisse Spannung zwischen mir und meiner Frau bemerkte. Obwohl sie sich selten beklagte, wußte ich, daß die langen Trennungen, oft mit nur spärlicher Nachricht, sowie meine berufsbedingte Schweigsamkeit über meine Arbeit sie nervlich sehr stark belasteten.

Als Psychologe hätte ich das alles wissen müssen. Aber ich wollte es nicht wahrhaben. Ich war so sehr mit meiner Arbeit und mit meinem Aufstieg in der Hierarchie der ›Firma‹ beschäftigt, daß ich viel zuwenig bereit war, über die Folgen für meine Familie nachzudenken. Viele Jahre später, nach zwei gescheiterten Ehen, erfuhr ich aus Gesprächen mit mehreren Kollegen, daß dies ein allgemeines Problem für die Mitglieder der ›Covert-Operation-Einheiten‹ ist. Aber damals wollte ich mir noch vormachen, daß alles in Ordnung war und daß diese Spannungen meine Ehe nur vorübergehend belasteten. Ich genoß meinen lang ersehnten Urlaub.

Am 1. November flog ich nach Vietnam, wo ich bei einer Spezialeinheit der ›Studies and Observations Group‹ (SOG) mit der Bezeichnung B-57 in der Umgebung von Long Thanh eingesetzt wurde. Mein damaliger oberster Vorgesetzter war William Colby, der spätere Director of Central Intelligence, ein ausgezeichneter Führer und Manager zugleich. Obwohl Colby damals den offiziellen Rang eines Botschafters hatte, war er keineswegs dem Außenministerium unterstellt. Er war immer Angehöriger der CIA und als ehemaliger Stationschef in Saigon (1959 bis 1962) ein erstklassiger Kenner Vietnams.

Ich war in Vietnam. Wenn ich nicht unterwegs war, wohnte ich in Saigon am Boulevard Gallieni in einem ehemaligen Luxushotel. Die Bar hatte man in einen Klub für Offiziere umgewandelt. Dort trafen sich aber fast ausschließlich Geheimdienstler und solche Offiziere und Zivilangestellte, die mit ihnen zu tun hatten. Aus dieser Zeit stammt auch meine Vorliebe für vietnamesische Küche, die anders als die klassische asiatische Küche einen Hauch vom Französischen übernommen hat. Meine Arbeit im ›Phönix-Programm‹, auf vietnamesisch ›Phung Hoang‹ genannt, war anstrengend, grausam, oft widerlich und noch dazu äußerst gefährlich. Ich selbst entkam mit Mühe zwei gutgeplanten Bombenanschlägen. Das eine Mal verdankte ich mein Leben Bert Osborne, dem Leiter des Programms im benachbarten Gebiet. Nach elf Monaten kam ich nach Hause. Die allgemeinen Unruhen über den angeblich aussichtslosen Krieg in Südostasien, die wachsende Zahl von Wehrdienstverweigerern und die fast täglichen Demonstrationen der Friedensbewegung, die mir begegneten, waren zugleich beeindruckend und beunruhigend. Anfangs wollte ich noch glauben, daß die Kriegsgegner zuwenig über die wirkliche Lage in Vietnam wußten und sie außerdem aus Moskau ferngesteuert waren.

Ein Erlebnis, welches mich besonders zum Nachdenken brachte, geschah drei Wochen nach meiner Heimkehr. Mein Sohn Eliot, der damals in der dritten Klasse war, bat mich eines Tages um die Erlaubnis, eine grüne Mütze (Green Beret) mit dem Abzeichen der Special-Forces, die ich mit nach Hause gebracht hatte, mit in die Schule nehmen zu dürfen. Er wolle dort bei einer ›Show-and-tell‹-Stunde etwas über seinen Vater erzählen. Er glaubte, ich hätte als Armeeoffizier in Vietnam gedient. Meine Söhne und ich hatten eine sehr gute Beziehung. Wir waren stolz aufeinander. Eliot hatte schon sehr früh eine außergewöhnliche Begabung als Sportler bewiesen.

Wir wohnten damals in einem Landhaus in einem der schönsten Vororte von New York, am Ufer des Hudson-Flusses. Meine Frau, eine promovierte Stadtplanerin, arbeitete dort bei einer überregionalen Planungsbehörde und konnte, obwohl wir ein gutes Kindermädchen aus Alabama hatten, mittags immer zu Hause sein, wenn der jüngere Sohn Wright aus dem Kindergarten kam. Jeden Nachmittag, wann immer ich zu Hause war, umarmten und küßten Eliot und ich uns, dann tranken und aßen wir Milch und schottische Butterkekse (Shortbread), unser beider Lieblingskekse, und gingen anschließend am Ufer spazieren, während er mir von seinen Tageserlebnissen erzählte.

An jenem Tag kam Eliot ungewöhnlich spät nach Hause. Ich wartete schon voller Unruhe auf ihn. Ich werde sein Gesicht, als er mich im Wohnzimmer sah, nie vergessen. Seine Augen waren rot, und seine Unterlippe zuckte. Ich dachte, daß er sehr heftig geweint hatte und kurz davor war, wieder loszuheulen. Als ich ihn umarmen wollte, lief er weg und sperrte sich in sein Zimmer ein. Wright, der inzwischen vom Kinderspielplatz um die Ecke heimgekehrt war, erzählte mir, daß er gesehen hätte, wie Eliot, als er aus dem Schwimmklub-Bus stieg, den Green Beret auf einen Haufen Hundekot geworfen und ihn darin eingestampft hatte. Abends stand Eliot plötzlich auf, ging zu seiner Mutter und schrie, daß ich ein Kindermörder sei. Es stellte sich sehr rasch heraus, daß sein Lehrer mich als solchen beschrieben hatte, nachdem Eliot seinen Klassenkameraden voller Stolz erzählt hatte, daß ich ein Held sei. Ich war entsetzt, und trotz allen besseren Wissens raste ich los, um dieser Friedensratte die Beleidigungen zu vergelten. Im Telefonverzeichnis fand ich heraus, wo er wohnte, und ich fuhr dorthin. Er kam zur Tür, und ich fragte ihn, was das solle. Er sagte, daß das seine Meinung sei von jedem, der in Vietnam kämpfte. Ich verlor die Fassung und schlug ihn zu Boden, packte ihn an der Gurgel und befahl ihm, sich vor allen Schülern der Klasse bei meinem Sohn zu entschuldigen. Er sah mich an und spürte, daß ich bereit war, meine Drohung wahrzumachen. Ich mußte so wütend ausgesehen haben, daß er dachte, ich würde ihn auf der Stelle umbringen.

Die nächsten achtzehn Monate arbeitete ich in Langley, im Spionageabwehrdezernat, das von James Jesus Angelton geleitet wurde. Ich wurde, wie man uns in der Firma nannte, ein Berufsparanoiker. Meine Frau blieb aus beruflichen Gründen in New York, während ich ein Zimmer in Georgetown-Washington bei der Mutter eines verstorbenen Kollegen nahm.

Mitte 1971 kehrte ich für einen zweiten Aufenthalt nach Vietnam zurück. Ich war wieder Ted Shackleys Programm zugeteilt worden. (Theodor G. Shackley war CIA-Stationschef in Saigon, später die Nummer zwei im CIA-Hauptquartier, verantwortlich für alle verdeckten Operationen weltweit. Ab 1980 arbeitete er in einem Privatunternehmen, von dem aus geheime Waffenlieferungen an die Contras organisiert wurden, d. Verf.) Die Lage wurde täglich schlechter. Ich konnte mich nicht der Meinung erwehren, daß die daheimgebliebenen Menschen vielleicht recht hatten. Wir hätten uns nie in Vietnam einmischen dürfen. Dazu kam, daß mit jedem Rückschlag, den wir erlitten, Shackley härter und brutaler zu werden schien und das Team zu immer mehr Übergriffen anspornte. Wir fühlten uns langsam wie Meuchelmörder. Nach dreizehn Monaten kam ich endlich nach Hause. Ich sehnte mich nach nichts anderem als nach Ruhe und Geborgenheit im Schoß meiner Familie. Ich litt unter Schlafstörungen und Alpträumen. Obwohl ich ungern mit Ärzten zu tun habe, suchte ich einen alten Studienkameraden auf, der inzwischen Arzt war. Er sollte mir etwas verschreiben, damit ich schlafen konnte. Drei Tage, nachdem ich ihn besucht hatte, erhielt ich die Nachricht aus Langley, mich bei Howard Osborn, dem damaligen Chef der Sicherheitsabteilung, zu melden. Am nächsten Tag erfuhr ich, daß man sich große Sorgen über meinen seelischen Zustand machte. Ich wurde von Ärzten der Firma auf Herz und Nieren und meinen geistigen Zustand geprüft und weiterhin für tauglich befunden. Ich weiß bis heute nicht, woher man von meiner Arztvisite wußte. Aber ich weiß, daß der einzelne, besonders in meiner Abteilung, ständig beschnüffelt wurde – genau wie bei der Mafia. Vielleicht gehört das zur Berufsparanoia; vielleicht ist es wichtig und sogar unerläßlich, vielleicht ist es auch vorsorglich und vorbeugend. Es mag alles das sein. Nichtsdestoweniger hinterließ es bei mir bis zum heutigen Tag ein mulmiges Gefühl, das ich nur als Mißtrauen bezeichnen kann.

Die Weihnachtsfeiertage kamen. Wie jedes Jahr feierten wir ein ökumenisches Fest: Tannenbaum und Hannuka-Kerzen. Meine Frau war evangelisch, unsere Kinder wurden konfessionslos und hoffentlich vorurteilslos erzogen. Wir beide achteten darauf, daß aus ihnen gute, ehrliche und liebesfähige Männer werden. Ich war froh, daheim zu sein, und nahm mir vor, meine Ehe wieder in Ordnung zu bringen. Es gelang mir nicht. Am Tag vor Silvester erfuhr ich von meiner Frau, daß sie sich in einen Berufskollegen verliebt hatte, daß sie mit ihm eine Beziehung gehabt hatte, während ich in Vietnam war. Das Gerüst aus Beruf und Familie, das ich mir so mühsam aufgebaut hatte, stand plötzlich auf Treibsand. Nach ein paar Monaten haben wir uns dann scheiden lassen. Ich war wie betäubt und entschied mich, mich in meine Arbeit zu stürzen. Glücklicherweise hatte ich eine neue Aufgabe, eine echte Herausforderung.

Ende 1972 hatte Dick Walters, der neue CIA-Chef, einen der Altgedienten der Firma, John W. Hennessy, nach Chile geschickt. Diese Aktion, Track II, hatte schon 1970 begonnen und wurde seitdem weiterverfolgt. Die linksgerichtete Regierung Allendes sollte gestürzt werden. Ein wichtiger Teil dieser Operation war eine Desinformationskampagne, um die Beteiligung der US-Regierung durch die CIA vor dem US-Kongreß und der Bevölkerung zu verheimlichen. Hennessy bat Langley, mich nach Chile zu schicken, da ich auf diesem Gebiet als fähiger Mann galt. Am Anfang des Jahres war ich in Santiago, getarnt als Professor der Publizistik, um angeblich eine Studie über chilenische Zeitungen zu schreiben. Meine Aufgabe bestand aber in Wirklichkeit unter anderem darin, so einflußreiche Zeitungen wie ›El Mercurio‹ gleichzuschalten. Trotz aller Bemühungen und viel Geld ist das meiste später aufgeflogen. Die Kampagne selbst aber war ein Musterbeispiel dafür, wie CIA-Operationen aussehen.

1973 übernahm James Schlesinger für ein halbes Jahr den Posten des CIA-Direktors und begann Stellen wegzurationalisieren. Am stärksten war davon die Abteilung für verdeckte Operationen betroffen. Die Moral unserer Leute war auf dem niedrigsten Niveau, seit ich dort begonnen hatte. Nur einmal hatte ich es schlimmer erlebt. Das war während Jimmy Carters Amtszeit, als ich die Nacht der langen Messer erlebte. Das war eine Umgestaltung der CIA, in der das Covert Operations Directorate fast vollkommen stillgelegt wurde, um den Kongreß und die Bevölkerung zu besänftigen. Damals feuerte Admiral Turner, der neue CIA-Chef, 800 erfahrene Agenten. Unter Schlesinger war es noch nicht so schlimm. Aber in Langley herrschte trotzdem Friedhofsstimmung.

Als ich aus Chile zurückkam, sollte ich weiterhin dort bleiben. Aber ich bemühte mich um einen Posten im Ausland und bat daher meinen Freund James Angleton, der für die Verbindungen mit den Israelis verantwortlich war, um Hilfe. Es war für ihn keine sehr leichte Aufgabe, mir diesen Gefallen zu tun. Angleton war bei den Chefs der Operationsdirektion ziemlich unbeliebt. Man hatte dort einen Plan entworfen, um Angletons Befugnisse und Mannschaft stark abzubauen. Hinzu kam auch die Tatsache, daß man einem Juden in der Firma nie gänzlich vertraute. Obwohl die Firma kaum antisemitisch war (es gab immer einen Hauch davon unter den Ivy-League-Typen, die die oberen Posten bekleideten), glaubte man doch, daß kein Jude über Israel objektiv urteilen konnte. Daher kam es nur in den seltensten Fällen vor, daß ein Jude aus der CIA nach Israel ging. Meistens waren es Menschen vom Schlage eines Steve Montgomery, der von 1977 bis 1980 Stationschef in Jerusalem war. Montgomery, ähnlich wie sein Nachfolger Ralph Katrosh, war ein guter Beamter. Immer korrekt. Aber beide waren keine Leute, von denen man behaupten konnte, daß sie Juden besonders mochten. Anfang März, nach einem heftigen Tauziehen, bei dem sich Freunde auf höchster Ebene für mich einsetzten, bekam ich meinen Reisebefehl nach Israel. Ich nahm Abschied von meinen Söhnen und flog über London. Ich besuchte dort für ein paar Stunden einen alten Bekannten, Cord Meyer, den dortigen Stationschef. Dann ging es weiter nach Paris. Dort besuchte ich einige Freunde aus meiner Professorenzeit und ließ mich abends in den feinsten Restaurants verwöhnen. Davon abgesehen, daß ich einmal mit dem Pariser CIA-Stationschef Dave Murphy frühstückte, traf ich mich mit niemandem aus der Firma.

Am Ende der Woche flog ich über Athen nach Tel Aviv. In Athen sah ich meinen alten und guten Freund Richard Welch zum letztenmal. Er wurde 1975 ermordet. Es war ein großer Verlust für die Firma und für alle, die ihn kannten. Hätte ein ehemaliger Abtrünniger, Philip Agee, seinen Namen nicht verraten, wäre das niemals geschehen. Heute, im Ruhestand, bin ich der Meinung, daß man fast alles schreiben darf. Aber nichts, was die Sicherheit einzelner Menschen und die des Staates gefährdet. Keine Rachewünsche rechtfertigen das. Aber wie viele denke auch ich noch heute, daß Agee aus anderen, dunkleren Motiven, als er zugab, gehandelt hatte.

Israel war zutiefst beeindruckend. Es war das zweite Mal, daß ich dort war, und diesmal bot sich die Möglichkeit, länger zu bleiben und das Land der Verheißung als Einwohner kennenzulernen. Ich kannte einige Leute beim MOSSAD, da dieser Dienst mit dem unseren schon lange in allen Teilen der Welt zusammenarbeitete. Ich hatte die größte Achtung für ihren Professionalismus und die Fähigkeit des Instituts, trotz der demokratischen Grundordnung Israels und trotz der wahrscheinlich größten Pressefreiheit der Welt, alles geheimzuhalten. Ich fand eine Wohnung im Norden von Tel Aviv, in einer ruhigen Sackgasse, und machte mich an die Arbeit. Die Verbindungen waren dank Angleton ausgezeichnet und in manchen Fällen sogar herzlich. Hin und wieder gab es aber Reibereien wegen des israelischen Verdachts, daß wir ihnen nicht immer alles, was für sie wichtig war, mitteilten. Unsererseits hatten wir oft große Schwierigkeiten, unser Vertrauen ihnen gegenüber zu wahren. Vor allem angesichts unseres Wissens darüber, wie sehr die Israelis in den USA sowohl Wirtschaft wie auch Verteidigung, Rüstung und Sicherheitsdienste beschnüffelten.

Es mag nicht allgemein bekannt sein, aber der Fall Pollard (Jonathan Pollard, amerikanischer Staatsbürger, war der erfolgreichste Spion Israels in den USA. Pollard hat Geheiminformationen an den israelischen militärischen Nachrichtendienst geliefert. Er wurde zu einer lebenslänglichen Gefängnisstrafe ver-urteilt – d. Verf.) ist nur der jüngste in einer traurigen Geschichte der israelischen Spionage in den USA, die sich über vierzig Jahre erstreckte. Trotz allem blieben wir ihre Verbündeten und taten unser möglichstes, sie auf dem laufenden zu halten und zu unterstützen. Denn Israel war und ist die wichtigste und die einzige Stelle in der Welt, von der man Informationen über die neuesten russischen Waffen im Einsatz erhalten kann. Meine Freunde waren ein neuer Schlag Juden, wie man sie während der Diaspora nicht kannte. Und als Jude hatte ich besondere Ge-fühle diesem Staat gegenüber. Für mich ist Israel noch immer der Garant dafür, daß so etwas wie der Holocaust nie wieder ge-schehen kann. Selbst als Amerikaner will ich wissen, daß es irgendwo auf Erden ein Land gibt, in dem ich als Jude immer willkommen bin. In meiner Freizeit trampte ich durch Galiläa, surfte in Eliat, besuchte das Künstlerdorf Ein Hod und viele Kibbuzim. Ich bemerkte, was mich noch heute beunruhigt: die rasende Inflation, die Auswanderung vieler junger Israelis, die Entstehung einer subtilen Klassengesellschaft (afrikanische bzw. dunkelhäutige Juden werden von den aus Europa stam-menden Juden diskriminiert, haben es aber noch besser als die Araber, die von vielen Israelis schlechter als Hunde behandelt werden). Vieles, was ich in diesem Jahr sah, machte mir daher bei den Gedanken an die Zukunft dieser einzigartigen Demokra-tie Sorgen. Ich glaube heute, daß wir mit der Intifada, die das palästinensische Volk so stark wie nie zuvor vereinigt hat, die Saat dieses Rassismus ernten, der unter Juden keinen Platz ha-ben dürfte. Ich wundere mich, daß es so lange gedauert hat, bis sich die Palästinenser als Volk erhoben. Aber damals merkte ich schon, wie geduldig unsere arabischen Vettern sind. Ich tat meine Arbeit, schrieb Berichte, in denen ich auf Ausgewogenheit und Genauigkeit achtete, und unterhielt einen regen Briefwech-sel mit meinen heranwachsenden Söhnen.

Am 18. Dezember 1974, ich war gerade nach einer Besprechung in die Botschaft zurückgekehrt, erfuhr ich, daß Angleton seinen Posten einige Stunden zuvor verloren hatte. Ich telefonierte sofort mit meinem MOSSAD-Verbindungsmann, um ihm diese Nachricht mitzuteilen. Das Institut wußte schon davon. Man hatte mir bei unserer Besprechung nichts gesagt, weil man dachte, ich müßte das von meinen eigenen Leuten erfahren. Das zeigte mir wieder einmal, wie gut informiert die Israelis waren. Wenige Wochen danach wurde ich nach Langley zurückbestellt. Ich verabschiedete mich von meinen Freunden und flog nach Hause. Angleton verdankte ich einiges und ärgerte mich, daß ich ihm nicht helfen konnte. Kein Außenseiter kann es verstehen. Aber im Operationsdirektorium waren wir wie eine Familie. Jeder kannte jeden, und die Loyalität und der Zusammenhalt unter uns waren fest und unerschütterlich. Diejenigen, die das Gerücht verbreiteten, daß der CIA-Direktor Colby Angleton aus persönlichen Gründen gefeuert hätte, haben unrecht. Für Colby war diese sicherlich schwere Entscheidung notwendig, um seine Pläne für die Firma durchführen zu können. Er hat auch nicht alle Mitarbeiter und Günstlinge Angletons auf ein Abstellgleis geschoben. Ich zum Beispiel wurde weiterhin befördert und mit wichtigen Aufgaben betraut.

Mitte 1975 erhielt ich den Marschbefehl nach Angola. Auf dem Weg verbrachte ich zwei Tage in Kaduna, Nigeria, mit Dick Plues, um mich über sämtliche Dinge zu informieren. Plues, der lange in Afrika war, galt als besonderer Kenner der Verzweigungen der verschiedenen Stämme. Meinem Auftrag entsprechend, sollte ich außerhalb der Angola Task Force arbeiten, die verstärkt worden war. Zu Savimbi (von den USA ausgehaltener Rebellenführer in Angola – d. Verf.) stieß ich Mitte August, nachdem ich unter der Tarnung eines bundesdeutschen Geschäftsmannes in den Kongo gekommen war. Ich hatte einen der mehr als fünfzig Blanko-BRD-Pässe, die die Firma regelmäßig vom BND erhielt. Mein Auftrag war unter anderem festzustellen, inwieweit die Regierung in Luanda vom Ostblock unterstützt wurde. Ehe ich Langley verließ, hatte es schon Gerüchte gegeben, die von Jim Pott, dem Leiter der afrikanischen Abteilung, sehr ernst genommen wurden. Es sollten sich kubanische Kampfeinheiten in Angola aufhalten. Aber das konnte niemand beweisen.

In einem Artikel, ›Cuba in Africa‹, der in der ›Washington Post‹ vom 12. 1. 1977 erschienen war, hatte Gabriel García Márquez behauptet, daß kubanische Truppen seit Mitte November 1975 in Angola seien, nachdem dort zuerst südafrikanische Truppen eingegriffen hatten. Ich weiß, daß das nicht stimmt. In der Nacht des 24. September beobachtete ich zusammen mit einem UNITA-Begleiter im Hafen von Pointe-Noire die Landung kubanischer Truppen. Wenige Wochen später nahmen Savimbis Truppen einen Kubaner gefangen. Ich war dabei, als man ihn verhörte. Die Methoden der UNITA-Leute erinnerten mich an Vietnam. Der Kubaner wollte natürlich nicht reden. Deshalb wurde er mit seinen Armen an einen Ast gehängt, seine Beine wurden mit Benzin übergossen und angezündet. Ehe sie ganz verbrannten, fing er an zu reden. Erst dann wurden die brennenden Beine gelöscht. Ich weiß nicht, was aus ihm geworden ist, ob er seine Folterungen überlebte. Aber wieder einmal konnte ich sehen, wie im Krieg der Zweck die Mittel heiligt.

Es war ein weiteres Erlebnis, das mich schließlich zum Pazifisten gemacht hat. Anfang Februar 1976 gab es ein letztes offizielles Zusammentreffen mit Savimbi, um die Fortführung seines Befreiungskampfes als Guerillakampf zu planen. Ich flog nach Washington zurück. George Bush war neuer CIA-Chef, ein kompetenter Verfechter verborgener Aktionen. Unter ihm erlebte das Operations-Direktorium ein Goldenes Zeitalter. Ich wurde nun der Arbeitsgruppe IG-CM(P), Interagency Group-Countermeasures (Policy), zugeteilt, die von der Firma mit den nötigen Analysen beliefert wurde, um zu prüfen, ob und inwieweit die Strukturen der Nachrichtengemeinde der USA ausreichen, um früh genug vor sowjetischen Angriffen zu warnen. Diese Arbeit war nicht nur eine Herausforderung, sondern bot auch einen einmaligen Zutritt zum Archiv und eine enorme Übersicht über den gesamten Nachrichtenapparat. Zwischen 1977 und 1979 diente ich weiterhin in Langley, zuerst im Planungsstab für verborgene Aktionen und später im Missions- und Programmstab.

Ende 1979 kam ich mit einer neuen Identität – einer Tarnung des Verteidigungsministeriums – in die Bundesrepublik. Ich hatte zwei Aufgaben. Die erste bestand in der Übernahme der Leitung eines Programms, welches sich mit politischer Intervenierung in der Bundesrepublik beschäftigte und mit der Pflege guter Beziehungen zu ausgewählten bundesdeutschen Politikern, um das Festhalten der Bundesregierung an der amerikanischen NATO-Politik zu sichern.

Meine zweite und ebenso wichtige Aufgabe war, verborgene NATO-Hilfe für die Iraner und die Contras zu besorgen und diese Aktivitäten mit den wichtigsten europäischen Stationen wie Rom, Bern, Paris und Ankara zu koordinieren.

1985 trat ich auf eigenen Wunsch in den Ruhestand.

Vielleicht ist das eine Gelegenheit, um einige Gedanken über den Typ Mensch zu äußern, den es lockt, sein berufliches Leben bei einem Geheimdienst zu verbringen. Verallgemeinerungen sind nur teilweise treffend. Daher möchte ich nicht behaupten, daß das, was ich hier sage, für alle Trenchcoatbrigadisten gilt. Aber ich erkannte sehr früh einige auffallende Gemeinsamkeiten unter denjenigen von uns, mit denen ich enger zusammenarbeitete. Ich bin davon überzeugt, daß dieser Beruf aus bestimmten psychologischen Gründen gewählt wird. In seinem Buch ›The Lonely Crowd‹ beschreibt der Soziologe David Reismann einen Menschentyp, den er als ›inside dopester‹ tituliert. Das ist einer, der immer wissen muß, was die wirklichen Hintergründe jedes Geschehens sind. Er muß Bescheid wissen, wer die geheimen Mächte, die Drahtzieher hinter politischen, wirtschaftlichen und kulturellen Ereignissen sind. Aber er ist keiner, der dieses Wissen in einer Klatschspalte veröffentlichen will. Im Gegenteil. Er will das Geheimnis hüten. Weil er sieht, daß die Welt in Opfer und Quäler aufgeteilt ist, will er zu den verborgenen Mächten gehören. Und ist er nicht bereit, ein Quäler zu sein, dann will er aber erst recht kein Opfer werden. Und er meint, daß er sich nur davor bewahren kann, indem er ein ›inside dopester‹ wird. Ich will nicht den Anschein erwecken, daß man sich von solchen Überlegungen leiten läßt. Ganz im Gegenteil. Geheimagenten, obwohl überdurchschnittlich intelligent, sind Menschen, die sich über die Motive ihres eigenen Handelns nicht viel Gedanken machen. Dazu haben sie zuwenig Zeit. Meistens muß man automatisch richtig handeln, wenn man überleben will. Um das tun zu können, wird man schonungslos gedrillt. Und wenn es wirklich kracht und man wieder einmal davon gekommen ist, ist man zuerst nur froh und gewissermaßen high. Man wartet ein bißchen ungeduldig auf die nächste Chance, sich wieder bewähren zu können. Eine gewisse Sucht für die Sache wird mit der Zeit bemerkbar.

Heute lebe ich in Europa und bin mit einer Europäerin verheiratet. Noch unterhalte ich gute Beziehungen zu einem Senioren-Netz (Old Boys Network), durch das ich oft von Sachen erfahre, die den meisten Menschen verborgen bleiben. Ich schätze, daß ich noch immer ein ›inside dopester‹ bin.

Aber endlich habe ich die Zeit und den Abstand, mein berufliches Leben zu überdenken. Ich versuche auch, meine Lebensgeschichte niederzuschreiben. Heute glaube ich, daß es keine demokratische Grundordnung ohne ein gut informiertes Volk geben kann. Aber wie man das mit der Notwendigkeit eines Geheimdienstes vereinbart, ist ein echtes, nicht zu unterschätzendes Problem. Schon im fünften Jahrhundert vor Christus hatte Sun Tzu in dem ersten bekannten Lehrbuch für Geheimagenten davor gewarnt, daß Agenten Menschen von größter Redlichkeit sein müßten. Er erkannte die ernsten Probleme, die solche Dienste einem Staat bereiten können.«

Was ein Agent vergessen will

Wenn ein Agent erzählt, eine alte Weisheit, ist Vorsicht angebracht. Man achte darauf, was ausgelassen wird. Ausgelassen nicht etwa, weil im Alter Erinnerungslücken entstehen, sondern die Wahrheit, wie Mr. Alias sagen würde, der nationalen Sicherheit zuwiderlaufen würde.

Ausgelassen hat Mr. Alias, daß er 1968 im Kongreß als Abgeordneter angetreten ist – als »Falke«. Er brachte damals einen Kongreßabgeordneten in New York, der vehement gegen das Vietnam-Abenteuer des US-Präsidenten Johnson kämpfte, durch eine Schmutzkampagne um das Mandat. Ausgelassen hat er auch, daß er 1969 plötzlich zu den »Tauben« konvertierte und Antikriegsveranstaltungen, beispielsweise an der Columbia-Universität in New York, moderierte. Die CIA war flexibel, um Einfluß zu gewinnen.

Zwischen 1969 und 1980 verliert sich seine Spur, sieht man davon einmal ab, was er selbst erzählt. Merkwürdig genug ist, daß seine Zeit ab 1980 von ihm in dürren und wenigen Worten geschildert wird, obwohl das eine Phase war, in der er besonders aktiv war. Tatsächlich lebte er in der Bundesrepublik im Rang eines Brigadegenerals in einem elektronisch abgesicherten Haus bei Würzburg. Es war die heiße Zeit, in der in den Vereinigten Staaten die politischen »Falken« beschlossen, ihr größtes Betrugsmanöver gegen den amtierenden Präsidenten Jimmy Carter zu inszenieren, Wahlbetrug zu begehen. Und Mr. Alias mischte kräftig mit. Später, 1981, als Reagan Präsident und Bush Vizepräsident geworden waren, blieb Mr. Alias in der Bundesrepublik, treu ergeben dem, was er in seiner Selbstdarstellung »verdeckte Operationen« nennt. Vom Boden der Bundesrepublik aus, getarnt als Mafia-Angehöriger, organisierte er die tonnenweise Verschiffung synthetischer Drogen in die USA, um aus dem Erlös des kriminellen Geschäfts die Contras zu finanzieren. Als der Deal aufflog, war das Landeskriminalamt in Stuttgart äußerst verblüfft, welche Mittel den Drogendealern zur Verfügung standen. Die gesamte Kommunikation zwischen den Bandenmitgliedern lief über Scrampler, eine in Geheimdienstkreisen übliche technische Methode, damit man Gespräche unbehindert selbst dann führen kann, wenn jemand mithören sollte. Die Worte werden elektronisch zerlegt. Finanzmittel, so das LKA, waren in genügendem Umfang vorhanden. Und als die Polizei Mr. Alias verhaften wollte, verschwand er in der Uniform eines Generals im Hauptquartier der US-Streitkräfte in Stuttgart. Aber er muß sich einen Schnitzer erlaubt haben, denn sonst wäre der Deal überhaupt nicht aufgeflogen. Er wurde an die USA ausgeliefert, nach wenigen Monaten aber war er schon wieder auf freiem Fuß. Es ist die Zeit, die er in seiner Selbstdarstellung als »freiwillige Pensionierung« bezeichnet.

Heute arbeitet er wieder als Agent, als freier diesmal, für das LKA in Stuttgart ebenso wie für andere westliche Nachrichtendienste.

Ein Kollege von Mr. Alias

Es war im Frühjahr 1989, als sich Mr. Alias, der Amerikaner mit der Medaille eines Brigadegenerals, in seiner Villa mit einem seiner Freunde trifft, auch ein Senior der CIA.

»Da hast du einen neugierigen Mann«, stellt er mich vor. »Beantworte doch einfach seine Fragen. Was dir nicht paßt, das wirst du sowieso nicht erzählen.«

Der Senior ist bekannt. Er stand in einschlägigen Zeitungen als hohes Tier bei der »Firma«. Natürlich will er nicht, daß sein Name genannt wird. Er schaut mich mit strengem Blick an, mißtrauisch, so als ob ihn sein Freund, dieser Mr. Alias, überfallen hätte.

»Hör zu! Normalerweise habe ich mit Federschmierern nichts zu tun. Aber meinem Freund Alias zuliebe erlaube ich dir, einige Fragen zu stellen.«

Ich überlege, welche Fragen derzeit am wichtigsten sind. Na, denke ich, was ist denn mit dem neuen US-Botschafter in Bonn, Herrn Walters?

»Darüber kann ich Ihnen nur sagen, daß Dicky Walters nirgendwo hinkommt, wo nicht etwas wichtiges Verdecktes unternommen werden muß. Er war doch als Schnösel an dem Sturz von Mossadegh, dem iranischen Ministerpräsidenten, beteiligt und spielte zusammen mit meinem Freund Alias in Chile 1973 eine große Rolle.«

Welche Rolle war denn das?

»Er plante und führte die Ausschaltung der Pro-Allende-Gewerkschaften mit allen Mitteln durch. Und einiges mehr. Hier in Deutschland läuft zur Zeit aus amerikanischer Sicht einiges schief. Es werden zu viele außenpolitische Eigeninitiativen entwickelt, Dicky Walters will kick ass.«

Was kann Walters hier denn erreichen?

»Dasselbe, das schon einmal erreicht wurde. Sie erinnern sich wahrscheinlich an die berühmte Bonner Wende. Glauben Sie, daß Genscher und Lambsdorff einfach aus Idealen gehandelt haben?

Und glauben Sie, daß die Millionen, die angeblich von Horten kamen, wirklich von ihm stammten? Dann glauben Sie doch wohl an den Weihnachtsmann. Mehr will ich nicht sagen. Nur wer es einmal geschafft hat, einen Kurswechsel herbeizuführen, der kann es wieder schaffen, falls es nötig wird.

Verstehen Sie mich nicht falsch. Die BRD ist ein wichtiger Bündnispartner, fast genauso wichtig wie Israel. Aber machen Sie sich nicht vor, daß es ein Bündnis von gleich Starken ist. Einer muß immer das Sagen haben.«

Das hört sich nach Märchengeschichten an, wende ich ein.

Er zuckt die Augenbrauen.

»Es gibt keine Märchen, nur Menschen, die den Verstand von Kindern haben.«

Wie mächtig ist Henry Kissinger heute noch?

»Wenn es so etwas in der Politik gäbe wie den Papst, wäre es Kissinger. Ich habe gehört, daß Sie über die ›Oktober-Überraschung‹ recherchiert haben. Da müssen Sie doch wissen, daß Kissinger im Mittelpunkt der Sache stand und weitgehend das Geschehen lenkte.

Übrigens. Der heutige engste Berater von George Bush, Snowcroft, hört auf Kissinger, ebenso wie Haig es tat.«

Spielt der Geheimdienst heute überhaupt noch eine Rolle?

»Welchen Geheimdienst meinen Sie denn?«

Zum Beispiel den bundesdeutschen?

»Der bundesdeutsche Geheimdienst, der BND, von dem halte ich nicht viel. Da drüben, auf der anderen Seite der Mauer, das sind Profis.

Die Tschechen auch. Die haben uns einmal gut reingelegt mit diesem Karl Koecher. Aber wir haben ihn entlarvt, fertiggemacht und gegen Scharansky ausgetauscht. Unser Freund hier hat dabei mächtig geholfen. Aber der BND stolpert über seine eigenen Füße. Die Kubaner, alle Achtung. Die Engländer sind heute auch besser, seitdem sie die richtigen Lehren aus der Philby- und der Black-Affäre gezogen haben. MOSSAD ist gut, aber wir hegen noch immer den Verdacht in Langley, daß das Institut von Ostagenten unterwandert ist. Aber glauben Sie mir, die zwei Dienste, auf die es wirklich ankommt, sind und bleiben der KGB in Moskau und die ›Firma‹ in Langley. Und irgendwann einmal werden sich Teile von beiden zusammenfinden, weil sie mehr gemeinsam haben, als man gerne zugibt.

Das sind Menschen, die es verstehen, Geschehnisse zu lenken auf eine Art, die gerade, weil sie verborgen bleiben, eine ungeheuere Faszination und Macht haben. Haben Sie das verstanden?«

Nein. Wollen Sie etwa sagen, daß Geheimdienste politisch nicht kontrollierbar sind?

»Ich wäre nicht der erste, der das sagt. Über die Unkontrollierbarkeit meines eigenen Dienstes gibt es inzwischen eine ganze Bibliothek von Büchern bei Insidern.

Wie wollen Sie denn einen Geheimdienst kontrollieren? Geheimdienste sind schlecht vereinbar mit Demokratie. In der Bundesrepublik, die eher ein Rechtsstaat als eine Demokratie ist, ginge das vielleicht.

In Amerika muß man regelrecht den Kongreß hinters Licht führen. Ich gebe Ihnen ein Beispiel.

Vor einigen Jahren hatte der Kongreß den Einfall, Revisoren in verschiedene CIA-Stationen in Übersee zu schicken, um zu kontrollieren, wie das Geld ausgegeben wird. Die kamen vom Office of Management and Budget des Kongresses.

Einer davon kam nach England. Und der dortige Stationschef, vielleicht war es sogar noch Cord Meyer, hatte eine geniale Idee. Weil man wußte, daß der Revisor Liebhaber von alten Kirchen und Sehenswürdigkeiten war, arrangierte er die Fahrt zu einer wichtigen Abhörstation so, daß er durch das Dorf Banbury fahren mußte. Natürlich hat er sich dort aufgehalten, alles angeschaut, ausführlich gegessen und hatte dann nur noch eine Dreiviertelstunde Zeit, sich umzuschauen, wo er den ganzen Tag hätte verbringen sollen.

Man muß mit allen Wassern gewaschen sein und auch mit allen Mitteln arbeiten.«

Was heißt mit allen Mitteln arbeiten?

»Soweit ich weiß, hat das Alphabet 26 Buchstaben. Und man schreibt nicht einen Brief und entscheidet zuvor, daß man den 13. Buchstaben auslassen wird oder den 20.
Deutlicher möchte ich nicht sein.«
Der dreizehnte ist doch M. Meinen Sie auch Mord?
»Das haben Sie gesagt, nicht ich. Es war vielleicht ein Freudscher Versprecher.«

Dunkelmanns Rückkehr

Phänomene, schemenhafte Erscheinungen, das begehrte Ziel vor Augen – und dann eine Fata Morgana?

Mr. Alias, der 1985 in den USA wegen des kriminellen Super-deals mit synthetischen Drogen in der Bundesrepublik – wider Erwarten – aufflog, sieben Monate im Gefängnis New York-Manhattan hinter Gittern saß, will sich an diese düstere Zeit nur ungern erinnern.

Das einzige, wovon er allenfalls redet, betrifft seinen Zellenpartner.

»Die haben mich mit Absicht in die gleiche Zelle gesteckt«, pumpt sich Mr. Alias auf. Zellennachbar war Francesco Pazienza, der nicht nur als begnadeter Lügner gilt. Pazienza war einer der wichtigsten Männer der italienischen Geheimloge P2. Nicht schon wieder diese verfluchten Verschwörungstheorien paranoider Geister, denke ich. Diese undurchsichtigen Gestalten und Organisationen, die für jedes nicht aufgeklärte Verbrechen herhalten müssen, diese Verkörperung des Bösen schlechthin, das nicht faßbar ist und daher für all das verantwortlich gemacht wird, was sich rationaler Erklärungen und Interpretationen entzieht. Die Verschwörung als Mythos. Der Mythos aber ist freilich nie in Reingestalt zu finden. Mythologie ist das Kostüm, stellt die Maske dar, und ohne diese Maske gastiert im Gewerbe der Geheimdienste niemand auf der Bühne.

Propaganda 2, kurz P2 genannt, eine ominöse Loge aus Italien, machte Anfang der achtziger Jahre Schlagzeilen. »Mit hinreichender Klarheit und ohne daß man allzuviel Phantasie zu Hilfe nehmen muß, ergibt sich zunächst: In unserem Land existiert eine ausgedehnte und tiefeingesessene dunkle Macht. Mehr noch: Diese Macht hätte sich nicht derart massiv ausbreiten und Wirkung entfalten können, wenn es da nicht ökonomisch-finanzielle Verbindungen auf nationaler und internationaler Ebene geben würde.« (Giuseppe D'Alema, Mitglied der italienischen Parlamentskommission »Commissione parlamentare d'inchiesta sul caso Sindona e sulle responsabilità ad esso eventualmente connesse«.)

In der Zeit der ägyptischen Pyramidenbauer kam es auf die heilsame Aufbewahrung der Mumie des heilbringenden Königs an. Der einzelne erhielt dann sein Heil von der Pyramide, dem weiterlebenden Mythos.

Was versteckt sich also hinter dem Mythos, daß es eine heimliche Nebenregierung nicht nur in Italien gegeben hat? Dient er lediglich der Propaganda? Wen interessiert also, zehn Jahre, nachdem die Loge zumindest in der Öffentlichkeit mumifiziert wurde, wer damals begraben wurde?

»Du willst doch den Wahlbetrug bei uns von 1980 aufdecken. Dann kommst du um diese Loge nicht herum«, antwortet mir der Mythenerzähler Mr. Alias süffisant, wohl wissend, daß man mit gut konstruierten »Verschwörungstheorien« ideale Desinformationen betreiben kann.

Würden sich nicht in Italien die alarmierenden Stimmen häufen, daß die totgeglaubte Geheimloge gar nicht gestorben ist, wie allgemein vermutet wurde, daß sie lediglich kurzfristig in der Versenkung verschwand, als die Wogen der Empörung über diese Nebenregierung hochschlugen, jetzt aber wieder zu neuem Leben erwacht ist – mir wären Mr. Alias' vage Andeutungen völlig gleichgültig gewesen.

Was schließlich die Angelegenheit der Loge noch brisanter macht, ist der Tatbestand, daß einer der Köpfe der Loge P2,

Licio Gelli, über intime Verbindungen zum derzeitigen US-Präsidenten George Bush verfügen soll.

Merkwürdiges ist in der Tat geschehen. Am 13. September 1982 wurde dieser Licio Gelli, als die Machenschaften der international operierenden Verschwörerverbände aufgedeckt wurden, in einer Filiale der Schweizerischen Bankgesellschaft in Genf gefaßt. Er war gerade dabei, mehrere Millionen Franken von seinem Konto abzuheben, um sich nach Südamerika abzusetzen. Knapp ein Jahr später, im August 1983, konnte Gelli aus seinem Gefängnis entfliehen, kurz vor seiner Auslieferung an Italien. Bei einer Auslieferung hätte Gelli italienische Minister und Parlamentarier in Teufels Küche gebracht. Denn mit seinem Wissen, vor allem mit seinem Namensarchiv mit über 600 prominenten Adressen, war er zum allseits gefürchteten Zeitzünder geworden. Gelli, wohlgelitten in der High-Society der Schweiz, bei Waffenschiebern, Spekulanten, Bankiers, Mafiafamilien und Politikern, hatte genügend Gönner.

Einer lebt in Ouchy bei Lausanne. Das ehrenwerte P2-Mitglied Tassan Din residiert in einer geräumigen Villa. Tassan Din: Der Ex-Manager des Mailänder Presseriesen Rizzoli, unter anderem Herausgeber der Zeitung »Corriere della Sera«, half, 200 Milliarden Lire illegal aus Italien auf die »Banque Rothschild« in Zürich zu verschieben. Das erleichterte die Flucht aus dem Hochsicherheitstrakt. Ein kleiner Gefängniswärter soll Gelli im Alleingang aus dem Gefängnis herausgeschmuggelt haben. Der muß lange geübt haben. Zuerst brachte er ihn durch zwei Sicherheitstüren, täuschte dann die Videokameras und versteckte ihn in der Personalgarage. Stunden später chauffierte er den blinden Passagier in einem Renault durch das Haupttor der Gefängnisanstalt, in dem seit Stunden Alarm ausgelöst worden war, und brachte ihn unentdeckt über die nahe Grenze nach Frankreich. Gelli verschwand erst einmal für ein paar Jahre nach Südamerika.

Noch 1987 sucht ihn die Polizei rund um den Erdball, als wäre er Italiens Staatsfeind Nummer eins. Der Geheimbündler wurde während seiner Abwesenheit zu langen Haftstrafen verurteilt: zehn Jahre Gefängnis wegen eines Komplotts gegen den Staat (er hatte vermutlich rechtsradikale Terroristen finanziert) und weitere zehn Jahre wegen seiner Verwicklung in das Attentat auf dem Bahnhof Bologna, bei dem es im Sommer 1980 über achtzig Tote gegeben hatte. Außerdem lagen Haftbefehle wegen Steuerhinterziehung und wegen des betrügerischen Bankrotts des Mailänder Bankinstituts »Banco Ambrosiano« gegen ihn vor.

Während Gelli sich in Südamerika amüsierte, schacherten seine hochdotierten Anwälte mit den Schweizer Behörden über die Konditionen der Rückkehr von Gelli in Schweizer Haft.

Justiz nach Schweizer Art: Verbrechen jeder Art mag man begehen, ob Verschwörung gegen einen demokratischen Staat oder Geldwäsche. Wehe jedoch, das Image der Banken wird angekratzt. Wenn Gelli also, bitte schön, zurückkommt, werden die Schweizer Justizbehörden nicht umhinkönnen, ihn an Italien auszuliefern. Aber dort darf er dann nur wegen der Anklagepunkte, die mit dem Zusammenbruch der »Ambrosiano-Bank« in Verbindung standen, angeklagt werden. Wegen anderer Anklagepunkte konnte der Logenmeister von der italienischen Justiz deshalb nicht mehr belangt werden. Und so jettete der reumütige und reingewaschene Gelli 1987 freiwillig nach Genf zurück, first class. Zum Jahreswechsel 1988/89 genoß der mittlerweile von einem italienischen Gericht abgeurteilte Signore Gelli aber schon wieder Haftverschonung, gab der internationalen Presse bereitwillig Interviews und kündigte sogar seine Kandidatur für das Europaparlament an – auf der Liste der Grünen. Wenig später kehrte Gelli in seine Heimat zurück. Als Volksheld.

»Vogliamo Gelli come Presidente«, wir wollen Gelli als Präsident, klatschen ihm die Bürger auf der Piazza zu. In seinem

Wohnort Arezzo, wo Gelli seit Jahren in der Via S. Maria delle Grazie 14 in der pompösen Villa »Wanda« lebt, gilt er schon als künftiger Staatspräsident. Das mag ihn darüber hinwegtrösten, daß ihn die »verdammten Linken« seit Jahren als Staatsfeind Nummer eins bezeichnet haben. Außerdem, so wird er sich denken, muß er ja selbst nicht Staatspräsident werden. Es genügt, wenn er die Staatspräsidenten macht. Zu gut sind ja auch noch immer seine Verbindungen zu hochrangigen Politikern. Kontakte, die auf ungeheurem Herrschaftswissen aufgebaut sind. Mit diesem Wissen im Rücken konnte der gesamte italienische Staatsapparat manipuliert werden und, wie sich jetzt herauskristallisiert, kann er immer noch manipuliert werden. Weil das alles so ist, erscheint es notwendiger denn je, noch einmal die Spuren dieser Geheimbündler zu verfolgen, sich in die Pyramide zu begeben, selbst wenn vieles so unglaublich erscheint. Vielleicht lohnt es sich nachzuschauen, was aus den Mumien der Loge P2 geworden ist. Unter Umständen gibt es Erklärungsmuster für heutige Phänomene. Und man möchte schon wissen, welchen Background so manche Politiker haben, die bei uns täglich auf dem Bildschirm erscheinen, oder woher jene italienischen Medienzaren kommen, die es den Politikern ermöglichen, sich auf dem Bildschirm zu produzieren.

Was an politischen Entwicklungen in bella Italia von der bundesrepublikanischen Öffentlichkeit registriert wird, sind im wesentlichen häufig wechselnde Regierungen, die rechte Hand Gottes, der Papst, dazu eine gutorganisierte Mafia und ständig Streiks. Die innenpolitischen Eruptionen werden verharmlosend als »italienische Erscheinung« belächelt. Insofern war es eigentlich nicht verwunderlich, daß über die Existenz einer »geheimen Macht«, die Mitte 1981 in Italien zu Schlagzeilen und erbitterten politischen Auseinandersetzungen führte, bei uns niemand so recht erschreckt war. Es war eine italienische Opera buffa. Oder doch nicht?

Eindeutige Absicht der Loge P2 war die Verschwörung und Geheimbündelei gegen die bestehende italienische Verfassungsordnung, die Steuerung von Terroristen zum Zwecke der Destabilisierung des politischen Systems. Die Konservativen in Italien sollten an der Macht bleiben, die Kommunisten von den Schaltpulten der Macht ferngehalten werden.

In Rom, Mailand, Palermo und New York fanden sich genügend ehrenwerte Männer, die Teil des Ränkespiels sein wollten. Presidenti, Diplomatici, Senatori, Arma Carabinieri, Ministri, also die Creme der Gesellschaft. Sie waren wieder einmal unter ihresgleichen, fest verbunden mit Rechtsextremisten, Geheimdienstlern und Militärs, ohne daß es jemals an die Öffentlichkeit drang. Das Operationsziel war, die Bastionen einer elitären Herrschaftsclique vor dem drohenden Pöbel, in der Maske der Kommunistischen Partei, zu verteidigen. Eine einfache Erklärung, nichtsdestotrotz der politische Hintergrund für das Wirken der Logenbrüder.

Licio Gelli, heute 62jährig, der Kopf dieser Loge, hatte schon eine bewegte faschistische Vergangenheit hinter sich, als er sich 1963 als Freimaurer einschrieb und 1966 in die Geheimloge P2 eintrat. Seitdem arbeitete er verbissen daran, die wichtigsten Leute des Establishments, vor allem aus dem militärischen und geheimdienstlichen Bereich, in seine Loge aufzunehmen.

Drei Aspekte sind charakteristisch für die Tätigkeit Gellis: die Benutzung der Loge als Instrument zur Beschaffung von Informationen und Dossiers aus allen möglichen Bereichen, um so seine Macht durch Druck und Erpressung zu mehren. Ein besonders wichtiger Coup gelang ihm dabei mit der Anwerbung des Generals Allavena, der sich 1967 einschrieb und als Einstandsgeschenk einige der wichtigsten Akten des italienischen Geheimdienstes über herausragende Leute des politisch-administrativen Bereichs mitbrachte. Durch den Einblick in die Dossiers der Geheimdienste, in denen viel Belastendes aus der Privatsphäre über die ausspionierten Männer und Frauen der italienischen Gesellschaft zu finden war, verfügten die Logenbrüder über ein wichtiges Instrument, um Politiker, Militärs und Unternehmer zu korrumpieren und zu erpressen.

Der Palazzo – die Regierung – legte die Macht schließlich in die Hände der Verschwörer. Die Bauern – das Volk – erstarrten vor dem, was sich entgegen allen demokratischen Prinzipien der Machtkontrolle entwickelt hatte.

Gellis Aufstieg ging kometenhaft weiter. In Argentinien wurde er unter Diktator Perón zum Berater für Kommerzangelegenheiten in der argentinischen Botschaft in Rom ernannt und damit wichtigster Vermittler des argentinisch-italienischen Handels, auch mit Waffen. Im Waffenhandel finden sich bekanntermaßen eine Menge von P2-Leuten. Zum Beispiel jener Geheimnisvolle, der einst mit Mr. Alias im New Yorker Gefängnis die Zelle teilte, Francesco Pazienza, der zusammen mit dem Topwaffenhändler Adnan Kashoggi riesige Waffengeschäfte managte. Zielort Iran.

Schon am 2. August 1980 meldete das Londoner Montagsmagazin »The Middle East«, daß der Iran Waffen aus Israel erhalten hatte. Vermittelt hatte das Riesengeschäft die Schweizer Firma »Draycott Trading and Finance Ltd.«, deren Inhaber mit der Loge in engem Kontakt standen. Bereits im Mai 1981 traf sich der iranische Chefunterhändler Sadegh Tabatabai, Schwiegersohn des Ayatollah Khomeini, mit einem Mann namens Steffano della Chia. Sie wurden schnell handelseinig. Israel erhält vom Iran Erdöl, weit unter dem Weltmarktpreis, und Israel liefert Panzer und andere Waffenteile in den Iran. Damals ahnte niemand, daß hinter diesen Waffengeschäften die gerade neu gewählte Regierung Reagan stand. Dieser Steffano della Chia ist eine schillernde Figur: Rechtsextremist, Waffenhändler, einschlägig bekannter Terrorist und Mitglied der Loge P2. Einer der Vollstrecker der Loge.

Ein Sturm der Entrüstung fegte über das Land, als die Loge 1981 aufflog. Im Parlament in Rom wurde eilig ein Untersuchungsausschuß ins Leben gerufen. Er sollte die Machenschaften der Logenbrüder aufdecken. Als die Parlamentarier Tausende von Dokumenten ausgewertet hatten, alle Unterlagen hatte der Untersuchungsausschuß nie erhalten, fielen ihnen trotzdem prominente Namen auf und Hinweise, wohin die Loge steuern wollte: »Es gibt Verbindungen des Chefs der Loge, Licio Gellis, nach Südamerika, besonders nach Argentinien, Peru und Uruguay. Es ist bewiesen, daß die Angehörigen der Loge Waffen geschmuggelt haben, und zwar organisiert von Logenbrüdern, die zur gleichen Zeit Armeeangehörige waren. Es ist klar, daß die finanziellen Transaktionen der Loge über eine Bank, die Privatbank ›Banco Ambrosiano‹, gingen. Die Loge P2 ist ein Kommunikationszentrum zwischen Geheimdiensten, Rechtsextremisten, führenden Christdemokraten und der Mafia gewesen.«

Aber vieles, was an Erkenntnissen dort zusammengetragen wurde, fehlt. Die eigenen Parteibrüder, ob Sozialdemokraten oder Christdemokraten, wollten ihre prominenten Logenbrüder verschonen. Ein Abgeordneter des Ausschusses: »Es gibt jetzt erschreckende Vorgänge, beispielsweise, daß Material, Akten und Vorgänge monatelang bei der Staatsanwaltschaft in Rom verschwunden sind. Und zwar bei derjenigen Staatsanwaltschaft, die selbst in dieser Logen-Angelegenheit betroffen ist. So gibt es ein Dossier, in dem sehr viel prominente Leute erwähnt sind, die mit der Loge P2 zusammengearbeitet haben. Es geht dabei um großangelegten Devisen- und Ölschmuggel. Darüber hinaus gab es Aufzeichnungen der NATO über diese Verbindungen, besonders, was Waffengeschäfte angeht. Auch sie waren bei der Staatsanwaltschaft über Jahre hinweg verschwunden. Schließlich wurden sie dann zum Staatsgeheimnis erklärt.« Die veröffentlichte Liste der P2-Glaubensbrüder ist denn auch mit entsprechend illustren Namen besetzt. Hochdekorierte Militärs, die bewaffneten Stützen der abendländischen Gesellschaft, unterzogen sich dem Ritual des Geheimbundes, wie zum Beispiel der Chef des Generalstabs der Streitkräfte, Admiral Giovanni Torrisi.

Mit dabei die Mythenmacher, die Spitzen der italienischen Geheimdiente, jene, die die Gesellschaft eigentlich schützen sollen: der Chef des Carabinierigeheimdienstes; der Koordinator aller italienischen Geheimdienste; der frühere Geheimdienstchef, der heute noch als Abgeordneter der neofaschistischen italienischen MSI im Parlament sitzt.

Nicht weniger einflußreich waren die Politiker in diesem Verschwörerbund: Staatssekretäre, Minister, hochrangige Christdemokraten, Sozialdemokraten und Republikaner bis hin zum damaligen Chef der Sozialdemokratischen Partei, Pietro Longo. Illegale Finanztransaktionen, damit bauten sich die Logenbrüder nicht nur ein Imperium auf, sondern damit kauften sie sich Politiker ihrer Wahl. Die Anklageschrift gegen einen der Bankiers der Loge, den berüchtigten Mafia-Banker Sindona, enthält beispielsweise 99 Punkte. Die zentralen Vorwürfe gegen ihn: Plünderung von Banken und Geldwäsche für die sizilianische Mafia. Trotzdem oder gerade deshalb setzten sich mächtige Fürsprecher für ihn ein, als es mit ihm zu Ende ging. Dazu gehörte auch Carmelo Spagnuolo, Senatsvorsitzender am Obersten Gerichtshof Italiens, ein Mitglied der P2. Der ehrenwerte Richter, der bei Sindona in der Schweiz ein Nummernkonto hatte, meinte:

»Sindona wird in Italien politisch verfolgt, und keineswegs ist er schuldig.« Bereits am 12. Oktober 1964 hatte der durch Vatikan-Referenzen inzwischen zum Bankier aufgestiegene Sindona, ein ehemaliger Steuergehilfe aus Sizilien, an einem Gipfeltreffen sizilianischer und amerikanischer Mafiosi im »Palmen-Hotel« in Palermo teilgenommen. Wichtigster Punkt der Tagesordnung war die Frage, wie man Heroin in Dollars verwandeln kann. In den folgenden Jahren baute die Mafia ihr Drogennetzwerk auf, Sindona seine Bankgeschäfte. Anfang der siebziger Jahre war soviel Geld auf Sindonas Bank, daß es notwendig erschien, es in andere Länder zu transferieren, um es dort anzulegen. Die kleine »Finabank« in Genf war eine der von der Mafia auserwählten Banken. Eine Bank, an der der Vatikan mit 49 Prozent der Anteile beteiligt war. Während die Gewinne aus dem Drogenhandel die finanzielle Basis für Sindonas Aufstieg gewesen waren, verhalf ihm die Gönnerschaft des Vatikan zu internationalem Ansehen. Dabei waren die Geschäfte Sindonas mit den päpstlichen Finanzstrategen durchweg illegaler Natur. Um die strengen italienischen Devisenbestimmungen zu umgehen, bedienten sich die Vatikanbanker Sindonas, der das von ihnen verwaltete Vermögen im Ausland anzulegen hatte. 120 Millionen Dollar aus den mit Myrrhe und Weihrauch geweihten vatikanischen Kassen schaffte Sindona ins Ausland. Der Chef der Vatikanbank, Paul Marcinkus, war nicht nur eingeweiht, er kassierte für seine Mitwirkung Provisionen in Höhe von drei Millionen Dollar. Ob der Vatikanbanker das für die in Armut Lebenden angelegt hatte?

Fehlinvestitionen und die Dollarkrise machten den Maklern Mitte der siebziger Jahre einen Strich durch die profitablen Geschäfte. Um die ständig größer werdenden Löcher in der Kapitaldecke zu stopfen, plünderte Sindona die Konten seiner Bankkunden und schaffte davon 170 Millionen Dollar auf ein Privatkonto in der Schweiz. Ein Bankrotteur, Mafioso und Betrüger also, auch ein hochgeachteter Mann der italienischen Gesellschaft.

Als Sindonas Verhaftung in Italien bevorstand, verschaffte ihm der italienische Geheimdienst-Oberst Antonio Viezzer, P2-Mitglied, einen falschen Paß, mit dem er erst nach Taipeh und dann nach New York flüchtete. Derweil versuchten seine Freunde in Italien, vor allem der heutige Ministerpräsident Giulio Andreotti, den drohenden Konkurs des Banksystems abzuwehren. Vergebens. Sindona wurde schließlich von den USA an Italien ausgeliefert, drohte jedoch an, wenn er nicht freikommen würde, käme einiges in der Regierung ins Wanken. An seinen Freund Andreotti schrieb er gar, daß er die Sicherheit und die USA betreffenden Staatsgeheimnisse verraten werde, wenn ihm der christdemokratische Politiker nicht aus der Klemme helfe. Wie in einem banalen Krimi endete er deshalb: In seinem Gefängnis nahm er eines Morgens ein Frühstück zu sich, das er nicht überlebte. Wer das Gift in den Kaffee tat, ist bislang nicht aufgeklärt – wird auch nie mehr aufgeklärt werden.

Der Herr Ministerpräsident und die Verschwörer

Vielleicht wäre noch mehr herausgekommen, als daß Sindona in der Schweiz zwei Finanzgesellschaften gegründet hatte, über deren Einlagen Verwaltungssekretäre der Christdemokraten frei verfügen durften. »Von diesen Konten flossen monatlich 15 Millionen Lire an die italienischen Christdemokraten«, sagt Massimo Teodori, Mitglied des P2-Untersuchungsausschusses. Sindona »kaufte die Spitzen der italienischen Christdemokraten«, so der Untersuchungsausschuß. Sindona soll Andreotti 700 000 und 840 000 Mark überwiesen haben, als Gegenleistung für eine »Beratertätigkeit«, die der Politiker dem Mafia-Banker leistete. Andreotti will heute, in der Pose des Staatsmanns, den Brief vergessen machen, den ihm Sindonas Schwiegersohn, Piersandro Magnoni, am 8. Oktober 1973 schrieb. »Nach Ihren Vorschlägen, welche Strategie unsere Gruppe in Italien verfolgen sollte, sehe ich in Ihnen einen aufrechten und hervorragenden Experten, mit dem von Mal zu Mal die wichtigsten Entscheidungen unserer Gruppe abgestimmt werden können.«
Was den Fall so auszeichnet, ist die Protektion auf höchster Ebene.

»Sie, Andreotti«, klagt der Abgeordnete Teodori, »werden wiederholt zur Rede gestellt, wegen der über fünf Jahre dauernden Kontakte zu den Kreisen um Sindona sowie wegen der Beziehungen zu zweifelhaften, der italo-amerikanischen Mafia nahestehenden Personen.«

Orientiert man sich an der Aktenlage des Ausschusses, verfügte Andreotti über beste Beziehungen zu den führenden Mitgliedern der Loge.

Andreotti ist bekanntlich nicht irgendein Provinzler aus der Po-Ebene, sondern war Vorsitzender der italienischen Christdemokraten, zeitweise Außenminister und ist nun italienischer Ministerpräsident geworden. Schlimmes durfte der Abgeordnete Massimo Teodori über diesen Top-Politiker trotzdem behaupten, ohne daß Andreotti etwas dagegen unternommen hätte: »Er war nicht nur ein Bewunderer und Freund des Mafia-Bankers zu Zeiten seines Glanzes, sondern Gesprächspartner des Bankrotteurs, nachdem dieser polizeilich gesucht wurde. Er war eng verflochten mit der Vatikanbank und großen italienischen Banken, einschließlich der sizilianisch-amerikanischen Mafia-Finanz.«

Die rechte Hand Sindonas, Bordoni, bezeichnete Andreotti gar als einen der wichtigsten Männer der Loge, und der Publizist Sergio Turone klagt in seinem Buch »Corrotti e corruttori« (»Korrupte und Korrumpierer«) den heutigen Ministerpräsidenten »als den Dreh- und Angelpunkt des korrupten und von mysteriösen Leichen übersäten Italiens« an.

»Die große Hyäne, die Italien in Blut tränkt, ist weiterhin bereit zuzuschnappen, heute und morgen auf tausend Arten. Und es sind noch immer viele, die so tun, als würden sie nichts sehen.« So der Sohn des ermordeten Mafia-Bekämpfers Dalla Chiesa.

Vielleicht hat Nana Dalla Chiesa dabei den Vorgang im Kopf gehabt, daß die Regierungsmehrheit (Christdemokraten, Sozialisten, Sozialdemokraten, Republikaner und Liberale) sich im

November 1984 weigerte, der Staatsanwaltschaft Turin freie Hand für Ermittlungen gegen den amtierenden Außenminister Andreotti wegen »Verdachts der Bestechlichkeit im Zusammenhang mit P2-Aktivitäten« zu geben.

Gerade in den Jahren von 1976 bis 1979, als in Italien von der »nationalen Einheit« geredet wurde, der Zusammenarbeit zwischen Christdemokraten und Kommunisten, wuchs der politische Einfluß der Loge. Während damals im Parlament der Opposition jegliche Kontrolle der Regierungsarbeit unmöglich gemacht wurde, stellte sich Andreotti als der große Konstrukteur des Kompromisses, als Bollwerk für ein Machtsystem heraus, das hinter den Kulissen der nationalen Einheit stand. Das durfte es nämlich nicht geben. Und die Loge kämpfte mit allen Mitteln, damit die Christdemokraten die Regierenden blieben.

Die Logenbrüder im Kaschmirmantel hatten Großes im Sinn. Sie wollten mit ihren geschmierten Verbindungen bis zu höchsten Stellen innerhalb des Staatsapparates vordringen, demokratische Strukturen abbauen, jeglichen weiteren demokratischen Fortschritt in Italien blockieren, den Palazzo gegen das Eindringen des »Pöbels« verbarrikadieren. Emrin Gildo Benedetto, ehemaliges P2-Mitglied, tönte vor einem Gericht in Bologna: »Ich bin davon überzeugt, daß die Verfassungsstruktur verändert werden muß, um die parlamentarische Republik Italien zu einer Präsidialrepublik umzuwandeln.« Alle Macht dem von Gelli abhängigen Präsidenten.

Die aufgedeckten Beziehungsgeflechte dienten gottlob nicht unbedingt schnöder individueller Bereicherung. Vielmehr sollten jene politischen Bewegungen finanziert und gesteuert werden, die dafür sorgten, daß das »demokratische System nicht weiterwucher t«, wie es der Vatikanbanker Kardinal Marcinkus formulierte. Kardinal Marcinkus unterhielt ansonsten zu der Mafia gute Geschäftsbeziehungen. Die ist ja auch eine ehrenwerte Gesellschaft.

In der Tat war es grandios, mit welcher Ranküne die Logenbrüder Geschäft und Politik kombinierten, um die bestehende Verfassung aus den Angeln zu heben. Während auf der einen Seite besonders christdemokratische Volksvertreter die Wähler mit bestechender Rhetorik von demokratischer Erneuerung, Gerechtigkeit und Freiheit überzeugten, verzogen sie sich auf der anderen Seite in die Logenzimmer, um der endgültigen Machtübernahme entgegenzufiebern. Dafür mag es viele Gründe geben: Subjektive neurotische Allmachtsallüren spielen sicher keine untergeordnete Rolle. Die mußten aber in ein ideologisches Konzept hineinpassen. Und das war die Befürchtung, daß Kommunisten (die DCI) an der Regierung beteiligt werden könnten.

Die Christdemokraten scheuten sich daher nicht, die Mafia in ihre Strategie einzubinden.

Immer, wenn italienische Richter oder Staatsanwälte sich in die Krake Mafia, diesem Moloch von organisierter Kriminalität und politischer Patronage, eingearbeitet hatten, sie also kurz davor standen loszuschlagen, verfingen sie sich in den Fangarmen dieser Krake. Sie wurden kurzerhand liquidiert. Eine breite Blutspur ermordeter Polizisten, Staatsanwälte und Richter, die nicht korrumpierbar waren, weist den Weg zur Loge hin.

Ein wohlbekanntes Beispiel dafür ist das Schicksal des Präfekten von Palermo, General Alberto Dalla Chiesas, mit großen Worten aus Rom als »der« Kämpfer gegen die organisierte Kriminalität in den Süden versetzt. Chiesa kämpfte in der Tat und drang dabei tief in die Beziehungen zwischen Mafia und christdemokratischen Politikern ein – zu tief.

»Es war also ein expliziter Konflikt, in dem die alten Spielregeln in schneller Folge zerstört wurden. Angesichts dieses Konflikts hat sich der Staat, der reale Staat, zurückgezogen – Gefangener und Komplize nach den Regeln der Politik. Zunächst bot er Unterstützung; dann, unter Druck und zur Entscheidung gezwungen, wählte er die Mafia.« (Nando Dalla Chiesa, Der Palazzo und die Mafia, Köln 1985, S. 81)

Werner Raith, in der Nähe Roms lebender Publizist, gilt als bester Kenner der Mafia-Szenerie mit ihren Kanälen bis in die hohe Politik hinein.

»Schon in der Nachkriegszeit standen römische Minister und Staatssekretäre im Mafia-Verdacht oder im Ruf der Mafia-Begünstigten. Etwa Mario Scelba, zeitweise Landwirtschafts- und Innenminister und Ministerpräsident. Oder auch Bernardo Matarella, der im Verkehrsministerium arbeitete. Der ehemalige Bürgermeister Palermos und derzeitige Europaabgeordnete Salvo Lima war ebenso wie sein Nachfolger Dauerkunde in den Dossiers der Loge, und manchem Spitzenchristdemokraten durfte man sogar mit gerichtlicher Erlaubnis nachsagen, daß er Mafioso sei. Der römische Minister Ruffini, Neffe des früheres Kardinals von Palermo, wurde gar als Gast bei Mafia-Banketts ertappt.«

Fünf Monate nach seiner Ernennung zum Präfekten wollte Dalla Chiesa mit seinen Erkenntnissen an die Öffentlichkeit gehen. Es ist der 3. September 1982.

In seiner Wohnung kommen während des Tages merkwürdige Telefonanrufe an. Einer gibt sich als Journalist aus, der andere als Carabinieri-Major. Wenig später unterbrechen sie die Verbindung. Dalla Chiesas Ehefrau Emanuela holt ihren Mann von der Präfektur ab, gemeinsam steigen sie in einen hellen Autobianchi A 112.

Wie immer wird die Fahrtroute geändert.

Dalla Chiesa hat den Kleinwagen gewählt, weil er damit rechnete, daß er in einem gepanzerten Auto ebenso ungesichert wäre. Er wußte sehr genau, daß die Mafia auch panzerbrechende Waffen einsetzen kann.

In der Via Carini in Palermo wartet das Killerkommando auf ihn. Von unzähligen Schüssen getroffen, verbluten er, seine Frau und sein Leibwächter auf dem Pflaster der Stadt, die sie aus den Klauen der Mafia befreien wollten. Das Ritual folgt, bestehend aus Trauerreden und dem Versprechen, nun erst recht die Mafia zu bekämpfen.

Vieles spricht heute dafür, daß es sich damals nicht um einen Mord mit ausschließlich kriminellem Motiv handelte, weil die Mafia entscheidende Schläge gegen sich abwehren wollte, sondern daß es ein politisches Attentat war.

Nicht nur mit logistischer Hilfe der Mafia waren Drogen- und Waffengeschäfte der Logenbrüder weltweit organisiert. Gelli brachte für die Franzosen das Raketengeschäft mit den diktatorisch regierenden Generälen in Argentinien während des Falkland-Krieges zustande. Ein anderes P2-Mitglied, Viktor Emanuel, war im Waffengeschäft mit dem Iran kein Unbekannter.

All das konnte der parlamentarische Untersuchungsausschuß in Rom herausfinden. Er hat natürlich auch einen Abschlußbericht vorgelegt. Ein Fazit ist demnach unumstößlich:

Die P2 ist wie die Mafia eine Machtorganisation, die über eine De-facto-Legitimierung im Rahmen des Staatskörpers verfügt. Im Gegensatz zum Terrorismus ist sie jedoch kein dem Staat und den Institutionen fremder Feind, im Gegenteil. Sie durchsetzt und durchdringt ihn und dessen strategischen Entscheidungen. Daß der Bund der Geheimbündler aufflog, verdankt er einem Bankskandal. Der Bankier der Loge P2 Roberto Calvi war gleichzeitig Präsident der »Banco Ambrosiano« in Mailand. Die »Banco Ambrosiano« wurde »von Anfang an als Bollwerk gegen den Ansturm der laizistischen Hochfinanz auf die Klingelbeutel der Kleriker errichtet«. (Die Zeit, 30. Juli 1982) Bis vor wenigen Jahren mußten Aktionäre der Bank einen katholischen Taufschein und eine Bestätigung über gute Führung von ihrem Pfarrer vorlegen. Das Kapital der heiligen Bank hielten über Jahrzehnte so ehrwürdige kirchliche Einrichtungen wie das Pontifikal-Institut für die Äußere Mission, das Institut der Töchter vom Heiligen Herzen Jesu, die Vatikanbank. Schließlich gesellten sich die Mafia und die Loge P2 hinzu – die Familie war wieder zusammen. Calvi, der in den siebziger Jahren besonders aktiv in Südamerika war, wurde dort dem Logenchef Gelli vorgestellt. Gelli, ziemlich inkompetent in Finanzstrategien, hatte bislang in solchen Dingen ein anderes P2-Mitglied benutzt, Ortolani. Der jedoch war in Finanzierungs- und Bankaktivitäten auch nicht sonderlich bewandert. Mafia- und Vatikanbanker Michele Sindona: »Ortolani kam mit einem Haufen von Vorschlägen für die Schaffung eines neuen Finanzierungszentrums der ›Ambrosiano‹ daher; ich konnte aber schon den Grundideen nicht zustimmen. Gelli wiederum hatte eine politische Einstellung. Sie begannen mit dem Kauf einer Zeitung in Argentinien..., weil sie Calvi davon überzeugt hatten, daß, wenn er die ›Banco Ambrosiano‹ in Südamerika einführen wollte, die Unterstützung durch die Presse nötig sei. Calvi hatte mit Reklame wenig im Sinn, er fürchtete sich vor den Massenmedien gewaltig...; da Ortolani und Gelli aber die Presse beeinflussen konnten, vertraute er ihnen diese Tätigkeit an.«

Wie üblich gründete Calvi im Ausland und vor allem in Südamerika eine Vielzahl von Bankinstituten. »Ein Teil des Geldes«, klärte Sindona auf, »wurde für Presseinitiativen verwendet, für Zeitungen. Ein Teil ging an Gesellschaften, an denen direkt oder indirekt Führungspersonen der nationalen Regierungen in Südamerika beteiligt waren. Das Geld wurde direkt an die militärischen Führer überwiesen.«

Immer mehr Kapital wurde von der »Banco Ambrosiano« ins Ausland transferiert, in die Steuerparadiese Argentinien, Peru und Panama. Dort ging es nicht nur um ideale Steuerverstecke, sondern in erster Linie um die Unterstützung von Diktaturen und Militärs.

Plötzlich war die »Banco Ambrosiano« jedoch pleite, nachdem durch Finanzspekulationen Millionenbeträge auf dubiose

Schweizer und andere Banken transferiert worden waren. Italienische Journalisten sprechen von etwa 500 Millionen Dollar, die Calvi noch kurz vor seinem Tod auf Konten der Schweizerischen Bankengesellschaft in Sicherheit gebracht hatte.

Im Juni 1982, unmittelbar vor dem Kollaps der renommierten Mailänder Bank, tauchte Calvi vorsichtshalber ab. Grund hatte er. Schließlich werden häufig selbst beste Freunde zu Feinden, wenn es ums Geld geht. Besonders dann, wenn das große Ziel der Loge, durch undurchsichtige Manipulationen eine Bank total in den Besitz zu bekommen, durch Unachtsamkeiten bei finanziellen Transaktionen in weite Ferne gerückt ist. Calvi flüchtete nach Österreich und telefonierte am 12. Juni von Klagenfurt aus mit seiner Ehefrau in Los Angeles:

»Es geht mir gut. Ich bin bei Freunden, seid ruhig. Ich bin nicht aus Italien geflohen und werde in kurzer Zeit nach Mailand zurückkehren, nachdem ich einige Probleme gelöst habe.« (Panorama, Rom, 5. 7. 1982)

Wenige Stunden nach dem Gespräch fuhr er nach Wien und kassierte dort 18 Millionen Dollar. Mit diesem Polster reiste er dorthin, wo viel schmutziges Geld besonders gern gesehen wird, in der Schweiz, und traf sich mit prominenten Waffenhändlern, den Gebrüdern Kunz, am Genfer See. Der Aufenthalt bei den Logenbrüdern war nur kurz. Die Waffenhändler mieteten für ihn ein Privatflugzeug, das ihn am 14. Juni in London absetzte. Calvi war immer noch guter Dinge, obwohl er wahrscheinlich schon zum Tode verurteilt war. Enttäuscht, die erwartete Hilfe nicht zu erhalten, muß er sich in verschiedenen Telefongesprächen ziemlich heftig seinen bisherigen Geschäftspartnern, der Mafia, dem Vatikan und der Loge P2, gegenüber geäußert und angekündigt haben, daß Enthüllungen zu erwarten seien, wenn ihm nicht geholfen würde.

Normalerweise hätte, was Calvis Wissen und die daraus resultierenden Folgen angeht, Calvis persönliche Sekretärin etwas sagen können. Aber die war am 17. Juni, als Calvi sie telefonisch erreichen wollte, aus dem Fenster der »Banco Ambrosiano« gefallen und drei Etagen weiter unten gelandet – tot.

Einen Tag später kam für Calvis Probleme unerwartet Hilfe.

Am 18. Juni 1982 wurde er, unter einer Londoner Brücke baumelnd, erhängt aufgefunden.

Mit »Selbstmord«, schließt die offizielle Todesursachenerklärung den Fall ab.

»Die Loge P2 und führende Christdemokraten sind für den Tod meines Mannes verantwortlich«, hält Calvis Witwe dagegen.

Terrorismus, Putschversuche, die Eliminierung von Schlüsselpersonen aus Politik, Polizei und die Unterwanderung von Institutionen um jeden Preis, die geheime Gesellschaft weiß sich zu wehren.

In einer Parlamentssitzung vom 2. Juli 1982 betonte der Abgeordnete Pietro Ingrao, daß »die Affäre Calvi nicht ein privater Kriminalroman und die Nummer eins der vielen Bankskandale ist: Es handelt sich um etwas anderes. Es ist die eindrucksvolle Bestätigung dafür, daß dunkle Mächte, unsichtbare Regierungen walten; daß diese Mächte eng mit den Abenteuern mächtiger und großer privater Finanzgruppen von internationalen Dimensionen verflochten sind und daß sich diese in massiver Weise politischer Protektion oder der Zerstückelung des Staates bedienen.«

Spuren zum Wahlbetrug?

Geschichtsträchtig sind auch die Verflechtungen zwischen amerikanischen Würdenträgern und der Loge P2.

Zehn Millionen Dollar transferierte die CIA allein im Jahr 1972 nach Italien, und später flossen weitere Millionen Dollar, um die Kampagnen antikommunistischer Kandidaten und Parteien zu unterstützen.

Am 3. Juni 1976 meldete die US-Zeitschrift »The Nation«, daß aus dem »Pike Report« des »House Select Committee of Intelligence« hervorgehe, »daß die CIA Millionenbeträge an italienische Zentrumspolitiker geschickt habe. Teile der Zahlungen der CIA nach Italien sollten einen Staatsputsch im Dezember 1979 finanzieren. Andere Zahlungen gingen an die Mitglieder der Nachrichtendienste von Italien, um durch Bombenattentate das politische System zu destabilisieren, damit die Italiener bei Wahlen rechte Politiker wählen.«

Denn die US-Administration war von dem Glauben besessen, daß bei einer Beteiligung der Kommunisten an der Regierungsmacht ähnliche Zustände wie in Chile zu Allendes Zeiten zu erwarten seien. Es war die Graue Eminenz der amerikanischen Fast-food-Politik, Henry Kissinger, die immer wieder Parallelen zwischen Allendes Wahlsieg und einer eventuellen kommunistischen Regierungsbeteiligung in Italien zog. Kissinger, inzwischen hochdotierter Redenschreiber und Kommentator, war Sicherheitsberater von Präsident Nixon, danach Außenminister, und er hatte die gleiche Position unter Präsident Ford inne.

»Ich war davon überzeugt«, schreibt er in seinen Memoiren, »daß es ohne Gleichgewicht keinen Frieden und ohne Beschränkung keine Gerechtigkeit gibt. Ich war aber ebensosehr davon überzeugt, daß keine Nation sich ihren Möglichkeiten stellen oder sie erkennen kann, wenn sie nicht über einen moralischen Kompaß verfügt, nach dem sie ihren Kurs durch die Zwiespältigkeiten der Realität steuern kann. Erst dann bekommen die zu erbringenden Opfer einen Sinn ... ohne eine Philosophie fehlen jeder Politik die Maßstäbe, aber ohne die Bereitschaft, ins Dunkel zu blicken und ein paar unsichere Schritte in die Zukunft zu tun, würde die Menschheit den Zustand des Friedens nicht kennen.«

Wen wundert's da, daß dieser führende amerikanische Stratege auch Mitglied der Loge gewesen sein soll. Die italienische Justiz jedenfalls verfügt über Zeugenaussagen, wonach Kissinger Mitglied der Loge »Comite Monte Carlo« sei. Diese Loge wurde von Licio Gelli gegründet. Zu der Zeit, als Kissinger Berater des Nationalen Sicherheitsrates war, sollen dann eine Reihe von geheimen Treffen durchgeführt worden sein, um die Loge P2 auf die neuen Aufgaben vorzubereiten, die unter dem Begriff der »Strategie der Spannung« in die jüngere italienische Geschichte eingegangen sind.

Es waren auch politische Ziele, um derentwillen sich Gelli und Sindona in den USA eben jenen republikanischen, besonders erzkonservativen Kreisen anschlossen, die den reaktionärsten Antikommunismus repräsentieren. Gelli verband sich bekanntermaßen mit dem Umfeld Nixons und daher auch mit dem Reagans; mit diesem fühlt er sich wohl noch enger verwandt. Zusammen mit Sindona unterhielt er intensive Beziehungen zu jenem Teil der Italo-Amerikaner, der diesen beiden Präsidenten besonders nahesteht. Von wegen Mafia-Banker Sindona: »Die bedeutsamsten Beziehungen Sindonas zur politischen Welt in Amerika waren die zu John Connally und David Kennedy;

beide waren Finanzminister unter Nixon, und sie führten den sizilianischen Bankier in die Umgebung des Präsidenten ein. Connally war darüber hinaus auch noch Präsidentenberater für Geheimdienste, was die bedeutende Rolle, die er ständig in der italienischen Politik gespielt hat, noch unterstreicht. David Kennedy wiederum war auch Finanzberater des Vatikans in den USA, wurde sogar Präsident einer der größten Finanzierungsgesellschaften Sindonas, der FASCO A.G. Als Präsident der ›Illinois Continental Bank of Chicago‹ besaß er überdies wichtige Verbindungen zur Bankenwelt Lateinamerikas.« (Giuseppe D'Alema, Der unaufhaltsame Aufstieg der Loge P2, Reinheim 1987, S. 15)

Michele Sindona führte auch P2-Großmeister Gelli bei Philip Guarino ein. Der war Direktor im »Republican National Committee« in Washington DC, dem Hauptquartier der Republikanischen Partei. Seine Aufgabe war es, dafür zu sorgen, daß die gegen den amtierenden US-Präsidenten Jimmy Carter aufgestellten Politiker Ronald Reagan und George Bush bei den kommenden Präsidentschaftswahlen, am 7. November 1980, siegen werden.

»Caro carissimo Gelli«, so Guarino in einem seiner vielen Briefe an Freund Gelli, unterstützte mit seinen Verbindungen und seinem Kapital den politischen Kreuzzug der Konservativen. Die rechten »Falken« in Washington verkörperten für die Loge P2 die Inkarnation des Gellischen Ideals. Und Gelli lobte denn auch in höchsten Tönen den Willen des Kandidaten Reagan zur weltweiten Vorherrschaft der USA, seinen aktiven Antisowjetismus, gerade im Gegensatz zur »Nachgiebigkeit Carters«. Und er hob besonders den »demokratischen Autoritarismus« der Konservativen hervor.

»Mit Reagan«, schrieb Gelli an Philip Guarino, den Freimaurer, Mafioso und bedeutenden Politiker innerhalb der Republikanischen Partei, »kehren die USA zu großer Macht zurück. Du kannst dir gar nicht meine Freude über diesen grandiosen Ausgang der Wahlen vorstellen.«

Die Reagan-Bush-Administration zeigte sich nach dem Wahlsieg im November 1980 erkenntlich, wie es sich in Bruderschaften gehört. Äußeres Merkmal: Guarino, der auch einer der wichtigsten Zeremonienmeister für die Reagan-Amtseinführungsfeier war, arrangierte es so, daß Freund Gelli einen Ehrenplatz direkt beim neuen Präsidenten Ronald Reagan erhielt. Jetzt waren die Logenbrüder am Ziel. Macht und Einfluß waren ihnen auch in den USA sicher.

Das Top-Mitglied der Loge P2, der Mafioso und frühere zweite Mann des italienischen Militärischen Nachrichtendienstes, Francesco Pazienza, wartete nicht lange, um »eine Rechnung« einzulösen, wie es Mr. Alias berichtete. Im Oktober 1980 traf er sich dazu mit einem seiner »besten Freunde«. Den kannte er schon, als er noch NATO-Oberbefehlshaber in Brüssel war: Alexander Haig, der unter Reagan Außenminister wurde.

Vielleicht eine unbedeutende Tatsache. Aber im Gesamtzusammenhang mit dem politischen Einfluß der Loge und insbesondere im Zusammenhang mit der Art und Weise, wie Reagan und Bush die Wahlen gewonnen hatten, doch ein Indiz dafür, wieweit die Loge sich auch international eingenistet hatte, wieweit sich Regierungskreise unterwandern ließen.

Die Loge P2 heute: Die Könige der Politikgestaltung haben ihre Gruft verlassen, stehen besser denn je da: Das ist der politische Skandal, dessen Tragweite gerade in Italien wieder einmal diskutiert wird. Wieder einmal.

Einige P2-Mitglieder verloren ihren Job, wie der ehemalige Chefredakteur des »Corriere della Sera«, Franco Di Bella. Nun ist er Chefberater des potenten Zeitschriftenverlages »Domus«. P2-Politiker feierten nach einer Phase peinlicher Befragungen ebenfalls Comebacks, wie zum Beispiel Pietro Longo, P2-Mitglieds-Nr. 2223. Der ehemalige Chef der Sozialdemokraten arbeitet wieder im Vorstand seiner Partei. Der Sozialist Silvano Labriola, Mitglieds-Nr. 2066, ist Vorsitzender des Parlamentsausschusses für Verfassungsfragen, der gerade einen Entwurf für eine Präsidialregierung vorlegt, eine Regierungsform, ganz im Sinne von Gelli und seinen Logenbrüdern.

Daher ist es nicht weiter erstaunlich, wie schnell die politische Moral vor die Hunde geht, wenn man die Insignien der politischen Macht in den Händen behalten kann. Italiens Staatspräsident Francesco Cossiga, seit 1985 Staatsoberhaupt, scheint stolz darauf zu sein, mit Gelli ein brüderliches Duz-Verhältnis zu haben. Da müssen die anderen Ex-P2-Mitglieder auch nicht mehr im Hintergrund bleiben.

Anfang Januar 1990 wurde das 1979 in die Loge eingetretene P2-Mitglied Admiral Antonio Geraci, Mitglieds-Nr. 2096, zum Oberbefehlshaber der NATO-Truppen von Südeuropa berufen. Gustavo Selva, 1982 wegen seiner P2-Beteiligung als Direktor der staatlichen Rundfunkgesellschaft RAI gefeuert, ist zum Kommentator aufgestiegen.

Die Medien. Von Anfang an strebte die Loge die Manipulation der öffentlichen Meinung durch die Medien an.

Denn als »zweites Charakteristikum« der P2 (neben der geheimdienstlichen Tätigkeit) bezeichnete Giuseppe D'Alema, Mitglied der P2-Parlamentskommission, »die Nutzung der bürgerlichen Presse als weiteres Machtinstrument«.

In einem Rundschreiben vom Sommer 1973 bringt Gelli seinen Logenbrüdern zur Kenntnis, daß »in Kürze dem Centro (hinter dem sich die Loge verbarg) eine Presseagentur zur Verfügung stehen wird. Freunde, die zum Kampf gegen die bestehende Ungerechtigkeiten nützliche Nachrichten veröffentlichen wollen, werden gebeten, diese an das Centro zu senden, das sie vor einer Veröffentlichung einem dafür verantwortlichen Rat der Presseabteilung vorlegen wird.«

Das Ziel, in den siebziger Jahren angepeilt, scheint jetzt, 1990, auch im Medienbereich erreicht worden zu sein.

Bestes Beispiel ist ein Mann, der inzwischen über eine Vielzahl von Fernsehsendern und Zeitschriftenverlagen, nicht nur in Italien, verfügt. Es ist ein Unternehmen aus Mailand, dessen Namen man sich unbedingt merken sollte. Silvio Berlusconi.

Der ehemalige Bauunternehmer trat am 26. 1. 1978 in die Loge P2 ein, erhielt die Mitgliedsnummer 1816, behauptet heute, daß er das Mitgliedsbuch, das ihm unaufgefordert zugeschickt wurde, in den Papierkorb geworfen habe.

Jetzt ist er Italiens unbestrittener Medienmogul, der seine Privatsenderkette gegenwärtig europaweit ausdehnt.

Als sich der Fernsehmogul im Herbst 1989 daranmachte, auch die Herrschaft über Italiens größte Verlagsgruppe Mondadori an sich zu reißen, »da sahen viele Italiener die Meinungsfreiheit in ihrem Land bedroht«, meldete der »Spiegel« am 22. Januar 1990.

Inzwischen hat Berlusconi über vierzig Prozent der gesamten italienischen Presse in sein Imperium einverleibt. Aufgekauft wurden fast alle Zeitschriften und Zeitungen, die bislang die Regierung kritisch kommentierten. Die staatlichen wie privaten Fernseh- und Rundfunksender waren zuvor schon unter den regierenden Parteien aufgeteilt worden. Nun geht Berlusconi noch einen Schritt weiter. Er will sich in Europa breitmachen.

»Meinungsfreiheit«, klagen Journalisten der Zeitschrift »Panorama«, »gibt es dann nicht mehr, sollte der Putsch gelingen.« Gelli kann sich die Hände reiben. In seiner Villa »Wanda« triumphiert er über den Erfolg des ehemaligen Logenbruders: »Ich bin zufrieden, sehr zufrieden.«

Der Wahlbetrug

Das Umfeld

Washington DC, 28. Mai 1989. Memorial Day, Erinnerungen an tote Helden, vom amerikanischen Unabhängigkeitskrieg bis zum Vietnam-Desaster. Washington ist beflaggt. »Stars and Stripes« hängen abgeschlafft an jedem öffentlichen Gebäude, jeder Laterne, ob A-, B-, C- oder D-Street. Die Temperatur steigt auf dreißig Grad.

Am Washington-Monument, 152 Meter hoch, dem elliptischen Phallussymbol amerikanischer Potenz, lagern auf den grünen Wiesen zwischen 15. und 17. Straße die aus Pennsylvania, Virginia oder wer weiß woher hereinströmenden Touristen.

Harley-Davidson, BMW, Suzuki-Motorräder, Stars-and-Stripes-verklebt, Büffelhörner auf dem Lenker, stehen verlassen am Straßenrand. Hunderte von Ex-Soldaten und Familienangehörige treffen sich am und um das Denkmal für die Veteranen des Vietnamkrieges. Eine schwüle Hitze, sie ist zu ertragen. Dickbäuchige Amerikaner mit karierten Bermudas und rosa Hot pants machen Picknick. Cowboyhüte, Tarnanzüge, Verkrüppelte im Rollstuhl, mit Medaillen an der Brust ziehen an den geschliffenen schwarzen Granitwänden entlang. In ihnen sind in weißer Schrift die Namen von mehr als 58 000 Männern und Frauen eingraviert, die während des Vietnamkrieges gefallen sind oder heute noch vermißt werden. Wer die langen Wände nicht nach den Namen von Bekannten absuchen will, schaut in einem Nachschlageverzeichnis nach. Die Opfer sind ordentlich registriert.

Wir dagegen sind auf den Spuren jener Männer, die vor zehn Jahren antraten, Amerika groß und stark zu machen, jener Männer, denen es gelungen sein soll, damals, 1980, die Macht durch einen grandiosen Wahlbetrug an sich zu reißen.

Lautlos huschen auf der breiten Constitution Avenue, der Straße der Verfassung, schwarze Limousinen mit getönten Fensterscheiben und Vorhängen vorbei. Washington D. C., erfährt der Besucher, ist die Stadt, »in der behördliche Institutionen daran arbeiten, die Ideale unserer Gründerväter in die Wirklichkeit umzusetzen«.

Touristenströme treiben am Weißen Haus vorbei. Hinter dem grünen Metallzaun regieren die Gewinner. Die Verlierer, die draußen Erinnerungsfotos knipsen, hoffen, daß sie irgendwann einmal mitpokern dürfen: um vielleicht zu den Mächtigen gehören zu dürfen, die im White House und im Pentagon das Poker mit gezinkten Karten so perfekt beherrschen.

Zwei Mädchen, Marylin und Esther, haben die Zeichen der Zeit erkannt. Sie knipsen Erinnerungsfotos auf der Pennsylvania Avenue, Ecke 15. Straße, gegenüber dem Weißen Haus.

Ein wenig verrückt müssen die schon sein, die sich zwischen mannsgroßen Pappschildern von George Bush und Ehefrau stellen. Für vier Dollar pro Polaroid-Foto werden sie abgelichtet, sind dann mit den Bushs auf Tuchfühlung, im Polaroid-Format. Die Eltern von Marylin und Esther stehen an der 17. Straße, an einer anderen Ecke vom White House. Sie haben Ronald Reagan und Nancy auf dicke Pappe geklebt, mit Rädern, damit sie leichter weggefahren werden können. Das Geschäft läuft gut, sagt Evelyn, »mit den Bushs machen wir an guten Tagen 300 Dollars«.

Ein paar Kilometer weiter, über die Arlington-Memorial-Bridge, die den Potomac-River überquert, staut sich der Verkehr bis nach Arlington, dem Disneyland für amerikanische Patrioten.

Der Heldentummelplatz, auf dem Soldaten und Generäle erst begraben und dann geehrt wurden oder umgekehrt – gestorben für die Nation müssen sie auf jeden Fall sein. Zwischen endlosen weißen Grabsteinen, vierzig Zentimeter hoch, die wie Wellen die Hügel hinauf- und hinabgleiten, wandern Papa, Mama und Anhang. Am Nachmittag wird Dan Quayle, der Vizepräsident, eine patriotische Rede halten, »Amerika ist eine große Demokratie«. Überall quakt Sprechfunk.

Dan Quayle, Ronald Reagan oder George Bush – das sind die Männer, die als honorige Politiker gelten, denen aber eine Vergangenheit hinterherläuft, vor deren Aufklärung sich viele fürchten und deshalb lieber schweigen. Seit September 1988 versucht ein Journalist dieses Schweigen zu durchbrechen. Ihn wollen wir treffen.

Am nächsten Tag. Sunrise-Parade auf Arlington, zu Ehren der Männer des Marinekorps, die seit dem 10. November 1775 ihr Leben für Amerika geopfert haben: in Bull Run, Manila Bay, Pearl Harbor, Iwo Jima, Vietnam, Beirut, Grenada. Punkt 19 Uhr wird das Spektakel zum erstenmal in diesem Jahr zelebriert werden. Ein Schauspiel, zu dem Schulkinder und Patrioten aller Altersklassen gekarrt werden. Die Marines von den »Marine Barracks« sind da. Aufgeputzt wie eine Operettenarmee, dunkelblaue Jacken, weiße Hosen, mit kahlgeschorenen Schädeln, das Hirn ist nicht auszumachen, plattgedrückt, unter weißen Schildmützen gnädig versteckt. Exakt in einer Geraden mit der Nase, steckt auf der weißen Mütze ihr Erkennungszeichen. Eine kleine silberne Erdkugel, auf dem der amerikanische Adler thront, die Erde durchstochen von einem goldenen Anker. Die Welt gehört uns. Sie warten auf den Auftritt. Noch wird hinter den Hügeln geübt. Die Offiziere mit ihren silbernen Säbeln reißen das Schmuckstück in den Himmel, die Soldaten legen die Gewehre an und ab und wieder an.

Über allem thront das Mount-Suribachi-Denkmal. Vier in Bronze gegossene überlebensgroße Marines im dreckgrauen Kampfanzug rammen die amerikanische Fahne in die steinige Erde. Der Legende nach hißten sie, »a few good boys«, im Februar 1945 das Sternenbanner auf dem Hügel des Mount Suribachi, krönender Sieg über die Japaner. Ein Symbol für Courage. Wie vieles, so war auch das in Wirklichkeit nur eine Show. Denn das, was auf dem Denkmal nach einer Fotovorlage realistisch dargestellt sein soll, war bereits 1945 eine nachgestellte Szene für den Kriegsberichterstatter. Der war es, der die Soldaten anleitete, wie sie die Fahne aufstellen sollten, in richtigem Licht und Winkel.

Für das Ereignis ist das Denkmal mit roten Kordeln weiträumig abgesperrt. Hinter der Absperrung sitzen Familienväter mit Kindern, Frauen mit Kinderwagen: T-Shirts, Hot pants, Bermudas, Cola, Budweiser, Donuts und Hähnchenschenkel überwiegen. Immer mehr Busse fahren vor. Offiziersanwärter, weiße Hosen, dunkelblaue Jacken, die Paradeuniform der Marines, erwarten die Ehrengäste. Je mehr Orden auf der Brust baumeln, desto rot unterlaufener sind die Augen.

Kadetten bieten ihren rechts angewinkelten Arm an. Für Hosenröcke und dürre Beine, über denen Ballonröcke schlappern, mit seligem Lächeln auf dem gelifteten Gesicht. Die Ladys werden zu ihrem Ehrenplatz, numerierten Holzstühlen, geleitet, abgesperrt vom gemeinen Publikum. Bis die Sonne hinter dem Mount-Suribachi-Monument und noch viel weiter hinten, am Kapitol, untergegangen ist, Punkt 20 Uhr, wird exerziert.

Die Befehle der Offiziere klingen how, huh und whoo. Huh, whou, hahei und whoo lösen ruckartige Bewegungen von Armen, Füßen und Köpfen der Marines aus, eine Art Breakdance, roboterhaft in der Gemeinschaft, perfekt gedrillt. Klatschende Zustimmung bei Hot pants und Schwabbelbauch. Als das »Marine Drum and Bugle Corps« am Ende die Nationalhymne herausposaunt, weht andächtige Stille. Alle erheben sich von ihren Plätzen, quetschen den Kaugummi in die hinterste Mundhöhle, stellen Budweiser und Cola-Dosen auf den Rasen, schauen verklärt zu ihren Marines, legen die rechte Hand auf das Herz, Tränen fließen.

»God save America.«

Auf der 12. Straße rauscht der Verkehr, unberührt vom patriotischen Gebet. Schwitzende Jogger suchen zwischen den weißen Grabsteinen eine Lücke und hetzen weiter.

In den Büros ist wegen Memorial Feiertag, in den Geschäften wegen Memorial Business. Die Preise sind herabgesetzt.

»Memorial-Day Sale«, 35 bis 50 Prozent günstiger, Schlafzimmer im »europäischen Stil«: 235 Dollar; der »Queen Anne Dining-Room«: 1 064 Dollar.

Fährt man auf dem Highway 66 in Richtung Osten, nach Virginia hinein, biegt danach auf den Highway 123, muß man Langleys berüchtigste »Firma« erst einmal lange suchen. Wir stoßen mehrmals in Straßen vor, weil wir glauben, am richtigen Platz zu sein, dem CIA-Hauptquartier. Aber wir finden es nicht. An einem Golfplatz, wir müssen nahe dran sein, weil Metallschilder an einem hohen Zaun ständig vor dem Betreten warnen, fragen wir einen Mann, der aus seinem Chevrolet ausgestiegen ist: »Wo ist die CIA?« Endlich, nach langen Erläuterungen finden wir den Haupteingang, weitläufig abgesichert. Der Ort der Verschwörungen, wo Männer und Frauen den Schutz der amerikanischen Verfassung garantieren sollen.

So schnell wir können, drehen wir um, näher als 200 Meter wagen wir uns nicht heran. Wahrscheinlich wären wir höflich empfangen worden. Aber wie hätten wir begründen sollen, weshalb wir hier sind? Etwa um unser ästhetisches Kunstinteresse zu befriedigen? Um die neue Skulptur in der Cafeteria zu bewundern, die aufgestellt wurde? 250 000 Dollar hat der Bildhauer

Jim Samborn dafür erhalten. Nur sehen wird die Skulptur eigentlich niemand. Obwohl sie aus dem öffentlichen Budget für Kunstwerke der Regierung, also von den Steuerzahlern bezahlt wurde. Auf einer Kupferplatte hat der Künstler Verse eingeritzt. Sie sollen zwei Codes enthalten. Einer geht auf den französischen Diplomaten Blaise de Vigenère zurück und ist aus dem Jahre 1586. Der andere Vers-Code stammt von einem CIA-Kryptographen. Alles ist top-secret. Vom Künstler abgesehen, wissen nur der Präsident George Bush und der CIA-Direktor, was damit gemeint ist. Bush muß noch andere Geheimnisse wahren, dafür sorgen, daß sie nicht ans Licht der Öffentlichkeit kommen.

Seitdem versuchten ein paar Journalisten, die Hintergründe dieses Geheimnisses aufzudecken, beharrlich, fast schon verbohrt, herrscht in den Gemächern des Geheimdienstes Alarmstimmung. Ihre Telefongespräche aus dem Büro und aus ihren Wohnungen werden seit April 1989 abgehört; also auch die, die mit uns in der Bundesrepublik geführt werden. Ein Beispiel, wie die Drähte glühen, wenn wir untereinander Informationen austauschen: Am 10. Januar 1990 telefoniere ich mit dem ehemaligen bundesrepublikanischen Botschafter in Teheran, Gerhard Ritzel. Einem Diplomaten im Ruhestand, der 1980 aber eine bedeutende politische Mittlerfunktion zwischen den USA, der Bundesrepublik und dem Iran wahrnahm: in der Geiselaffäre.

Ich frage ihn, ob er etwas darüber wisse, daß damals republikanische Abgesandte im Widerspruch zur offiziellen Regierungspolitik des damaligen US-Präsidenten Jimmy Carter Verhandlungen mit Teheran geführt hatten. »Nein«, sagt er mir. »Das einzige, was ich weiß, ist, daß der heutige unsägliche Vizepräsident Dan Quayle Nebenverhandlungen geführt hat.«

Die Neuigkeit teile ich am gleichen Tag einem Freund in Washington mit, nenne auch den Namen des Informanten. »Das bestätigt nur mehr, was damals gelaufen ist«, freut er sich über die neue Information. Auch ihm ist über Geheimdienstquellen dieser Name genannt worden. Der Mann soll eine merkwürdige Rolle während der offiziellen Geiselverhandlungen im Jahre 1980 gespielt haben. »Aber frage Ritzel doch noch einmal genauer, was er über Quayles Verhandlungen damals weiß«, bittet er mich.

Dan Quayle ist jener Politiker, der selbst in den USA derart umstritten ist, daß viele sagen, wenn Bush stürzt und Quayle sein Nachfolger werden würde, wäre das ein politisches Tschernobyl. Ein Mann, der Weisheiten wie folgende von sich gibt: »Als erstes kommt die Familie. Eure Familie, meine Familie – die besteht aus der unmittelbaren Familie, einer Frau und drei Kindern, und einer größeren Familie mit Großeltern und Onkeln und Tanten. Wir alle haben unsere Familie, welche immer das auch sein mag.«

Der fundamentalistische Hardliner gebärdet sich als Verteidiger der »Freiheitskämpfer« in Nikaragua, nennt Gorbatschows Abrüstungsvorschläge »Public-Relations-Show«, und es mag nur ein Zufall sein, daß der Wahlkampfchef des zweitwichtigsten Mannes der USA, der zuvor im Bush-Wahlkampfkomitee mitgearbeitet hatte, während des letzten Wahlkampfes vom panamesischen General Noriega 359 627,17 Dollar als Berater überwiesen bekam. Als Gegenleistung kümmerte er sich um eine Verbesserung des Images des wegen Drogenhandels ins Zwielicht geratenen panamesischen Generals. Jedenfalls ist folgendes eine allgemeine Redensart in Washington: »Quayle hat angekündigt, er würde als erstes beten, sollte dem Präsidenten etwas zustoßen und er ins Weiße Haus einrücken. Oh, aber das würden wir doch dann alle tun, wir bekämen Hornhaut auf den Knien.« Quayle for President, ein Alptraum.

Wenige Tage nach dem Hinweis des Ex-Botschafters Ritzel auf die eigentümlichen Geschäfte von Quayle rufe ich deshalb erneut bei Ritzel an, frage gezielt nach Quayle. »Was, den Namen höre ich hier zum erstenmal.« Ich bin etwas verblüfft und erwidere, daß er selbst mir doch den Namen genannt hatte. »Nein, das ist unmöglich. Ich weiß von keinem Republikaner, der damals irgendwelche Nebenverhandlungen geführt hat.«

Nur ein paar Tage liegen zwischen diesen beiden so unterschiedlichen Auskünften, und dazwischen liegt vor allem die offene Telefonleitung, die abgehört worden ist.

Die Lauscher haben ihre Ohren überall. Satellitenterminals, intelligente Suchsysteme für Richtfunkstrecken, Codier-Rechner und Analysecomputer, zum Beispiel im europäischen NSA-Hauptquartier im Frankfurter Westend, verletzen ständig das Fernmeldegeheimnis. Unkontrolliert sammeln die USA alle Telefongespräche, werten sie nach Schlüsselworten aus und funken die Erkenntnisse zur National Security Agency (NSA) nach Fort Meade in Maryland.

Welchen Anruf hat der Ex-Botschafter wohl nach unserem ersten Telefongespräch erhalten, so daß er derart plötzlich seine Meinung ändert? Oder hat er sich nach dem Telefonanruf in Bonn bei gewissen Dienststellen über unser Telefongespräch ausgelassen? Gute Beziehungen dorthin hat er ja.

Nach seiner diplomatischen Mission in Teheran wurde er im Jahre 1981 Leiter der Abteilung VI im Bundeskanzleramt. Die Abteilung ist für die Koordinierung der Nachrichtendienste des Bundes zuständig.

Ist er so zurückhaltend geworden, weil es nicht nur um den Vizepräsidenten Quayle geht, sondern um das Schicksal des heutigen US-Präsidenten George Bush? Ob deshalb alles getan wird, um wichtige Informationen zu neutralisieren?

Mr. Alias hatte uns noch in Deutschland zu verstehen gegeben, daß er ein »gutes Wort« in Langley für unseren Kollegen eingelegt hatte, sonst wäre der schon längst an einem Unfall oder tragischem Selbstmord dahingeschieden. Er wäre nicht der erste gewesen.

Es geht eigentlich nur um einen Zeitraum von zwei Jahren, der als Staatsgeheimnis behandelt wird. Die Jahre 1980 und 1981. Jene Zeit, in der in den Vereinigten Staaten im November 1980 ein neuer Präsident gewählt werden und damit eine neue Epoche der amerikanischen Zeitrechnung beginnen soll. Herausforderer gegen den amtierenden US-Präsidenten, den Demokraten Jimmy Carter, sind die konservativen Republikaner Ronald Reagan (for President) und George Bush als Vize.

Das Projekt Demavand

George Bush ist heute US-Präsident. Ein Mann, der zwar schon während des Irangate-Skandals in das Kreuzfeuer der Kritik geriet, aber unbeschadet den Untersuchungen entkam. Der Hintergrund dieser Affäre, die Amerika erschütterte:
Am 3. 11. 1986 berichtete eine Beiruter Zeitung auf Grund von Informationen aus Teheran, der Sicherheitsberater des damaligen US-Präsidenten Reagan, McFarlane, sei im Sommer 1986 in den Iran gereist, um dort Gespräche über die Freilassung amerikanischer Geiseln im Libanon zu führen. Nur einen Tag später bestätigte der iranische Parlamentspräsident Rafsanjani diese Nachricht und ergänzte sie durch pikante Details: McFarlane habe eine von Reagan handsignierte Bibel, einen Revolver Marke »Colt« und einen großen Kuchen mitgebracht, um »Goodwill« und die Bereitschaft zur Kooperation zu demonstrieren. Im Laufe der nächsten Wochen kamen die Gründe des Besuches ans Tageslicht. Die USA hätten in den Jahren 1985 und 1986 dem Iran Geheimdienstmaterial, 2 008 TOW-Raketen und HAWK-Ersatzteile geliefert, im Gegenzug seien im Libanon gekidnappte US-Bürger freigekommen. Mit den iranischen Geldern für die amerikanischen Waffen aber habe man die Contras in Nikaragua finanziert. Die Öffentlichkeit empörte sich, denn die USA hatten gegen den Iran ein Waffenembargo verhängt und

die US-Verbündeten gedrängt, sich dieser Politik anzuschließen. Denn der Iran unterstütze – wie es von amerikanischer Seite hieß – den internationalen Terrorismus und sei für die Fortführung des Krieges mit dem Irak verantwortlich. Immerhin stellte später ein Untersuchungsausschuß zur Iran-Contra-Affäre 1987 fest, daß die Reagan-Administration planmäßig amerikanische Gesetze brach. Sie duldete geheime Waffenlieferungen an den Iran und subventionierte die Contras in Nikaragua aus geheimen Finanzquellen. Ohne Wissen des Kongresses. Gemanagt wurde das Ganze von einer Mannschaft internationaler Waffenhändler, koordiniert von Angehörigen des Nationalen Sicherheitsrats, von denen Oberstleutnant Oliver North der bekannteste wurde. Der Untersuchungszeitraum der Affäre wurde merkwürdigerweise auf die Zeit nach 1985 beschränkt. Aber die Frage ist:

1. Wurde mit Irangate ein viel größerer Skandal vertuscht?
2. Spielen die gleichen Personen, die schon während der Irangate-Hearings genannt wurden, nicht Jahre vorher eine Rolle in ähnlichen illegalen Operationen?
3. Gab es geheime Absprachen zwischen der Reagan-Bush-Administration und den Mullahs im Iran schon zu einer Zeit, als noch US-Präsident Jimmy Carter im Weißen Haus regierte?
4. Gab es illegale Operationen, um Reagan und Bush überhaupt erst an die Macht zu bringen, und wie sahen diese Operationen aus?
5. Welche Rolle spielte dabei der heutige US-Präsident George Bush, und welche spielte er bei dem »offiziellen Irangate«?

Zumindest, was die geheimen Waffenlieferungen in den Jahren 1985 und 1986 in den Iran betrifft, muß George Bush viel mehr gewußt haben, als bis heute bekannt ist. Ein Beteiligter packt aus. Die Aussage ist deshalb so bedeutsam, weil viele Namen, die in diesem Zusammenhang auftauchten, schon viel früher eine große Rolle gespielt haben – in dem Zeitraum, den der Irangate-Untersuchungsausschuß ausgeblendet hat, absichtlich?

An einem Apriltag im Jahr 1986 stieg ein bekannter englischer Rechtsanwalt, Sam Evans, aus dem Flugzeug auf den Bermudas, ging wie üblich zum Einwanderungsschalter, präsentierte seinen Paß. »Oh, mein Lieber«, sagte die Beamtin am Schalter, »Sie stehen auf der Stop-Liste.« Evans wird in ein Zimmer der Behörde eskortiert, wo schon vier seiner Geschäftskollegen warteten. Fünf Wochen später werden sie nach New York gebracht, verhaftet und angeklagt, zusammen mit fünf anderen Männern, »illegal Waffen in den Iran schmuggeln« zu wollen, Waffen im Wert von über zwei Milliarden Dollar.

Die Aktion wurde von einem besonders sorgfältig arbeitenden Richter angeordnet. Doch es dauerte nicht lange, da waren alle wieder frei. Der Richter konnte nicht wissen, daß die Leute, die er verhaften ließ, in höherem Auftrag gehandelt hatten und zudem über besonders gute Geheimdienstkontakte verfügten. Und so begann nach den Aussagen des Zeugen alles:

»Im Rahmen einer geschäftlichen Besprechung lernte Herr B. im September 1985 in Düsseldorf den Bergheimer Geschäftsmann Schneider kennen. Während des etwa zweistündigen Gespräches schilderten die Gesprächsteilnehmer ihre Aktivitäten, um möglicherweise Berührungspunkte für zukünftige gemeinsame Geschäfte feststellen zu können. Herr Schneider hatte ein weitgefächertes Programm (Import-Export) anzubieten, das als Schwerpunkt kraftfahrzeugbezogene Artikel aufwies.

Völlig aus dieser Produktkette heraus fiel seine Schilderung einer kürzlich akquirierten Geschäftsverbindung in Paris. Die in Frankfurt tätige und in Liechtenstein registrierte Vianar-Anstalt, vertreten durch ihre Repräsentanten B. Veillot und J. De La Roque, Ex-Oberst der US-Streitkräfte, suchte im Auftrage höchster US-Regierungsstellen einen erstklassigen Kontakt zur iranischen Regierung in Teheran. Nach Darstellung des Herrn Veillot gegenüber Herrn Schneider waren bereits mehrere Verbindungen hergestellt worden, die sich jedoch in der Folgezeit als nutzlos und wenig entwicklungsfähig erwiesen. Dem Wunsch und dem Grund der US-Kontaktaufnahme nach den Jahren, die seit der Machtübernahme durch Khomeini vergangen waren, lagen langfristige wirtschaftspolitische Überlegungen zugrunde. Es gelte sicherzustellen, daß der gewaltige aufnahmefähige und zahlungskräftige Markt Iran nach Beendigung des Golfkrieges für den Import von US-Gütern offenstehe. Man habe berechnet, daß eine fortgesetzte Abwendung des Iran von den USA und eine damit verbundene Annäherung an Ost-Exporte zur Folge habe, daß eine eventuelle späte notwendige Kurskorrektur in Richtung USA und der damit verbundenen Umstellung von Produkten und Technologien nicht vor Ablauf von 15 bis 20 Jahren zu erwarten wäre. Man sei sich darüber im klaren, daß man diesem langfristigen Ziel jedoch nur dann näher kommen könne, wenn die USA dem zur Zeit im Golfkrieg technisch und ausrüstungsmäßig unterlegenen Iran durch eine einmalige Lieferung von Rüstungsgütern assistieren würde. Da diese Lieferung zu diesem Zeitpunkt wahrscheinlich nicht die Zustimmung des Kongresses finden würde, sei ein Weg gefunden worden, diese Lieferung mittels einer PRESIDENTIAL ORDER an die Streitkräfte, von der Verantwortlichkeit der politischen auf die militärische Ebene, zu transferieren – nämlich am Kongreß vorbei.

Da zur Zeit keine offiziellen Kontakte zwischen den Regierungen in Washington und Teheran bestehen, habe man den französischen Staatsbürger B. Veillot, der bereits zuvor mehrere wichtige US-Missionen diskret durchführte, mit dieser hochpolitischen Aufgabe betraut. Herr Veillot verneinte zunächst, einen solchen Kontakt zum Iran herstellen zu können. Er berichtete jedoch während der folgenden Wochen bei mehreren Gelegenheiten vorstehende Zusammenhänge, die Mitte November 1985 über einen Geschäftskontakt in Athen zu dem Londoner Justitiar Herrn S. Evans gelangten. Der renommierte Geschäftsanwalt Evans hatte nach eigenen Angaben seit Jahren einen in London residierenden iranischen Klienten, der nicht nur ein angesehener Kaufmann und Bankier, sondern darüber hinaus der Neffe des iranischen Parlamentssprechers Rafsanjani ist: nach Khomeini die einflußreichste Persönlichkeit im Iran. Dieser Klient des Anwalts Evans war Herr Cyrus Hashemi. Herr Veillot berichtete diese Entwicklung Herrn Schneider. In den nachfolgenden zwei Wochen bezeugten sowohl die USA wie auch die iranische Seite höchstes Interesse zunächst an einem Treffen mit dem möglichen Nahziel einer vertraglichen Vereinbarung über die Lieferung von dringend im Iran benötigten Rüstungsgütern, von seiten der USA gleichzeitig bewertet als erster Schritt auf dem Wege zu einer Normalisierung der politischen Beziehungen – ein Schritt in Richtung des von den USA angepeilten Ziels einer wirtschaftlichen Öffnung des Irans für US-Güter. Während Termine und Gesprächsorte verhandelt wurden, bestand die US-Seite, vertreten durch Herrn B. Veillot, auf einem Treffen in Paris. In der Pariser US-Botschaft sollte – wie von der US-Seite vorgesehen und mehrfach erwähnt – ein möglicher Liefervertrag unterzeichnet werden. Schließlich einigte man sich auch auf Paris. Gemäß der Mitteilung von Anwalt Evans wurde Cyrus Hashemi von London aus zur iranischen Botschaft nach Bonn beordert, um vor dem Treffen in Paris eine offizielle Verhandlungsautorisation des Büros des iranischen Premierministers ausgehändigt zu bekommen.

Am 3. 12. 1985 morgens fand in Paris ein erstes Treffen statt, an dem für die Verkäuferseite Herr Veillot und auf der Käuferseite (Iran) C. Hashemi, sein Generalbevollmächtigter Samuel Evans sowie ein weiterer Iraner teilnahmen. Weitere acht bis zehn

Personen, unter anderem Herr R. Kopka (als Berater für Provisionsfragen) und Herr Bihn (als Übersetzer für den ebenfalls anwesenden Herrn Schneider), nahmen an diesem ersten oder an beiden Pariser Treffen teil. Die Verhandlungen schienen von vornherein zum Scheitern verurteilt zu sein, da alle Anwesenden wie vereinbart darauf bestanden, die US-Botschaft in Paris zur Verhandlung aufzusuchen, was Herr Veillot als unbedeutend und bei einer solchen Vielzahl von Verhandlungsteilnehmern auch als nicht opportun abtat. Nach anfänglichem großem Mißtrauen und Disharmonien traf man sich am Nachmittag des gleichen Tages nochmals im Hotel ›Raphaël‹. Herr Veillot erläuterte die offizielle Seite seines Auftrages und legte eine detaillierte Liste der Militärgüter vor, die die USA zum jetzigen Zeitpunkt für den Export in den Iran freizugeben bereit waren. Auf die Frage, welche US-Stellen oder Persönlichkeiten diesen Schritt von politischer Brisanz initiiert haben, wurden die Namen des US-Vizepräsidenten George Bush, des Senators von Oregon sowie des US-Generals Kelley genannt. Des weiteren namentlich erwähnt wurde Herr De La Roque, ein Ex-US-Oberst und Mitbegründer der Delta-Force. Letzterer leitete gemeinsam mit Herrn Veillot die Transaktion über die Firma Vianar-Anstalt. Im weiteren Verlauf des Treffens gab Veillot technische Einzelheiten der Ausrüstung sowie die Hauptkonditionen für eine Lieferung wie folgt bekannt:

1. Die USA liefern alle Güter auf Basis f. o. b. Verschiffungshafen USA.
2. Demgemäß fällt der Transport in den Verantwortungsbereich der Käufer (Iran). Herr Veillot kann jedoch, falls vom Iran gewünscht, assistieren und den Transport, zum Beispiel der Flugzeuge von der USA-Westküste, per Schiff der CCL-Line zu Lasten des Iran vermitteln. Die teilweise demontierten Flugzeuge würden im iranischen Hafen Bandar Abbas von US-Technikern (mit non American Passports) wieder zusam-

mengesetzt und einsatzbereit abgeliefert. Wie die an der Besprechung teilnehmenden iranischen Herren (Dr. Hashemi und ein namentlich nicht bekannter Air-Force-Major) wußten, so Veillot, stünden ja für die per Luftfracht zu transportierenden Güter (Antitankraketen, Helikopter etc.) Luftfrachtgesellschaften wie Aerolin Argentinas oder Air Lingus zur Verfügung.

3. Die Gesamtlieferung hat, einschließlich der gewünschten Ersatzteile, möglichst in einer Partie zu erfolgen, da nach einer solchen Transaktion für mindestens sechs Monate mit Nachlieferungen aufgrund der zu erwartenden Reaktion der arabischen Nachbarstaaten nicht gerechnet werden könne.

4. Nach einem hier in Paris zu treffenden Gentlemen's Agreement müßten die Käufer die erforderliche, noch festzulegende Kaufsumme innerhalb einer bestimmten Frist auf einem gemeinsamen Konto deponieren, wonach als nächster Schritt die offizielle Besichtigung der für den Iran bestimmten Güter zu erfolgen hat. Besichtigt würde von renommierten iranischen Offizieren, teils vorgeschlagen von Herrn Veillot.

5. Darüber hinaus besteht die US-Regierung vor Lieferung der Güter auf einer schriftlichen Erklärung des Iran, in der die Bereitschaft zur Ernennung einer Regierungsdelegation bekundet wird, die in Verhandlungen mit US-Regierungsstellen eine Normalisierung der politischen Beziehungen beider Staaten zueinander diskutieren soll.

Am 4. 12. 1985 wurde das Pariser Treffen mit der iranischen Zusage beendet, kurzfristig den gewünschten Kapitalnachweis für den Ankauf zu geben. Eine Addition der Kaufsummen für die angebotenen Rüstungsgüter belief sich auf annähernd 900 Millionen Dollar. Während der Preisbesprechungen vom 4. 12. wurde erneut von Herrn Veillot darauf hingewiesen, daß Endverbrauchsbescheinigungen nicht benötigt würden, da bei der zuvor geschilderten Konstruktion auf die Mitwirkung des US-

Kongresses verzichtet wurde. Obwohl die Herren Kopka und Bihn an den Preisabsprachen nicht teilnahmen, wurde bekannt, daß die von Veillot offerierten Preise konkurrenzlos niedrig waren. Der Grund: Es gab keine Zwischenschaltung von Händlern, sondern die Original-Herstellerpreise plus einen Kommissionsaufschlag der Anwesenden, die das Treffen beider Parteien ermöglicht hatten. Veillot hatte darüber hinaus namens seiner Auftraggeber in den USA eine Finanzierungserleichterung für einen Großteil der Kaufsumme angeboten: eine Kompensation durch Öl. Für diesen Zweck stünden Raffineriekapazitäten der US-Gesellschaften Exxon und Gulf zur Verfügung, die bekanntterweise ansonsten keine Iran-Ware akzeptierten.

Um den 7. Januar 1986 herum fand am gleichen Ort ein Treffen der Verkäufer und Käufer statt, zu dem wiederum auch die restlichen Teilnehmer des ersten Pariser Treffens anreisten. Herr Veillot, der um dieses Treffen gebeten hatte, gab den Entwicklungsstand der Transaktion wie folgt bekannt:

a. Die Terroranschläge von Wien und Rom im Dezember 1985 haben die Durchführung der Transaktion insgesamt in Frage gestellt.

b. Die iranische Käuferseite habe in Erfüllung der finanziellen Basiskonditionen einen zufriedenstellenden Kapitalnachweis über die Chemical-Bank in New York gegeben.

c. Den Bemühungen der Herren Veillot und De La Roque sei es zu danken, daß trotz der vorgenannten Terroraktivitäten eine stark reduzierte Liste der im Dezember verhandelten Artikel zur Lieferung bereitstünden. Es handelt sich hier allerdings nur um Verteidigungswaffen, für die Veillot nun täglich das letzte ›grüne Licht‹ aus Washington erwarte.

d. Eine Voraussetzung sei allerdings nunmehr, daß die Dezember-Konditionen – die Bereitschaftserklärung zur Bildung einer iranischen Verhandlungsdelegation – jetzt bereits realisiert würden und sich diese zu ernennenden Delegationen vor

einer Lieferung zu treffen sowie die gewünschten Verhandlungen zu beginnen hätten. Es sei nicht von Bedeutung, welche Gesprächsfortschritte vor der Lieferung gemacht würden
– aber ein Treffen der Delegationen hätte stattzufinden.

Im Verlauf der Gespräche verwies Dr. Hashemi auf Gespräche
mit seinen unbekannten Begleitern (vorgestellt als die Herren
›Smith‹ und ›Jones‹), die in seinem Auftrage die geplante Transaktion in den USA untersucht hätten und ihm berichtet haben,
daß diese Lieferung in den Iran unmöglich sanktioniert würde.
Herr Veillot ordnete die beiden Herren einem US-Dienst zu und
sagte, sie könnten unmöglich Zugang zu seinen Quellen haben
und äußerte gegenüber zahlreichen Anwesenden, daß diese
Wühltätigkeit sicherlich die Abwicklung nicht erleichtern
würde. (In der Tat waren Mr. Smith und Mr. Jones Agenten der
amerikanischen Zollbehörden, die völlig unabhängig von der
Geheimdienstoperation illegale Waffenlieferungen verfolgten,
d. Verf.)

Herr Veillot versicherte den Anwesenden erneut, daß dieses
Projekt vom US-Vizepräsidenten George Bush und den anderen,
im Dezember genannten Persönlichkeiten unterstützt würde
und die Durchführung bevorstünde.

Abschließend ergriff Cyrus Hashemi das Wort und fragte Veillot, ob er die Transaktion im Falle des Ausbleibens des ›grünen
Lichts‹ aus Washington auch illegal durchführen könne und
wolle. Vor allen Anwesenden sagte Veillot ganz klar, NEIN.
Nach Konferenzende erläuterte Veillot im kleineren Kreise, aber
in Gegenwart der Herren Evans, Minardos, Bihn und Benes, daß
er Gehaltsbezieher der US-Behörden sei und in keinem Falle auf
Provisionsbasis arbeiten würde. Die Anwesenheit der Herren
›Smith‹ und ›Jones‹ tangiere ihn nicht, die legale Transaktion
stehe vor der Realisierung.

Eine Woche später wurde ein weiteres Treffen in Paris vereinbart, an dem die Herren Schneider, Bihn, Veillot, Benes sowie

eine Madame Robert teilnahmen. Letztgenannte Madame Robert sowie Herr Benes hatten als französische Staatsbürger ebenfalls, offensichtlich als Vertraute des Herrn Veillot, an allen vorausgegangenen Treffen teilgenommen. Sie sind nach eigenen Angaben Verbindungsoffiziere zwischen der französischen Rüstungsindustrie, genannt wurde MATRA, und der französischen Regierung. Herr Veillot schilderte bei diesem Treffen nochmals die im wesentlichen unveränderte Lage, die insbesondere deswegen stagnierte, weil die iranische Käuferseite bislang versäumt hatte, trotz fast täglicher Mahnung eine Regierungsdelegation zu benennen. Des weiteren hatte der öffentliche Druck in den USA nach den Terrorereignissen von Rom und Wien dazu geführt, daß die US-Auftraggeber des Projektes Herrn Veillot gebeten hatten, für einige Rüstungsgegenstände zur Deckung der US-Regierung Endverbraucherbescheinigungen zu besorgen. Veillot war bemüht, diese Auflage zu erfüllen, obwohl die Hauptkondition, an der alles hing, die Benennung der Delegation war.

Nach dem Treffen erfuhr Bihn, daß auf iranischer Seite keinerlei Interesse zur Bildung einer Verhandlungsdelegation bestand, man lediglich am Einkauf von Rüstungsgütern interessiert sei. Das Projekt geriet ins Stocken. Nach mehreren Wochen der Ruhe wurden Kopka und Bihn sowie alle anderen Teilnehmer der Pariser und Londoner Gespräche von Cyrus Hashemi nach New York eingeladen. Es sollten Gespräche geführt werden, die möglicherweise die gesamten, ins Stocken geratenen Verhandlungen wiederbeleben könnten. Herr Kopka sowie Herr Bihn wollten diese Reise aus Kostengründen, aber auch deshalb nicht antreten, weil offensichtlich alle legalen Bemühungen ohne Erfolg bleiben mußten. Hashemi bat jedoch über seinen Assistenten, unbedingt in die USA zu kommen, und versandte sogar Flugtickets und Hotelreservierungen. Schließlich folgten wir der Einladung, wurden am Flughafen von New York erwartet, verhaftet und in Ketten gelegt. Zur Klärung der Hintergründe der gesamten Operation sei anzumerken, daß die sogenannte Bermuda-Gruppe, bestehend aus dem Anwalt Evans, General Bar-Am sowie dem Israeli Northrop, die maßgebliche Zielgruppe für die US-Behörden war und ist. De facto war die Bermuda-Gruppe die einzige, die den Wünschen auf Lieferung von Rüstungsmaterial aus Israel tatsächlich entsprechen konnte.«

Aus geheimen CIA-Dokumenten, die dem Autor vorliegen, wird zumindest einiges deutlich, was die Rolle des Cyrus Hashemi angeht.

»Demnach«, so das Dokument, »haben am 22. April 1986 der US-Zoll und der Staatsanwalt von New York ein Verfahren gegen 17 Personen eröffnet. Sie werden beschuldigt, illegal Waffen im Wert von 2,5 Milliarden Dollar in den Iran geschmuggelt zu haben beziehungsweise waren bereit zu schmuggeln. Der wichtigste Helfer der Operation zur Aufdeckung des Schmugglerringes ist Cyrus Hashemi, ein ehemaliger Agent mit Kontakten zum Außenministerium. Hashemis vorausgegangene Beziehungen mit Agenturen der US-Regierung könnten während des Gerichtsverfahrens eine Rolle spielen. Cyrus Hashemi ist dem ›Directorate of Operations‹ (einer Abteilung für verdeckte Operationen in der CIA, d. Verf.) und dem State Department wohlbekannt. Das folgende ist eine Zusammenstellung unserer Zusammenarbeit mit Mr. Hashemi:

In den frühen achtziger Jahren, während der iranischen Geiselkrise, machte er Repräsentanten der Regierung den Vorschlag, daß er als Kanal für Verhandlungen zur Lösung der Geiselfrage dienen könne.«

Dann sind in dem CIA-Dokument sechs Zeilen geschwärzt.

»Zwischen 1983 und 1984 stand Hashemi im Verdacht, das Waffenexportgesetz verletzt zu haben. In verschiedenen Treffen mit der ›Agency‹ und dem Außenministerium drohte Hashemis

Anwalt, daß Hashemi alles erzählen werde, was er weiß, wenn er vor ein Gericht gebracht würde. Es war die Entscheidung des DOCI (der CIA, d. Verf.) daß die ›Agency‹ kein Interesse an einer Gerichtsverhandlung hat.«

Hashemi starb am 21. Juli 1986 in London, zwei Tage nachdem ihm attestiert wurde, daß er an einer seltenen Form von Leukämie leide. Der Autopsiebericht des »Guys and St. Thomas Hospital« in London attestierte denn auch als Todesursache »Leukämie«. Eine Krankheit, die merkwürdigerweise während eines Gesundheits-Checks, einschließlich eines Bluttests, drei Monate zuvor in der Schweiz niemand bemerkt hatte. Es gibt Leute, die davon überzeugt sind, daß er keineswegs an Leukämie starb, sondern ermordet wurde. Und zwar aus den Gründen, die in dem CIA-Dokument aus Washington geschwärzt wurden: Hashemis Rolle im Jahre 1980, die er bereit war herauszuposaunen, sollte man ihn vor ein Gericht bringen.

Die Würfel sind gefallen

Tausende Kilometer von Washington entfernt, in der iranischen Hauptstadt Teheran, sollte sich 1980 das Schicksal des alten und neuen US-Präsidenten entscheiden. »Es ist unglaublich. Die amerikanischen Präsidentschaftswahlen werden nicht in Michigan oder New York, sie werden im Iran entschieden.« (Jimmy Carter, US-Präsident)

Die iranische Revolution fegte Ende der siebziger Jahre den Herrscher auf dem Pfauenthron, Schah Reza Pahlevi, hinweg und zementierte Khomeinis Macht. Was aber hat das mit dem zu tun, was in Washington versucht wird, als »top-secret« zu behandeln?

Jahrzehnte war Schah Reza Pahlevi Liebling und umworbener Günstling der USA. Der Verbündete im Iran ist einer der wichtigsten Ölproduzenten der Welt. Und was den Schah so attraktiv machte, das war die Angst der USA und der westlichen Staaten, daß ihnen der Ölhahn zugedreht wird, sollte die UdSSR die Öl-Lebenslinien zum Persischen Golf kappen. Der kalte Krieg lief auf Hochtouren.

Und der Schah war der Kettenhund der westlichen Industrienationen, insbesondere der USA, dessen Diktatur mit massiver amerikanischer Waffenhilfe am Leben erhalten werden mußte. Im Januar 1977 wird in Washington der neu gewählte US-Präsident James Earl (»Jimmy«) Carter feierlich in sein Amt eingeführt. Der 39. Präsident der USA stellt zunächst das Thema »Menschenrechte« in den Vordergrund seiner Außenpolitik. An der Politik gegenüber dem Iran ändert das anfangs überhaupt nichts.

Jimmy Carter, ein Verfechter der Menschenrechte, ein tiefreligiöser Mensch, der an das Gute im Menschen glauben will – ein liberaler »Motherfucker«, ein Schwätzer, Schwächling, ein Mann, der am besten Erdnußfarmer geblieben wäre. So klingt das Wechselbad seiner Bewunderer und seiner Gegner. Er ist ein Politiker der Widersprüche. War das die Ursache für seinen späteren politischen Knockout?

Im August 1977 läßt sich Carter vom CIA eine Analyse über den »Iran in den achtziger Jahren« vorlegen. Das Ergebnis der CIA-Studie ist, daß der Schah noch in den achtziger Jahren eine aktive Rolle im iranischen Leben spielen wird und daß es in der näheren Zukunft keinerlei radikale Veränderung im Iran geben werde.

»Die iranische Monarchie sorgt für Stabilität, die durch demokratische Institutionen und wegen des Fehlens einer langen demokratischen Tradition bei der organisierten Bewältigung politischer Fragen noch nicht erreichbar ist. Sie ist gegenwärtig der einzige Faktor im Lande, der für politische Kontinuität sorgen kann. So bietet der Schah augenblicklich die beste Gewähr für den Schutz unserer elementaren Sicherheitsinteressen im Iran, und er ist die einzige Persönlichkeit auf der politischen Szene, die in der Lage ist, die zur Anarchie neigenden Perser zu führen.«

Der Schah steht derweil in Teheran unter großem öffentlichem Druck, hat Angst, daß die USA ihre bisherige Unterstützung seines Regimes beenden würden.

Das muß auch der Grund dafür gewesen sein, daß Jimmy Carter noch in der Stunde Null des Jahres 1978 dem Schah seine Aufwartung in Teheran macht und, auf Druck von US-Sicherheitsberater Zbigniew Brzezinski, in der Silvesternacht im kaiserlichen Hof folgende Worte spricht: »Wir befinden uns auf einer stabilen Insel inmitten eines stürmischen Ozeans. Es ist ein Segen Gottes und ein großes Glück, daß wir den Jahresbeginn mit Menschen verbringen durften, zu denen wir ein tiefes Vertrauen haben und mit denen wir gemeinsam die Verantwortung für die Gegenwart und Zukunft tragen. Unsere Freundschaft ist unersetzbar. Wir kennen in der ganzen Welt kein Land, das uns so nahesteht, und keinen Führer, dem wir solch ein tiefes Gefühl der Dankbarkeit und Freundschaft entgegenbringen.«

Die halbamtliche Tageszeitung »Ettelaat« meldete dieses Ereignis am 2. 1. 1978 natürlich in großer Aufmachung.

Wenige Tage später, nach einem Schmähartikel in der Tageszeitung »Ettelaat« gegen den islamischen Geistlichen Khomeini, dessen Botschaften zuvor schon per Kassetten überall im Lande verbreitet wurden, demonstrieren in der Heiligen Stadt Ghom Zehntausende. Das Regime reagiert, feuert in die Menge der Demonstranten. Dutzende von Toten bleiben auf den Straßen liegen. Aufgrund der Vorfälle in Ghom meldete die US-Botschaft in Teheran am 24. Januar 1978 in einem Geheimtelegramm nach Washington: »In den kommenden Monaten wird sich die Botschaft bemühen, die naturgemäß schwierige Aufgabe anzugehen, mehr über die religiösen Elemente innerhalb der oppositionellen Bewegungen zu erfahren.«

Was das Interesse der CIA weckte, wird in einer weiteren CIA-Analyse vom 2. Februar 1978 deutlich: »Die schiitisch-islamische Bewegung unter Ayatollah Khomeini ist weit besser organisiert, aufgeklärter und weit mehr in der Lage, dem Kommunismus zu widerstehen, als ihre Verleumder uns gerne glauben machen möchten.« (G. Neuberger/M. Opperskalski, CIA im Iran, Bornheim 1982, S. 61)

Genau vierzig Tage nach den Vorfällen in Ghom fanden in vielen Städten Massendemonstrationen statt, die machtvollste und größte in Tabriz, der Hauptstadt der Provinz Aserbaidschan. »Hier konnte man zum erstenmal von einem regelrechten Volksaufstand sprechen. Rund 50 000 Menschen befanden sich zwei Tage lang auf den Straßen. Der Basar und sämtliche Geschäfte waren geschlossen. Die Demonstranten setzten zahlreiche Häuser, Regierungsgebäude und vor allem Büros der Rastakhis-Partei in Brand. Die Rastakhis-Partei war die einzige zugelassene und vom Schah gegründete Partei im Iran.« (Bahman Nirumand, Keywan Daddjou, Mit Gott für die Macht, Reinbek 1989, S. 163)

Acht Monate später, als sich der Sturz des Schah-Regimes für jeden sichtbar ankündigt, veröffentlicht die CIA eine neue Studie für den Präsidenten. Das Ergebnis: »Der Iran befindet sich weder in einer revolutionären noch vorrevolutionären Situation.«
Nicht einmal vier Monate nach der »fundierten« CIA-Analyse, am 16. Januar 1979, muß der Schah samt Hofstaat fliehen.
Ein Mann betritt nun die politische Weltbühne, mit dem in Washington anfangs niemand gerechnet hatte: Ayatollah Khomeini.
Am 1. Februar 1979 landet er, in einem Flugzeug der Air France, mit einer großen Menge von Journalisten und drei seiner engsten Berater, Bani-Sadr, Yazdi und Ghotbzadeh, aus seinem französischen Exil in Paris kommend, in Teheran.
»Kurz nach neun Uhr morgens wurde die Air-France-Maschine, eine Boeing 747, am Himmel gesichtet. ›Gott ist mächtig, Khomeini ist unser Führer‹, riefen die Massen. Rundfunk und Fernsehen verkündeten die frohe Botschaft. Feierlich erklang die Nationalhymne: ›O Iran, Land der Juwelen, deine Erde ist die Quelle der Kunst.‹« (Bahman Nirumand, Keywan Daddjou, Mit Gott für die Macht, Reinbek 1989, S. 223)
Ein Rausch der Befreiung überkommt die geknechtete Bevölkerung, der Ruf nach Freiheit und Demokratie ist unüberhörbar. Überall werden Selbstverwaltungsorgane gebildet, freie Ge-

werkschaften, Bauerngenossenschaften, Selbstverwaltungsgremien entstehen. Ein Wind von Freiheit ist überall spürbar. Der Iran befindet sich auf dem Weg zu einer Demokratie.

Es besteht Grund zum Optimismus – doch Khomeini und die Mullahs haben anderes im Sinn. Sie wollen den Gottesstaat auf Erden errichten. Die Mullahs beginnen die Macht an sich zu reißen. Der Konflikt zwischen der Forderung der Massen nach einer freien Gesellschaft und parlamentarischer Demokratie und dem Machtanspruch der Mullahs, ein Staatssystem nach islamischen Prinzipien aufzubauen, wird sich in den nächsten Wochen und Monaten weiter verschärfen. Vielleicht ist es nur ein geschichtlicher Zufall, daß sich damals an Khomeinis Seite zwei unterschiedliche Politiker befanden. Der liberale Intellektuelle Bani-Sadr und der opportunistische Mullah Rafsanjani. Beide sollen später, in den nächsten Monaten und Jahren eine bedeutende politische Rolle übernehmen. Der eine als Verlierer, Bani-Sadr, der andere als Gewinner, Rafsanjani.

Doch das ist ein Vorgriff auf die kommenden dramatischen Ereignisse.

Im Oktober 1979 eskalieren die Konflikte zwischen den Mullahs und den demokratischen Kräften. Khomeini setzt mit aller Macht auf die radikale Islamisierung der Gesellschaft: Musik, westliche gar, wurde verboten, Kinos, Theater und andere Unterhaltungseinrichtungen wurden geschlossen, gemischte Schulklassen darf es nicht mehr geben. Revolutionswächter, den Mullahs treu ergebene Fanatiker, beginnen die Order von Khomeini durchzusetzen.

Gleichzeitig wächst die Unzufriedenheit der Bevölkerung über den schleppenden Fortgang der politischen Entwicklung. Alle wollen die Revolution, aber wie?

Die linke und demokratische Bewegung ist zersplittert. Mehdi Teherani, einer der führenden linken Oppositionspolitiker, heute selbstkritisch: »Unsere Position, auch die derjenigen, die sich Nationaldemokraten nannten, war genauso radikal wie die der Mullahs, zum Beispiel der Anti-Amerikanismus. Aber anstatt die liberalen Werte zu unterstützen, haben wir die Übergangsregierung von Bazargan genauso kritisiert, wie es die Mullahs taten.« Beide, die Mullahs und die demokratische und linke Opposition, verband eines: der »Kampf gegen den US-Imperialismus«.

Damit konnten die Massen mobilisiert werden.

Eine Gelegenheit dazu soll sich wenige Tage später ergeben.

Grund ist die Odyssee des einst machtvollen Schahs. Er befindet sich, nach Zwischenaufenthalten in Ägypten und Marokko, auf den Bahamas. Schwerkrank, der Körper vom Krebs befallen, hofft er, in den USA von Spezialisten geheilt werden zu können. Dort aber ist er längst abgeschrieben, vergessen, obwohl man ihn noch vor einem Jahr hofiert hatte. Im State Department und »Nationalen Sicherheitsrat« gibt es Befürworter der Einreise und Gegner.

Carter, so interpretiert es Nirumand, will nicht als »Unmensch erscheinen« und erteilt schließlich die Einreisegenehmigung zur kurzfristigen Behandlung des Krebskranken. Am 23. Oktober 1979 kommt er im modernsten Krebsbehandlungszentrum der US-Luftwaffe an, auf dem US-Luftwaffenstützpunkt Lackland, San Antonio.

Viele in Washington befürchten, daß diese Einreisegenehmigung zu neuen massiven Demonstrationen und Übergriffen gegen die noch im Iran lebenden Amerikaner führen wird. Aber merkwürdigerweise tut sich erst einmal gar nichts.

Teheran, Sonntag, der 4. November 1979. Für diesen Tag ist eine große Demonstration in Teheran geplant. In der US-Botschaft ist normaler Arbeitstag. Hunderttausende nehmen an der Demonstration teil.

Aus der Demonstration löst sich plötzlich eine Gruppe von zirka 500 Studenten. Ihr Ziel: die US-Botschaft. Es dauert nicht lange, und sie haben die Botschaftsmauern überwunden, die Botschaft besetzt. Doch einige Stockwerke und Zimmer sind verbarrikadiert. Trotzdem können die Besetzer den Erfolg verbreiten: »Wir, muselmanische Studenten, Anhänger der Linie Imam Khomeinis, haben aus Protest gegen die Verbrechen der USA und die Aufnahme des Verbrechers Pahlevi in diesem Land die amerikanische Botschaft besetzt«, steht auf einem riesigen weißen Transparent am Botschaftszaun. Eine andere Parole ist ebenso eindeutig: »Khomeini kämpft – Carter zittert«. Die Botschaftsbesetzer werfen den Geiseln vor, unter dem Deckmantel des diplomatischen Dienstes gegen die islamische Revolution zu intrigieren, und sie würden deshalb, je nach Schwere ihrer Schuld, bestraft werden. Sie sichern aber zu, daß sie sich, sollte Khomeini oder das Volk die Freilassung wünschen, dem beugen würden.
Es ist eine lang vorbereitete Aktion gewesen. Der Drahtzieher: Khomeinis Sohn Ahmed.

Washington zur gleichen Zeit. Am frühen Morgen treffen im Lageraum des Weißen Hauses die Alarmmeldungen aus Teheran ein. Im Operations-Zentrum des Außenministeriums laufen noch Telefonmeldungen aus der schon besetzten Botschaft ein. Einer, der dabei war, Gary Sick, unter Carter war er »Nationaler Sicherheitsberater«, erinnert sich:
»Besorgt hörten wir die Telefonberichte an, die aus Teheran kamen. Die Stimmen waren uns alle bekannt: die von Freunden, Kollegen. Elizabeth Ann Swift, die von einer offenen Leitung aus Teheran über die Situation berichtete, war noch einige Wochen vorher in meinem Büro. Ihre Stimme aus Teheran hatte den gleichen beständigen Professionalismus und bestimmende Schärfe, die mich schon während unserer frühen Gespräche

beeindruckt hatte, als sie über die Schwierigkeiten erzählte, die sie als Frau hat, die über politische Entwicklungen in einer revolutionären islamischen Gesellschaft berichtet... Als eine Telefonverbindung nach der anderen abbricht, stellte sich jeder von uns die Frage: Wie konnte das geschehen? Konnte es verhindert werden? Und besonders: Warum wurde es dem Schah genehmigt, in dieser delikaten Situation in die USA kommen zu dürfen?« (Gary Sick, All Fall Down, New York 1986, S. 206) Trotzdem hoffte die Regierung in Washington, daß die Krise so schnell wie möglich gelöst werden würde, zumal der iranische Außenminister nach Washington gekabelt hatte, daß »die Situation innerhalb der nächsten 48 Stunden gelöst« werden wird.

68 Botschaftsangehörige sind aber erst einmal Geiseln. Die Schmach der USA ist perfekt. Hunderttausende von Demonstranten ziehen an der US-Botschaft vorbei, skandieren »Nieder mit dem US-Imperialismus«, die Geiseln werden, mit verbundenen Augen, verhöhnt und getreten, im Fernsehen der Weltöffentlichkeit vorgeführt. Vor der Botschaft herrscht Jahrmarktstimmung. Alle politischen Oppositionsgruppen sympathisieren heimlich oder offen mit den Botschaftsbesetzern.

Während in New York die Taxifahrer am Tage ihre Scheinwerfer aus Protest gegen die Geiselnahme in Teheran aufblenden, brennen im Weißen Haus die Lichter in den Lagezentren Tag und Nacht. Pläne über die Befreiung der Geiseln werden erwogen und wieder verworfen, als immer deutlicher wird, daß es keine kurzfristige Lösung des Geiselproblems gibt. Zwei Strategien werden entwickelt. Einmal werden die USA politische, diplomatische und wirtschaftliche Initiativen ergreifen, um die Führung im Iran zu überzeugen, daß es in ihrem eigenen Interesse sei, die Geiseln prompt und sicher freizulassen. Zum anderen werden Militäroperationen vorbereitet, um die Geiseln zu befreien.

186

Oder, falls das Leben der Geiseln gefährdet sei, würden die US-Streitkräfte einen Vergeltungsschlag führen.

Khomeini lassen die Drohgebärden aus Washington unberührt. Am 14. November werden von der amerikanischen Regierung die ersten Gegenmaßnahmen verkündet. Alle iranischen Geldeinlagen auf US-Banken wurden auf Beschluß des Finanzministeriums eingefroren. Waffenlieferungen an den Iran, auch jene, die schon bezahlt worden sind, werden eingefroren, es wird ein Waffenembargo gegen den Iran verhängt.

Knapp zehn Tage später diskutiert Carter mit seinem Stab über weitere Repressalien: die Verurteilung des Irans durch die Vereinten Nationen, ein öffentlicher Aufruf für ein totales Warenembargo gegen den Iran; nach dem Embargo sollen drei iranische Häfen vermint werden und schließlich Vorbereitungen zur Zerstörung der wichtigsten Ölanlagen des Iran, sollte irgendeiner der Geiseln etwas geschehen.

Doch nichts von diesen Plänen wird verwirklicht. Zu groß sind die Bedenken der im Oval-Office tagenden Berater von Carter. Haupteinwand: Solche Aktionen wie die Verminung der Häfen würden das Leben der Geiseln erst recht gefährden.

Ironie des Schicksals.

Carter muß mit einem Mann, Khomeini, verhandeln, der seiner Wesensart völlig widerspricht. Carter glaubt fest an individuelle Freiheiten und Menschenrechte, hatte keine ideologischen Dogmen – das Gegenstück zu dem willigen Anwalt der Machtpolitik, Khomeini. Diese Attribute Carters, vor dem Hintergrund des Vietnamkrieges und von Watergate, haben ihn die Wahlen 1977 gewinnen lassen. Später wird er kritisiert, weil er das, was er predigte, auch praktizierte.

Eine wichtige Hilfe bei der schnellen Freilassung der Geiseln bot eine Organisation an, die von der amerikanischen Öffentlichkeit noch als Verbündete des Terrorismus diffamiert wurde, die palästinensische Befreiungsorganisation PLO. Die Kontakte zwischen der PLO und den amerikanischen Emissären zeitigen einen Erfolg. Die PLO setzt sich bei Khomeini für die Freilassung der Geiseln ein. Ein Grund dafür, daß sich Khomeini bereit erklärt, dreizehn Geiseln freizulassen. Am 17. November werden sie, Frauen und Schwarze, freigelassen und sind am »Thanksgiving-Tag« wieder in den USA. Unter den Freigelassenen befindet sich auch ein »indischer Angestellter«, der in der US-Botschaft als Koch gearbeitet hat.

Der Koch war jedoch in Wirklichkeit ein Agent des ehemaligen iranischen Geheimdienstes SAVAK. Er war einst vom Schah als Maulwurf in die Botschaft eingeschleust worden. Nach dem Sturz des Schahs beauftragten ihn die Mullahs, weiter in der Botschaft für sie zu arbeiten. Was er willig tat.

Von ihm stammten auch die intimen Kenntnisse der Botschaftsbesetzer, die die Botschaftsräume und Tresore gezielt nach vorliegenden Plänen aufbrachen. Nach der Besetzung der Botschaft war seine Mission zu Ende.

Die Verbindung der PLO mit den Mullahs sowie die Verbindungen zwischen der PLO und der Carter-Administration werden auch später noch eine entscheidende Rolle spielen.

Im Dezember kündigt sich eine weitere Entwicklung an, deren Folgen das Geiseldrama viel später entscheidend beeinflussen werden. Westliche Nachrichtendienste melden, daß die irakische Regierung plant, entsprechende Vorbereitungen seien schon getroffen, die iranischen Ölfelder zu besetzen. Außerdem, so die Nachrichtendienste, häufen sich Meldungen, daß militärische Auseinandersetzungen zwischen den irakischen und iranischen Grenztruppen zunehmen. Niemand dachte damals aber an einen Krieg zwischen dem Iran und dem Irak.

Wieder vergehen Tage des Wartens in Washington und des Machtkampfes in Teheran. Die US-Regierung zieht alle diplomatischen Register, um durchzusetzen, daß die Geiseln zumindest aus den Händen der Botschaftsbesetzer in die Obhut der Regierung gelangen. Die scheint aber eher machtlos zu sein.

Die Mullahs haben bessere Karten. Im Dezember nimmt die UNO Kontakt mit Teheran auf, um die Freilassung der Geiseln zu beschleunigen. Der am 6. November zum neuen iranischen Außenminister ernannte Bani-Sadr kritisiert öffentlich die Botschaftsbesetzer und beantragt noch für den Dezember eine Sitzung des Sicherheitsrates. Ist die Lösung in Sicht? Bani-Sadr stellt drei Bedingungen für die Freilassung der Geiseln.

»Die Ausweisung des Schahs. Eine Entschuldigung der USA für alles, was sie dem Iran in der Vergangenheit angetan hatten, und die Übergabe des Vermögens des Schahs und seiner Familie, das in Wirklichkeit dem iranischen Volk gehört.«

Der Regierung in Teheran war offensichtlich an einer schnellen Lösung des Geiselproblems gelegen. Bani-Sadr fliegt nach Ghom, um Khomeini zu drängen, die Geiseln in die Hände der Regierung zu übergeben. Doch Khomeini lehnt ab: »Das sind keine Diplomaten, sondern Spione.«

Am 2. Februar 1980 wird Bani-Sadr zum ersten Staatspräsidenten der Islamischen Republik gewählt. Sofort nach der Amtsübernahme bemüht er sich, nun mit dem Prestige des Staatspräsidenten im Rücken, mit neuem Nachdruck um die schnelle Lösung der Geiselaffäre. Aber er tanzt auch noch auf der antiamerikanischen Propagandawelle, die von den Mullahs angefacht wird, um ihre Macht zu festigen. Denn es war auch Bani-Sadr, der in der Vergangenheit wesentlichen Anteil daran hatte, daß die liberale Übergangsregierung von den Mullahs unbehindert angegriffen werden konnte. »Ich vergesse nicht, daß nach dem Umsturz der provisorischen Bazargan-Regierung Ali Reza Novari, Chef der iranischen Zentralbank, voller Stolz behauptet hat, daß Bani-Sadr und seine Zeitung eine maßgebende Rolle bei der Beseitigung von Bazargan gespielt haben«, erinnert sich

Mansur Farhang, der Ex-Botschafter des Iran bei der UNO und enger Mitarbeiter von Bani-Sadr.

Unabhängig von internen Rivalitäten in Teheran, scheinen die Verhandlungen zur Freilassung voranzugehen, nachdem der französische Rechtsanwalt Bourguet und der Argentinier Villalon als Vermittler zwischen dem Iran und den USA fungieren. Am 23. Februar 1980 sollen die Geiseln freigelassen werden. Als Gegenleistung sind die USA bereit, den Schah und seine Familie anzuklagen und die Geldwerte, die illegal vom Schah und seiner Familie aus dem Iran ausgeführt wurden, wieder in den Iran zurückzutransferieren. In Washington herrscht wieder einmal Optimismus. Aber nicht lange. Denn Khomeini blockiert weiter. Carter wird nun ungeduldig. Er kann nicht verstehen, daß die Freilassung der Geiseln immer wieder hinausgeschoben wird. Schließlich hat der neue Präsident des Iran, Bani-Sadr, Anfang März erneut versprochen, daß die Geiseln bald freikommen werden.

Am 25. März schickt er deshalb eine persönliche Botschaft an Bani-Sadr. In dieser persönlichen Botschaft macht er auf die Konsequenzen aufmerksam, die eine weitere Verzögerung herausfordern werden.

»In den letzten vier Monaten haben wir mit großem Interesse Ihre grundsätzliche Position über den fundamentalen Fehler der Geiselhaltung verfolgt. Wir haben Ihre private und persönliche Versicherung zur Kenntnis genommen, die Sie im März abgegeben haben, daß die Geiseln innerhalb der nächsten 15 Tage der Kontrolle der iranischen Regierung übergeben werden.

Wir hoffen, daß die Übergabe innerhalb der nächsten Tage stattfinden wird. Es ist von großer Bedeutung..., daß es eine wirkliche Bewegung für eine prompte Lösung der Krise gibt. Um Mißverständnissen vorzubeugen, möchten wir Sie darauf hinweisen, daß dann, wenn die Übergabe nicht bis Montag, den 31.

März, stattfinden wird, wir zusätzliche, nichtkriegsführende Maßnahmen ergreifen, die wir bis jetzt zurückgehalten haben. Unser Streit besteht nicht mit dem iranischen Volk. Aber einige werden unvermeidlich Schaden erleiden, wenn Ihre Regierung nicht in der Lage ist, die notwendigen Schritte zur Freilassung der Geiseln zu ergreifen.«

Wieder rührt sich nichts. Jetzt greift Carter zu einem Schritt, der schon lange bis ins letzte Detail vorbereitet gewesen war.

Am frühen Morgen des 24. April starten acht RH-53-D-Kampfhubschrauber vom Deck des US-Flugzeugträgers Nimitz. Ihr Ziel ist die Befreiung der Geiseln in einer Blitzaktion. Zwei Stunden, nachdem die Eliteeinheit iranisches Territorium überflogen hat, fällt Hubschrauber Nr. 6 wegen Motorschadens aus. Der Pilot wird von einem der anderen Helikopter aufgenommen, der Flug geht weiter. Wenig später naht neues Unheil. Sie fliegen in einen Sandsturm hinein. Weil untereinander striktes Sendeverbot ausgemacht wurde und keine Sichtorientierung mehr möglich ist, verfliegen sich die Elitesoldaten. Zwei andere Helikopter melden wenig später gleichfalls technische Probleme am Hydraulik-System. Sie erreichen aber trotzdem noch den vereinbarten Zwischenstopp. Zu diesem Zeitpunkt war der Kommandant der Einheit mit einer kritischen Situation konfrontiert. Die Helikopter kamen 85 Minuten später als geplant am Zwischenstopp an, und nur noch fünf der insgesamt acht Hubschrauber sind einsatzfähig. In Koordination mit dem Weißen Haus wird die Entscheidung getroffen: Abbruch der Operation.

Während des Treibstofftankens mit einer C-130-Maschine kollidiert ein Hubschrauber mit dem Flugzeug. Im Feuerball der Explosionen sterben acht Soldaten, fünf andere werden schwer verwundet. Die Aktion, bis ins letzte Detail geplant, endet im Fiasko. Generalmajor James Vaught, der Einsatzkommandeur, wird später sagen, daß die Mission »sabotiert worden ist«.

In Teheran warteten zwei Männer vergebens auf die Befreiungsaktion. Ein Mann namens Albert Hakim, der in Teheran eine
Garage gemietet hat, die zur Rettungsaktion benutzt werden
sollte, und ein Mann namens Oliver North, der als »Beobachter« in den Bergen außerhalb Teherans stationiert war. Der
Mann, der sie dirigierte, ist der General im Pentagon, Richard
Secord. 1975 plante er mit CIA-Leuten verdeckte Operationen,
um zu verhindern, daß Carter oder reformorientierte Kandidaten die Wahlen gewinnen. Secord, Hakim, Oliver North – das
sind Namen, die offiziell erst wieder in der Irangate-Affäre,
1985, auftauchen sollten.

In den USA selbst ist die Geiselaffäre zur bestimmenden politischen Auseinandersetzung geworden. Unaufhaltsam beginnt die
heiße Phase des Wahlkampfes. Sie ist geprägt von schweren
Angriffen gegen Carter, dem Versagen in innenpolitischen wie
außenpolitischen Fragen vorgeworfen wird, wobei die Geiselaffäre eine besondere Bedeutung hat. Reagan und sein Vize
George Bush predigen derweil, daß unter ihrer Führung militärische und politische Stärke und die Eindämmung des kommunistischen Einflusses das politische Credo sein werden.
Nun betritt ein weiterer Mann die politische Bühne, ein Mann,
der in Zukunft die Fäden nicht nur des Wahlkampfes von
Reagan und Bush ziehen wird. In Treffen mit dem republikanischen Präsidentschaftskandidaten Ronald Reagan und seinem
außenpolitischen Berater Richard Allen erklärt er sich im April
bereit, daß er die Reagan-Wahlkampagne leiten werde, wenn er
eine »wirkliche Kontrolle« über alle Operationen bekommen
würde.
William Casey, von Freunden Bill genannt, ist ein altgedienter
Geheimdienstmann. Während des Zweiten Weltkrieges war er
einer der Verantwortlichen für die Sondereinsätze des »Office of
Strategic Security« (O.S.S.), dem Vorgänger der CIA. Außerdem

hat er gute Beziehungen zum Iran, als Partner der New Yorker Anwaltskanzlei Roger and Wells, die die Pahlevi-Foundation repräsentiert. Die Foundation verwaltet in den USA das Schah-Vermögen. Casey gehört zu einer Gruppe von politischen Hardlinern, strammen Antikommunisten, die sich aus noch aktiven und zurückgetretenen Militärs und Geheimdienstoffizieren zusammensetzt. Sie sehen in Reagan ihren Heilsbringer. Die Gruppe ist davon überzeugt, daß Präsident Carters Politik die nationale Sicherheit und die Wirtschaft des Landes in den Ruin führt. Die Kandidatur von Ronald Reagan eröffnet ihnen die Vision einer neuen militärisch-orientierten Außenpolitik. Sie soll durch den Einsatz von verdeckten Aktionen gestützt werden, um politische Zustände, die ihnen nicht passen, manipulieren zu können.

Die Männer mit Nerven, die nun darangehen, Carter zu stürzen, kennen keine Hemmungen. Carter darf nicht erneut Präsident werden.

Es ist der Beginn des Wahlbetruges.

Mitte 1980, als immer klarer wird, welche Schwierigkeiten Carter hat, die Geiseln freizubekommen, beginnen sie zu intrigieren, zumal sie erkennen müssen, daß Carter trotz der Geiselaffäre über viel Zustimmung verfügt.

Im Büro der Reagan-Bush-Wahlkampfmannschaft sind Wissenschaftler dabei, ständig Umfragen auszuwerten, wer die größten Chancen hat, die Wahl zu gewinnen. Ein »Politisches Informations-System« (PINS) rechnet ihnen laufend aus, wie am Wahltag die Stimmenverhältnisse aussehen werden. Damals, im April, errechnet der Computer, daß Carter einen zehnprozentigen Stimmenvorsprung vor Reagan erhalten würde, wenn die 52 US-Geiseln noch im Oktober in die Heimat zurückkehren würden. PINS errechnete auch, daß Reagan mit einer fünf- bis siebenprozentigen Mehrheit rechnen kann, falls die Geiseln erst nach dem Oktober freikommen. Der Oktober 1980 ist daher für die Reagan-Bush-Kampagne ein »window of vulnerability«, die verwundbare Stelle. Klar war nach diesen Hochrechnungen für die Wahlkampfmannschaft von Reagan, daß der Oktober 1980 und die Freilassung der Geiseln wahlentscheidend sein werden. Geiseln gegen Waffen – das soll der entscheidende Einsatz werden, der von Waffenhändlern, Leuten aus der Reagan-Bush-Wahlkampfmannschaft, CIA-Agenten und anderen Dunkelmännern jetzt ins Spiel gebracht wird, um die Lösung der Geiselfrage noch vor den Wahlen am 4. November zu torpedieren.

Im Iran selbst hoffen, beten einige Geiseln, daß die von den Revolutionswächtern in den Tresoren der Botschaft gefundenen Geheimdokumente der CIA nicht so schnell entschlüsselt werden. Die meisten Geiseln aber zweifeln immer stärker daran, daß sie in den nächsten Wochen freikommen werden.

Unaufhaltsam dämmert es jedem, daß die Geiselfrage die nächsten Präsidentschaftswahlen entscheiden wird. Präsident Jimmy Carter hat sie auf den 4. November legen lassen, den Tag der Geiselnahme in Teheran. Der Sommer 1980 ist die Phase, in der die ersten Entscheidungen getroffen werden, Jimmy Carters Wahl zu sabotieren. Anfangs sind es allenfalls strategische Planungen der Reagan- und Bush-Wahlkampfhelfer und ihrer Bündnispartner, in den USA ebenso wie in Spanien, Frankreich, der Bundesrepublik, Israel und Großbritannien.

Der Wahlkampf beginnt

Reagans Wahlkampfhelfer bereiten sich darauf vor, über die ihnen wohlgesonnenen Medien öffentlich Druck zu machen, um auf die Möglichkeit einer »Oktober-Überraschung« hinzuweisen. Ziel der Strategie ist es, jegliche politische Glaubwürdigkeit von Carter zu unterminieren, sollte es vor den Wahlen einen Durchbruch in der Geiselfrage geben.

Die Idee besteht darin, die öffentliche Erwartung einer möglichen Befreiung zu steigern. Kämen die Geiseln vor dem November frei, könnte Präsident Carter als zynischer Politiker angeprangert werden, der sich nicht einmal scheut, das Schicksal der Geiseln hemmungslos als Wahlkampfhilfe für sich zu instrumentalisieren.

»Eine Sache haben wir sehr früh erkannt«, schreibt später Michael Denver, ein enger Vertrauter von Ronald Reagan, »daß ein Reagan-Sieg fast unmöglich wäre, wenn die Geiseln vor den Wahlen freikommen würden. Es gab fast nichts, was wir dagegen tun konnten. Wir sprachen deshalb von dem Plan, es war im August, einer ›Oktober-Überraschung‹. Das hätte den Effekt, daß alles, was Carter vor den Wahlen tun würde, als kalkuliertes Manöver gebrandmarkt werden könnte. Denn wir hatten keinen Zweifel, daß die Euphorie der Geiselfreilassung das Land überrollen würde. Carter wäre der Held, und viele der Vorwürfe gegen ihn wären vergessen. Er hätte gewonnen.«

Wenn die Geiseln aber nicht vor den Präsidentschaftswahlen frei kämen, dann, so spekulierten die Wahlkampfstrategen in Washington und Langley, wäre aus den öffentlichen Erwartungen die Luft heraus und Jimmy Carter als hilfloser und inkompetenter Mann abgestempelt. Und auch auf diesen Zustand wollte man sich nun im Wahlkampfstab von Reagan und seinem nominierten Vizepräsidenten Bush einstellen.

William Casey, Reagans Wahlkampfmanager, dachte zwar ähnlich, doch für ihn, den alten CIA-Haudegen, stellte sich die Frage, wie der Wahlsieg seiner Herren abzusichern sei, noch auf einer anderen Ebene. Die Geiselfrage war für ihn nicht »untouchable«, kein unberührbares Tabu, sondern eine Situation, die durch gezielte Manipulationen in seinem Sinne beeinflußt werden könnte. Das befürchtete Ereignis, das es zu verhindern galt, war daher die Entlassung der Geiseln aus den Händen ihrer Geiselnehmer vor den Wahlen. Ein überaus riskantes politisches Manöver.

In Vorwahldiskussionsveranstaltungen antwortete er denn auch auf eine an ihn gerichtete Frage, was denn die Geiselbefreiung vor den Wahlen für die Republikaner bedeuten würde und ob sie dann ihre Strategie nicht ändern müßten: »Well, würde das nicht davon abhängen, was geschieht und wie es geschieht – und was der Preis dafür war?«

Während im Hauptquartier der Republikaner die Geiselfrage, zwar nicht offiziell, aber im inneren Kreis als absolut unkalkulierbares Hindernis für die Wahl von Reagan und Bush mit großer Sorge betrachtet wird, kommen die Ex-Agenten der CIA zum Zuge. Sie haben es schon in der Vergangenheit in anderen Ländern verstanden, Wahlen zu beeinflussen. In den USA geschieht das dadurch, daß man zunächst nach Bündnispartnern im Weißen Haus Ausschau hält, die ein Interesse daran haben, Carter aus dem Amt zu entfernen.

Am 30. Juni läßt Richard Allen ein Memorandum mit einer Erfolgsmeldung per Boten zu Reagan bringen. In diesem Memo wird über ein Treffen zwischen General Welsh, dem Berater von Carters Sicherheitsberater Brzezinski und einem hohen Amtsträger aus der Reagan-Kampagne berichtet. Aus dem Pentagon meldet sich ein amtierender General, Richard Secord. Er sei bereit, die Reagan-Wahlkampagne zu unterstützen.

Die Zahl der Wühlmäuse, die gegen Carter intrigieren, wächst ständig, je näher die Wahlen rücken.

Am 17. Juli meldet sich George Bush auf der Wahlkonventfeier der Republikaner zu Wort. Wie die »New York Times« am 18. Juli 1980 berichtet, bezeichnet er Carter dort als »geschlagenen Präsidenten, von dem erwartet werden kann, daß er die Macht seines Amtes nutzen werde, um sein eigenes politisches Ende abzuwenden«. Welch ein Zynismus.

George Bush brachte der Reagan-Kampagne nicht nur sein politisches Wissen, sondern auch, nach den Worten von Wahlkampfmanager William Casey, »einige erstklassige Leute mit CIA-Training mit in die Kampagne«.

Einer dieser »erstklassigen Leute« klaute später Dokumente aus dem Weißen Haus, über die sich die Reagan-Bush-Wahlmannschaft besonders freuten. Sie enthielten die gesamten Argumente von Jimmy Carter, die er in Vorbereitung auf eine Fernsehdiskussion mit Reagan notiert hatte. Reagan konnte sich entsprechend präparieren. Chronisten werden es später »Debategate« nennen. Ein wesentlicher Grund dafür, daß gerade aus den Reihen der CIA in Langley Reagans Präsidentschaft und die seines Vize George Bush begeistert unterstützt wird, steht im Zusammenhang mit Carters Menschenrechtspolitik gegenüber den Ländern der Dritten Welt und seinem ethisch begründeten Ekel vor heimlichen Operationen, die unter seinen Vorgängern hemmungslos wucherten.

Carter hatte 1977 nach seinem Amtsantritt in der berüchtigten Aktion »Halloween-Massaker« das »Direktorium für verdeckte Aktionen« in der CIA von 1 200 Personen auf weniger als 400 reduziert.

Gerade Reagans zum Vizepräsidenten nominierter Mann, George Bush, war innerhalb der CIA dagegen schon immer ein populärer Verbündeter. 1976 war er Direktor der CIA in Langley. Im CIA-Hauptquartier sollen denn auch bei den Wahlen am 4. November 1980 99 Prozent aller Stimmen für ihn abgegeben worden sein, Bush for President wäre den CIA-Angestellten und Beamten am liebsten gewesen, damals, 1980. Deshalb unterstützten sie ihn.

Bushs überraschende Popularität in der CIA, wo er nur ein Jahr als Direktor arbeitete, kann vielleicht dadurch erklärt werden, daß er Angestellter des Dienstes seit 1963 war. Ein Memorandum des FBI aus dem Jahre 1963 sagt, daß ein »Mr. George Bush von der CIA bei einer Anhörung über die Stimmung in der kubanischen Gemeinde in Miami« befragt wurde, Tage nach der Ermordung von J. F. Kennedy. »Ungenannte Quellen bestätigten Bushs frühere Arbeit für die Agentur, wobei seine Ölgeschäfte als Deckung benutzt wurden. Aus Bushs Biographie geht hervor, daß er aufgrund seiner Geschäftstätigkeit für Zapata-Oil häufig in die karibischen Gebiete fuhr. Bushs Büro gab zu dieser Behauptung ein gewundenes Dementi ab.« (The Nation, 26. 7. 1988)

Demgegenüber erklärte die CIA ganz im Gegensatz zu dem, wie sie sonst reagiert, daß Anfang der sechziger Jahre ein anderer George Bush in der Agentur gearbeitet habe.

George Bush, geboren am 12. Juni 1924 in Milton, Massachusetts, ist der Sohn eines ehemaligen Senators, Prescott Bushs. Am Zweiten Weltkrieg nahm er als Marineflieger teil. Er hat an der Yale-Universität Wirtschaftswissenschaften studiert und einen Bachelor-Grad erworben. Den Grundstein zu seiner Karriere legte er in der texanischen Ölindustrie, war Mitbegründer einer Ölgesellschaft und wurde zum vielfachen Dollar-Millionär. 1964 begann seine politische Karriere: Als erster Republikaner aus dem texanischen Houston zog er in das Repräsentantenhaus ein, wurde 1972 unter Präsident Nixon republikanischer Parteivorsitzender. 1974 war er Botschafter in Peking und 1976 Chef des Geheimdienstes CIA.

»Als Chef der CIA zeichnete er sich durch fundamentale Loyalität gegenüber der Agentur aus, ebenso wie gegenüber den Agenten, obwohl er ein Außenseiter war.« (John Ranelagh, The Agency, New York 1987, S. 633)

Weniger als zehn Monate nach Bushs Berufung als Geheimdienstchef, kommt Jimmy Carter ins Spiel. Er wird neuer Präsident der Vereinigten Staaten. Carters Plattform zum Wahlsieg waren die drei nationalen Schandflecke: Vietnam, Watergate und die CIA.

Sein Wahlsieg ist gleichzeitig das Ende Bushs als CIA-Chef.

Denn der neue Präsident hat ein überragendes Interesse daran zu beweisen, daß innerhalb des CIA-Apparates gravierende Veränderungen notwendig sind. Auch deshalb, weil es innerhalb der CIA Operationen gegeben hat, die illegal waren und daher für Carter unannehmbar sind. Bush stand für diese verdeckten Operationen. Carter wollte sie auf ein Minimum reduzieren.

Carter war Außenseiter in Washington und in der CIA – Bush war Insider.

Als Bush ging, wählte Carter zu dessen Nachfolger Admiral Stansfield Turner aus.

»Turner sah genau wie Carter die Welt aus der Sicht eines Marine-Offiziers, in der funktionierende Systeme das wichtigste sind. Mehr noch. Er wollte eine Agentur aufbauen, die wie eine Maschine funktioniert. Das Problem war, daß er nie eine klare Vorstellung über die wahren Aufgaben der Agentur hatte. Er wollte, daß die Agentur Nachrichten sammelt, nicht mehr.« (John Ranelagh, The Agency, S. 641)

Innerhalb der CIA wurde Turner deshalb, ähnlich wie Jimmy Carter, sehr schnell der unbeliebteste Direktor, den es jemals in der CIA gegeben hatte. Ein Mann, dem niemand vertraute, dessen Bemühungen sabotiert wurden. Den CIA-Agenten, deren verdeckte Operationen bislang immer in Washington abgesegnet worden waren, konnte es nicht passen, daß Carter und Turner die CIA-Arbeit auf legale Bereiche nachrichtendienstlicher Tätigkeiten beschränken wollten, auf einen technisch perfekten Apparat, der die Regierung mit qualifizierten Informationen versorgt, aber nicht selbst politisch interveniert. Noch weniger mochten sie Jimmy Carter, nachdem er Hunderte von Stellen abgebaut hatte.

Ein Mitglied des Nachrichtendienstes rüffelt Carter:

»Unser Geschäft war es nicht mehr zu sagen, daß der Umsturz im Land X eine gute oder schlechte Angelegenheit sei. Grundsätzlich war es unsere Aufgabe die Risiken abzuschätzen, zu sehen, ob es eine Verletzung der Gesetze gab. Er wollte unsere Meinung darüber, ob etwas ethisch begründet war oder nicht. Es war klar, daß wir keine Befugnis hatten, irgend etwas zu beenden. Dafür gaben wir Ratschläge, ob die Dinge fragwürdig hinsichtlich der Ethik und Legalität waren. Das war es, was Carter wollte, wie er uns sagte. Es gab einige Dinge, die waren illegal, meistens spielten sie sich im grauen Zwischenbereich ab. Aber Carter war ein sehr ethischer Mann. Er sagte häufig: ›Das ist ja eine schöne dreckige Sache. Wollen wir das wirklich tun?‹ Sein Gefühl dazu war, ›wir sind nicht die Russen‹.«

Eine solche Einstellung gegenüber politischer Moral widerspricht natürlich auch den politischen Vorstellungen der Reagan- und Bush-Wahlkampfmannschaft. Auch deshalb standen so viele Helfershelfer und Informanten aus der CIA für die Reagan- und Bush-Wahlkampagne zur Verfügung. Sie wollten Carter stürzen. Ein Meilenstein in dieser Entwicklung ist eine vom Wahlkampfstab Reagans installierte »Spezialeinheit«, ein Special-Team, wie es genannt wird. Seine Aufgabe sollte es von nun an sein, bis zu den Wahlen dafür zu sorgen, daß es keine Oktober-Überraschung gibt. Es handelt sich, so William Casey, um »eine nachrichtendienstliche Operation«, dirigiert wird sie von Ex-Offizieren, die mit Reagan sympathisieren.

Während in Washington die Räder des Wahlkampfes immer heißer laufen, verändert sich im Iran wieder einmal die politische Situation. Hashemi Rafsanjani, enger Vertrauter von Khomeini und erbitterter Gegenspieler des Präsidenten Bani-Sadr, wird zum Sprecher des iranischen Parlaments gewählt. Sieben Tage später stirbt der Schah in seinem Exil an Krebs.

Für die Carter-Administration wird offensichtlich, daß Bani-Sadr nicht mehr unbedingt die politischen Zügel in der Hand hält, daß die Mullahs die wahren Herrscher sind und man zumindest versuchen muß, auch mit ihnen in Kontakt zu kommen. Das wird wohl der Grund dafür sein, daß Carters Verbündete ohne sein Wissen in Madrid mit Iranern außerhalb der bislang gepflegten Kanäle Verhandlungen aufnehmen wollen, um das zu erreichen, was Reagans Gefolgsleute verhindern wollen: die Geiseln so schnell wie möglich freizubekommen. Das berichtet einer, der es wissen muß, der Bruder von jenem Cyrus Hashemi, der auf so merkwürdige Weise in London an »Leukämie« gestorben ist. Demnach soll hier zum erstenmal auch davon gesprochen worden sein, daß als Gegenleistung für die Freilassung auch Waffenlieferungen in Frage kommen könnten. Der Bruder, der derzeit in London lebt, ist ungewöhnlich schweigsam und will mit Journalisten wenig zu tun haben.

Doch das wenige, was er bereit ist zu erzählen, ist brisant genug. »In Madrid hat ein solches Treffen zwischen Carter-Leuten, unter anderem Harald Saunders, und iranischen Waffenhändlern stattgefunden.«

Doch die Verhandlungen bleiben erfolglos, weil Carter nicht bereit ist, jene Waffen freizugeben, die vom Iran gefordert werden, HAWK-Luftabwehrraketen beispielsweise. Die erfolglosen Verhandlungen der iranischen Unterhändler mit der Carter-Regierung in Madrid sollen wenige Wochen später wiederaufgenommen werden. Diesmal wenden sich Cyrus Hashemi und weitere Iraner jedoch an Personen, die zwar noch nicht in der Regierungsverantwortung in Washington sind, die aber ein Interesse daran haben, bald dorthin zu kommen: an den Reagan-Bush-Wahlkampfstab.

Von diesem Moment an sind die Würfel gefallen.

Caseys mit nachrichtendienstlichen Maßnahmen organisierte Operation beginnt: die Geiseln nicht nur propagandistisch zum Wahlkampfthema zu machen, sondern sie durch gezielte Manipulation zu benutzen, um das anstehende politische Ereignis, die Wahlen, in seinem Sinne zu beeinflussen. Zuerst wird die »Oktober-Überraschungs-Gruppe«, die bislang eher als Konzept, denn als konkretes Gebilde besteht, aufgebaut. William Casey und Edwin Meese ernennen Richard Allen zum Kopf der Gruppe. Sie besteht aus insgesamt zehn Personen und ist in zwei Aufgabenbereiche aufgeteilt. Die eine, in der auch Richard Allen aktiv werden wird, soll alle politischen Verhandlungen von Carter in Fragen der Geiseln verfolgen.

Mit seinen Möglichkeiten als »Berater für Auswärtige Angelegenheiten« innerhalb der Kampagne hat Richard Allen genügend Kraft und Motive, alles zu tun, um den Sieg der Republikaner zu sichern. 1968 war er schon einmal in Regierungswürden, dann jedoch von Nixon hinausgeworfen worden. »Als Richard Allen Mitglied in Nixons Regierung war, gab er Informationen über die Import-Export-Politik der Regierung an einen japanischen Geschäftsfreund weiter, der enge Beziehungen zum japanischen Premierminister hatte.« (Wall Street Journal, 28. 10. 1980)

Allens damalige Informationsweitergabe verstieß gegen den »Logan Act«, wonach es amerikanischen Staatsbürgern verboten ist, sich in die auswärtige US-Politik durch private Verbindungen mit ausländischen Regierungen einzumischen.

Jetzt in der Kampagne für Reagan tätig zu sein eröffnet ihm nun zum zweitenmal die große Möglichkeit, in einer kommenden Regierung einen einflußreichen Posten im Außenministerium zu erhalten.

Die zweite Gruppe besteht unter anderem aus »Edwin Meese, William Casey und Admiral Robert Garrick«. (The Nation, 4. 7. 1987)

Die Aufgabe dieser Gruppe wird es sein, was später sowohl von William Casey wie von James Baker (damals im Wahlkampfstab – heute US-Außenminister) bestätigt wurde: alle militärischen Bewegungen zu beobachten. Damit soll herausgefunden werden, ob Waffen in den Iran geliefert werden oder eine neue Befreiungsaktion geplant wird.

Es ist Admiral Garrick, der dafür zuständig ist. Er hat ein Netzwerk von aktiven und Ex-Offizieren aufgebaut, deren einzige Aufgabe von nun an darin besteht, die US-Militärbasen zu beobachten. Er soll herausfinden, ob es dort irgendein Anzeichen für außergewöhnliche Aktivitäten gibt, die eine Befreiungsoperation signalisieren. Garrick verfügt zu diesem Zweck über internes Material aus dem Pentagon: Listen, auf denen alle vom Schah bereits bezahlten Waffenteile enthalten sind, die unter das Embargo fallen. Dadurch können seine Helfershelfer in den Militärbasen herausfinden, ob irgend etwas im Gange ist, sollten diese Ersatzteile beispielsweise verladen werden. Garrick wird diese Spionagetätigkeit im eigenen Land später vor dem »Albosta-House-Committee« bestätigen, das das sogenannte Debategate untersuchte. Es ist am 12. September 1980, als auf dem Schreibtisch von Reagans Wahlkampfhelfer Meese ein Memorandum landet. Geschrieben hat es Admiral Garrick, Mitglied der Oktober-Überraschungs-Gruppe. In dem Memo steht: »Casey will mehr Informationen aus dem Carter-Camp.«
Das Memorandum wurde verfaßt, nachdem Casey aus undichten Stellen im Weißen Haus »Non-public-Carter-Mondale-Campaign-Material« erhalten hatte.
Nach Reagans Wahlsieg wird der Ex-Admiral belohnt werden. Er wird ins Weiße Haus gerufen, wo seine »Aufgaben für jeden unklar waren«. (Laurence Barret, Gambling with History, S. 98) Noch nie gab es in einer Wahlkampagne eine derart massive Unterstützung durch CIA-Beamte wie 1980.

Die Unterstützung aus dem Pentagon liefert für die Oktober-Überraschungs-Gruppe ein anderer Mann. General Richard Secord. Secord ist in den USA während der Irangate-Affäre bekannt geworden. Er hatte ein privates Netzwerk unter der Schirmherrschaft von William Casey aufgebaut, mit dem Ziel, heimliche Waffenlieferungen in den Iran zu organisieren. Das aber war 1985. Secord verfügte über beste Qualifikationen im Nachrichtendienstgewerbe. Er kommandierte zwischen 1975 und 1978 die US-Militärmission im Iran, leitete danach vom Pentagon aus die US-Waffenverkäufe in den Mittleren Osten. In den ersten Monaten des Jahres 1980 ist er mit an den Planungen für die mißlungene Befreiungsaktion im Iran beteiligt. Danach bereitet er eine neue Befreiungsaktion vor, die jedoch nie durchgeführt wird. Mit diesem Mann haben die Reagan-Bush-Leute einen kapitalen Fang gemacht, dessen Dienste sie ihm belohnen werden. Im Pentagon fällt er nach Reagans Amtseinführung einige Stufen hinauf, wird zuständig für Afrika, den Mittleren Osten und Zentralasien. Seinen Job verlor er erst, als der Irangate-Skandal und seine Verwicklung darin nicht mehr dementiert werden konnte.

Die von General Garrick jedenfalls für die Aktion rekrutierten Offiziere sind alte Freunde. Sie wohnen auf oder in der Nähe von vier Militärstützpunkten: Andrews (Washington), McGuire (New York und Norton) und March in Kalifornien. Die Spionagetätigkeit bleibt nicht auf die USA beschränkt, sondern wird auf alle militärischen Stützpunkte der USA im Ausland ausgeweitet, besonders auf die in Europa.

Davon unabhängig, kontrollieren »harmlose Geschäftsleute«, vom Wahlkampfstab beauftragt, den New Yorker Flughafen, um zu beobachten, ob unter Embargo-Verbot fallende Waren freigegeben worden sind und in den Iran verladen werden. Im September ist das Netz perfekt. Selbst Quellen in der arabischen Welt — außerhalb der Regierung — werden angezapft, die über Kontakte zwischen Carter und der iranischen Regierung Internes berichten sollen. Und schließlich werden Kontakte mit den Familienangehörigen der Geiseln geknüpft, um zu erfahren, was die wissen.

Auf diese Weise erfahren die Männer im Reagan-Bush-Wahlkampfstab, daß sich auf der Tinker-Air-Force-Base in Oklahoma »Flugzeuge bewegen«. Die Basis ist einer der Plätze, auf dem für den Iran bestimmte Rüstungsgüter lagern, die Alarmmeldung kommt von General Jonny Grant von der Nationalgarde. Nur ein Beispiel dafür, wie perfekt inzwischen das Netzwerk funktioniert.

William Casey verfügt derweil über eine Menge Informanten aus der Carter-Administration, besonders aus dem Nachrichtendienst. Einer seiner Informanten ist ein Nachrichtenoffizier der Marine aus dem Stab des Nationalen Sicherheitsrats. Kopien der täglichen Lageberichte, die für den Chef des »Nationalen Sicherheitsrates«, NSC, ausgearbeitet werden, landen so wenig später bei Richard Allen vom Reagan-Wahlkampfstab. Berichte, die nach Aussagen von Sicherheitsberater Brzezinski »außerordentlich sensitiv« waren.

Ein anders Mitglied des »Nationalen Sicherheitsrats« zur damaligen Zeit ist Donald Gregg. Gregg arbeitete zwischen 1951 und 1979 für die CIA. Im Juli 1982 wurde er Chef des Nachrichten-Direktoriums des NSC. Gregg bewahrte sich die ganze Zeit seine Kontakte zur CIA, bis er unter dem späteren Vizepräsidenten George Bush dessen Sicherheitsberater wurde. Gregg, der schon in Vietnam enge Beziehungen zu General Richard Secord unterhielt, soll der zweite Mann im Weißen Haus gewesen sein, der Informationen an die Reagan-Bush-Kampagne weitergegeben hat. Wobei es schon früh Meldungen gab, daß ein hochplaziertes Mitglied der US-Nachrichtengemeinde Beziehungen zur Reagan-Bush-Kampagne aufgenommen hätte.

Stansfield Turner, unter Jimmy Carter CIA-Direktor, bestätigt uns gegenüber, daß es diese Spionageaktivitäten gegeben hatte. Wir treffen ihn in der Nähe von Langley, in einem kleinen abgeschiedenen Villenort. Er erwartet uns an der Tür, bietet freundlich Kaffee an und will wissen, weshalb wir ihn aufgesucht haben. »Wegen der Geiselaffäre.«

»Ja«, sagt er, »wir wissen, daß das Reagan-Wahlkampfteam

ehemalige Offiziere, die auf US-Militärbasen stationiert waren, eingesetzt hatte. Sie sollten herausfinden, ob irgendeine Art von Befreiungsaktion oder Lieferung von Waffenteilen stattfindet, um die Freilassung der Geiseln zu erreichen.«

Da wir inzwischen gehört haben, daß das Reagan-Bush-Wahl-kampfteam nicht nur Spione in den Militärstützpunkten einge-setzt hat, sondern es, zumindest ab September, Verhandlungen zwischen Reagan-Bush-Repräsentanten und Khomeini-Leuten gab, nehmen wir die Gelegenheit wahr und fragen ihn danach. Zuerst schluckt er und sagt dann: »Ich weiß nichts.«

»Aber«, wenden wir ein, »Sie haben doch in dieser Zeit einen Nachrichtensatelliten direkt über Teheran installiert, so daß Ihnen eigentlich Gespräche zwischen Khomeini-Leuten und Amerikanern, die nicht zur Regierung gehören, aufgefallen sein müßten.«

Turner wird ärgerlich, geradezu zornig.

»Sie haben eine außerordentlich übertriebene Vorstellung von dem, was Nachrichtenbeschaffung angeht. Daß die CIA über Satelliten alles erfährt, ist übertrieben.«

Sein Ärger steigert sich, für uns unerklärlich, immer mehr.

»Sie wollen wohl nur ein militärisches Geheimnis herausbekom-men?« Das weitere Gespräch war von diesem Zeitpunkt an wenig ergiebig. Vielleicht hielt er uns für irgendwelche dunklen Spione. Sei es denn. Es ist jedenfalls ein typisches Beispiel dafür, wie Recherchen über diese kritische Zeit zwischen September und Oktober blockiert, behindert werden, selbst von einem, der eigentlich mit großem Nachdruck dafür sorgen müßte, daß bestimmte Verdachtsmomente über illegale Machenschaften aufgeklärt werden. Wobei es schon verwunderlich ist, wie es als völlig normal hingenommen wird, daß da durch Privatpersonen spioniert wurde. Auch auf anderen politischen Ebenen wächst die Zustimmung für Reagan und Bush, vor allem auch die Bereitschaft, in der Geiselfrage einen Beitrag zu leisten.

Am 3. September schreibt Prescott Bush, der Bruder des nominierten Vizepräsidenten George Bush, einen Brief an James Baker, den Leiter des Bush-Wahlkampfstabes. Er habe, so Prescott Bush, »Warnungen von einem Berater des State Departments, Herbert Cohen, erhalten«, daß Carter »einiges unternehmen werde, um die Geiseln noch im Oktober freizubekommen«. Cohen selbst bezeichnet sich als Berater des Justizministeriums und des FBI bei Geisel- und Terroristen-Verhandlungen.

Später wird ein Senatsausschuß, der das »Debategate« untersucht, auf fünf Berichte mit der Bezeichnung »Geiseln« stoßen, die von diesem Herbert Cohen verfaßt wurden.

Die fünf Berichte beschäftigen sich alle mit der Iran-Krise und den daraus resultierenden Konsequenzen.

Die Berichte, zwischen zehn und 15 Seiten lang, sind als »Confidential« klassifiziert.

Cohens Beziehungen zu den Leuten der Reagan-Kampagne wurden durch Prescott Bush hergestellt. Der wiederum erhielt durch einen Freund in New York den Tip, daß Cohen Informationen über die Situation in der Geiselaffäre habe und er unzufrieden mit der Handhabung der Affäre durch Carter sei. Prescott Bush legt deshalb großen Wert auf den Kontakt zu Cohen. »Im Juli 1980«, so Cohen, »zur Zeit der National-Convention der Demokratischen Partei in New York City, erhielt ich einen Telefonanruf von Prescott Bush, der mich zu einem Lunch in den Yale Club in Manhattan einlud. Die Unterhaltung betraf auch die Geiselaffäre und wie sie durch Carter behandelt wurde. Meine persönliche Ansicht war, daß die Administration unbewußt die Situation falsch behandelte.«

Aus einem Brief von Prescott Bush an James Baker, bereits vom 2. September 1980 datiert, geht hervor, daß Bush sich mit Cohen zu einem Mittagessen getroffen habe und Cohen einige »heiße Informationen« über die Geiseln habe.

»Dear Jim. Ich war mit Herb Cohen am 29. August zum Lunch.

Er ist der Typ, von dem ich dir erzählt habe, der einige heiße Informationen für uns in der Geiselfrage hat. Im Moment hat er einige Abneigung, damit rauszukommen, und wenn nicht, ist er in diesem Punkt für uns nicht nützlich. Aber er ging auf einige hervorragende Dinge ein, die die Kampagne im allgemeinen und die Strategie betreffen, die wir benutzen sollten ... Er (Reagan, d. Verf.) sollte sorgfältig Carters Einsatz von Regierungsangestellten und Kabinettsbeamten für den Wahlkampfeinsatz beobachten. Carter würde nur einen Teil für den Wahlkampf aufbringen und die meiste Zeit damit verbringen, eine Aura der Kompetenz des Präsidenten zu verbreiten, indem er im Weißen Haus bleibt.« Die Berichte an die Bush-Reagan-Leute, behauptet Cohen später vor der »Debategate«-Senatskommission, »wurden ohne Hilfe irgendwelcher Regierungsdokumente oder Informationen verfaßt, sondern basieren auf meiner eigenen Kenntnis des Iran«.

Was nun weitere Verbindungen von Cohen zu offiziellen Regierungsstellen angeht, widersprechen sich die Betroffenen. Cohen selbst sagt, daß er niemals offizielle Regierungsdokumente oder Informationen über die Geiselaffäre im Iran erhalten habe.

»Herb hat eine Anzahl von wichtigen Quellen im Nationalen Sicherheitsrat, über den die Administration nichts weiß«, schrieb dagegen Bushs Bruder Prescott an den Wahlkampfstab. Der Grund, warum man den Kontakt mit Cohen pflegte.

Sicher ist, daß Cohen zu einem wichtigen Mann im Nationalen Sicherheitsrat Kontakte hatte, zu Gary Sick. Gary Sick arbeitet, wie schon zuvor unter Präsident Ford, bei Carter als Sicherheitsberater, zuständig für den Iran. Er bestreitet, daß er an Cohen interne Dokumente weitergegeben habe. Zwar habe ihn »Cohen mehrmals angerufen, aber ich war nicht davon überzeugt, daß Cohen irgendwelche neuen Informationen hat«. Cohen wiederum erklärt gegenüber dem FBI, daß auf Sicks Bitten sich die beiden schon im Mai 1980 getroffen hätten, um über die Geiselfrage zu diskutieren. Gleichgültig, wer wem welche Informationen gegeben hat, die Reagan-Bush-Kampagne jedenfalls war im Besitz wichtiger Dokumente, die notwendig waren, um immer auf dem neuesten Stand der Geiselaffäre sein zu können. Die Kontakte zwischen Cohen und der Reagan-Bush-Kampagne enden jedoch nicht im September. Sie setzen sich vielmehr noch im Oktober fort.

Mitte Oktober ruft William Casey im Büro von Cohen an. »Ich traf mich mit ihm im ›Plaza‹-Hotel. Ich kann mich nicht genau erinnern, wer mich mit Casey in Kontakt brachte. Während des Treffens präsentierte ich meine persönliche Meinung über die Geiselkrise. Soweit ich mich erinnern kann, hatten weder ich noch Casey irgendwelche Dokumente dabei. Während ich redete, speiste Casey. Die zwei Punkte, an die ich mich erinnern kann, sind, daß mich Casey fragte, ob ich glaube, daß die 52 Geiseln noch leben und in guter gesundheitlicher Verfassung seien.« (Report des Subcommittee on Human Resources, House of Representatives, 17. Mai 1984)

Die Beantwortung der Fragen ist für Casey wichtig, weil seine Freunde jetzt eine neue Stufe der »Geheimoperation Oktober-Überraschung« erklommen haben: Sie wollen endgültig dafür sorgen, daß die Geiseln nicht vor den Präsidentschaftswahlen freikommen werden. Anlaß war nicht nur eine Meldung in einer Fernsehstation, daß Verhandlungen zwischen den USA und iranischen Regierungsvertretern vor dem Abschluß stehen würden, wonach die Geiseln in Kürze in ihre Heimat zurückkommen können. In der Meldung hieß es weiter, daß es einen Deal geben würde, wonach als Gegenleistung für die Freilassung der Geiseln Waffen, Einzelteile, in den Iran geliefert würden. Die Meldung war eine gezielte Desinformation, um den Teil des Planes der »Oktober-Überraschungs-Gruppe« umzusetzen, Carter zu diskreditieren. Denn die Nachricht kam, so ein Informant, aus der Reagan-Bush-Wahlkampfmannschaft. Die Gerüchteküche wird am Brodeln gehalten, gleichzeitig tut sich einiges, und zwar unabhängig von den offiziellen Kanälen zwischen iranischer und amerikanischer Regierung.

Der Diplomat, der in die Bundesrepublik kam

Mitte September 1980 verlagern sich die Aktivitäten zur Lösung der Geiselprobleme offiziell – aber streng geheim – in die Bundesrepublik. Die Bundesrepublik, damals von einer SPD/FDP-Koalition regiert, ist ein wichtiger Handelspartner des Iran und unterhält auch zur neuen Regierung in Teheran beste Kontakte. Sie hat sich deshalb als Vermittler angeboten, um einen Beitrag zur Lösung des Problems zu leisten, obwohl Jimmy Carter in der Bonner Regierung, ob bei Bundeskanzler Schmidt oder Außenminister Genscher, kein besonders hohes Ansehen genießt.
Begonnen hat die folgende Affäre, die das Geiseldrama entscheidend beeinflussen soll, am 10. September in Washington.
An diesem Tag werden die verantwortlichen Iran-Experten im Weißen Haus und aus dem Außenministerium zu einem wichtigen Treffen mit dem Präsidenten gerufen. Im »Oval Office« eröffnet ihnen Warren Christopher, Carters Beauftragter für Iran-Verhandlungen, daß in den nächsten Tagen ein Treffen mit Sadegh Tabatabai, Ahmad Khomeini und Hashemi Rafsanjani stattfinden soll, um die Geiselfrage zu diskutieren. Tabatabai verfüge über gute Kontakte zum deutschen Botschafter im Iran, Gerhard Ritzel, und habe ihn informiert, daß der Iran unter folgenden Bedingungen die Geiseln freilasse.
1. Freigabe von iranischen Vermögenswerten und ihr Transfer aus den USA.
2. Eine bindende Erklärung, daß die USA sich weder militärisch noch politisch in iranische Angelegenheiten einmischen und
3. daß die Vermögenswerte des Schahs und seiner Familie in den Iran transferiert werden.

Zum erstenmal werden die offiziellen iranischen Regierungskanäle ausgeschaltet. Bani-Sadr, so wissen die Männer im Weißen Haus inzwischen, hat nicht mehr die politische Kraft, um eine Lösung zu erreichen.

Sadegh Tabatabai hat über diese Veränderung der Lage auch den amtierenden Staatspräsidenten Bani-Sadr informiert. Bani-Sadr erzählt uns dazu:

»Er ist zu mir gekommen, um mir mitzuteilen, daß Khomeini ihn beauftragt hat, über Herrn Genscher Kontakt mit den USA aufzunehmen, um die Geiselprobleme zu lösen. Ich denke, Khomeini hat das getan, weil er auf zwei Ebenen spielen wollte. Nämlich auf der mit Herrn Carter und auf der mit Herrn Reagan.«

Zum erstenmal wird über diesen Zeitraum bekannt, daß Khomeinis Leute nicht nur mit der Regierung Carter, sondern auch mit dem Stab von Reagan Verhandlungen aufgenommen haben müssen.

Doch zuerst, ob als Tarnung geplant oder nicht, kommt der Kontakt zwischen den Mullahs und der Carter-Regierung direkt zustande. In Washington ist man überglücklich.

»Nach zehn Monaten des Wartens und fruchtloser Hoffnungen schienen die Iraner nun in Eile zu sein. Tabatabai plante, am Sonntag nach Deutschland zu kommen, und war vorbereitet, sich mit US-Repräsentanten zu treffen, um die Angelegenheit auf der Basis der drei Konditionen zu diskutieren. Überraschenderweise bestand Tabatabai darauf, daß die Angelegenheit noch vor dem ersten Jahrestag der Geiselnahme gelöst werden solle, dem Tag der US-Präsidentschaftswahlen. Es war zum erstenmal, daß die US-Regierung sich jemandem aus dem inneren Zirkel von Khomeini annäherte.« (Gary Sick, All Fall Down, New York 1985, S. 364)

Fast zur gleichen Zeit, am 17. September, wird im Wahlkampfbüro von Reagan bekannt, daß General Richard Ellis, der Vorsitzende des Strategischen Luftkommandos, ein Treffen mit dem Kandidaten Reagan wünscht. Im Memo steht dazu:

Der General hat gesagt, daß er Jimmy Carter aus dem Wasser blasen möchte, »to blow Jimmy Carter out of water«. (The Nation, 20. 6. 1987)

Am 16. September jedenfalls fliegt Warren Christopher, Carters Beauftragter für alle Iran-Verhandlungen, nach Bonn und trifft sich zweimal, am 16. und 18. September, in Bonn mit Khomeinis engem Verwandten, Sadegh Tabatabai. Anwesend bei den Verhandlungen ist, nach Auskunft von Gary Sick, auch Außenminister Genscher.

Bei dem Gespräch ging Christopher auch auf die eingefrorenen Vermögenswerte ein, 5,5 Milliarden Dollar, die sofort freigegeben werden, wenn die Geiseln freikommen. Doch Tabatabai wollte mehr, als daß Vermögenswerte freigegeben werden. Er wollte, daß die bereits vom Schah bezahlten Waffen, die Carter wegen der Geiselaffäre gleichfalls blockiert hatte, als »Sondergabe« freigegeben werden. Denn im Iran wird immer deutlicher, daß der Nachbar Irak alles daransetzt, um die bisherigen Grenzkonflikte auszuweiten. Ein Krieg droht. Waffen sind daher notwendig, zumal das iranische Militär überwiegend mit amerikanischen Waffen ausgerüstet ist.

Die Forderung aus iranischen Regierungskreisen, Waffen zu liefern, ist nicht neu. Schon in den letzten Wochen forderte der Iran fast täglich, wie sich Gary Sick erinnert, daß die vom Schah noch bezahlten Waffen freigegeben werden sollen. Carter hat bislang prinzipiell abgelehnt. Jetzt, im September, kann Tabatabai eigentlich zufrieden sein. Erstmalig erhält er von Warren Christopher die Zusage, daß man die Liste der geforderten Waffen, insbesondere Ersatzteile für Flugzeuge, wohlwollend überprüfen werde. Er würde bald Bescheid erhalten. Als Gegenleistung dafür, so Tabatabai, sei sicher, daß die Geiseln bald frei sein werden, und zwar noch im Oktober.

Warren Christopher fliegt voller Hoffnung zurück und läßt Tabatabai nach seiner Rückkehr in Washington und nach Absprache mit Jimmy Carter über die bundesdeutsche Botschaft in Washington mitteilen, daß ein Teil der geforderten Waffen geliefert werden kann.

Doch Tabatabai muß an diesen entscheidenden Septembertagen schon andere Kontakte geknüpft haben. Denn nachdem Warren Christopher abgereist war, macht Tabatabai in einem vertraulichen Gespräch mit Außenminister Genscher klar, daß unter der Präsidentschaft von Carter keine Geiselfreigabe erfolgen werde. »Merkwürdig«, so beklagt sich Warren Christopher heute, »daß diese Information nie nach Washington gelangt ist.«

Das bedeutet übersetzt, daß das bundesdeutsche Außenministerium gewußt hat, daß Carter keine Chancen einer Geiselfreigabe hatte, trotz der Verhandlungen in Bonn und der iranischen Zusage, daß die Geiseln noch vor den Wahlen freikommen. Und diese so wichtige Information wurde nicht an das Weiße Haus weitergeleitet.

Im Weißen Haus wundert man sich, daß diesmal auf das Angebot von Waffenlieferungen, auf das die Iraner in der Vergangenheit so begierig waren, keine Antwort eintrifft. Hängt es damit zusammen, daß im Iran wenige Tage nach dem Treffen der Staatschef des Irak, Saddam Hussein, den Befehl gibt, im Iran einzumarschieren, daß der Golfkrieg ausgebrochen ist?

Oder steht es in Zusammenhang damit, daß zur selben Zeit, als Warren Christopher nach Washington reiste, in Paris beim damaligen Chef des Geheimdienstes SDECE, Alexandre de Marenches, ein Telefonanruf aus dem Hauptquartier der Reagan-Bush-Wahlkampfmannschaft eintraf. Man bittet um Unterstützung in der Geiselaffäre, sucht Kontakt mit Männern, die Khomeinis Vertrauen haben.

Sadegh Tabatabai ist ein einflußreicher Politiker und Waffenhändler. Nach der iranischen Revolution hatte er mehrere wichtige Ämter in der Khomeini-Regierung inne. In der provisorischen Regierung von Bazargan diente er 1979 als Regierungssprecher, war danach Kandidat für das Amt des Staatspräsidenten, ein Rivale von Bani-Sadr. Später, noch im Jahr 1980, wurde er auf Anweisung von Khomeini im Teheraner Präsidialamt zuständig für Geheimdienste. Nach Ausbruch des Golfkrieges wurde er »Geheimdiplomat«, der islamische Kissinger.

Tabatabai war aufgrund seiner verwandtschaftlichen Bindung an Khomeini und aufgrund seines politischen Einflusses von Anfang an ein wichtiger Kontaktmann zwischen Bonn und Teheran. Tabatabai, der seine Kleider in Paris bei Lapidus und Saint Laurent einkauft, deshalb auch »Sadegh le Beau« genannt wird, entwickelt sich sehr schnell zum wichtigsten Waffenkäufer für die iranische Revolution, eröffnet Büros in ganz Westeuropa.

Der Mann, der das Vertrauen von Außenminister Genscher genoß, geriet 1983 in die bundesdeutschen Schlagzeilen. Als er in Düsseldorf verhaftet wurde, weil in seinem Gepäck anderthalb Kilo Opium gefunden wurde. »Das hat man in meinen Koffer geschmuggelt«, entschuldigt er sich.

Im Februar 1983 sollte er sich deshalb vor einem Düsseldorfer Gericht verantworten. Die ersten Verhandlungstage fanden unter Ausschluß der Öffentlichkeit statt.

»Nichts ist über die geheimen Gerichtsverhandlungen zu erfahren«, beklagen sich die neugierigen Journalisten. Es war wohl deshalb nichts zu erfahren, weil die guten Beziehungen zwischen dem Iran und der Bundesrepublik nicht getrübt werden sollten und »die Sicherheit der BRD gefährdet sei«, so die offizielle Version. Tabatabai kann jedenfalls lächelnd aus dem Gerichtssaal treten. Er hat auch Grund zu lächeln.

Auf Intervention von Außenminister Genscher, der ihm eilig den Status eines diplomatischen Sonderbotschafters verlieh, konnte er winkend wieder nach Teheran abfliegen. Um dann seine

Waffengeschäfte weiterzuorganisieren, zuerst nur von Teheran aus, dann, nach wenigen Monaten, wieder vom Boden der Schweiz und der Bundesrepublik aus. Er hatte eben mächtige Gönner, was nicht nur damit zusammenhängt, daß er vieles über die offiziellen Verhandlungen in der Geiselfrage wußte und immer noch weiß.

Taktisch geschickt, ganz seinem Ruf eines »Kissinger des Islams« entsprechend, wurden nämlich ab September 1980 Doppelverhandlungen geführt. Einmal mit der Regierung von Carter, gleichzeitig mit Carters politischen Herausforderern Reagan/Bush. Zeitgleich mit den Verhandlungen in Bonn sind nämlich auch Verhandlungen zwischen Reagan-Leuten und Khomeinis Abgesandten gelaufen sein. »Denn«, so Bani-Sadr, »ich kann Ihnen auch sagen, daß der Reagan-Clan auch meine Freunde in Europa angesprochen hat. Sie haben nicht nur mit den Mullahs verhandelt, sondern auch versucht, mit mir ins Geschäft zu kommen. Ich habe es zurückgewiesen und ihnen gesagt, wie soll ein Präsident mit Ihnen verhandeln? Sie sind ja Privatleute.«

Auf unsere Frage, was Reagans Leute ihm, Bani-Sadr, denn angeboten haben, antwortet er:

»Sie haben angeboten, Waffen zu liefern als Gegenleistung dafür, daß von seiten des Iran die Befreiung der Geiseln hinausgezögert wird.«

Aber die Mannschaft von Reagan und Bush hat nicht nur Waffen angeboten, »sondern sie sind noch weitergegangen. Sie haben versprochen, dieses Regime zu schützen und sogar zu unterstützen, damit es bestehen bleiben kann.«

Bani-Sadr hat diese sensationellen Enthüllungen in seinem Pariser Exil getan, nachdem er, von den Mullahs politisch geschlagen, 1982 heimlich aus Teheran fliehen mußte.

Ist das daher alles die kühne Konstruktion eines politisch geschlagenen Mannes, eines Politikers, der Realität nicht von

Phantasie unterscheiden kann? Das behauptet jedenfalls die Reagan-Administration, das behauptet der heutige Präsident Bush, und das glauben seltsamerweise auch die Repräsentanten der internationalen Medien. Seine entsprechenden Äußerungen in den letzten Jahren hat niemand ernst genommen. Niemand will einem geschlagenen Staatspräsidenten glauben, obwohl der sich recht präzise erinnern kann an das, was damals vorgefallen ist.

Fest steht jedenfalls, aus damaliger iranischer Sicht, daß Bani-Sadr Khomeini, den er 1980 immer noch verehrt, in Ghom sowohl über das Gespräch mit den Reagan-Leuten als auch darüber, daß hinter seinem Rücken inzwischen weiterverhandelt wird, informierte.

Die September-Ouvertüre

Zurück in die Bundesrepublik. Wir haben Hinweise auf die französische Spur erhalten, wonach von Paris die Initiativen für einen Geiseldeal zwischen Reagan- und Khomeini-Abgesandten ausgegangen sind.

Irgendwann im Frühjahr 1989 treffen wir uns mit einem französischen Geschäftsmann, einem der engsten Mitarbeiter des inzwischen zurückgetretenen französischen Geheimdienstchefs Alexandre de Marenches.

Es ist noch ziemlich früh an diesem Morgen, zehn Uhr, und wir gehen deshalb in die Cafeteria des Hotels, in dem wir uns verabredet haben. Der Raum ist leer. Doch es vergehen nicht einmal fünf Minuten, als sich an einen Nebentisch, direkt uns gegenüber, ein zirka vierzigjähriger Mann setzt, auch Kaffee bestellt und ansonsten in die Luft stiert. Sofort blicken der Franzose und sein Begleiter zu ihm hinüber. Und im gleichen Augenblick bleibt das Gespräch auf der unverfänglichen Ebene. »Ach, wie schön ist doch Amerika.« Wir reden über alles mögliche, nicht über das, weshalb wir uns eigentlich getroffen haben. Uns ist klar, daß man auf diesem Platz von nun an zwar über den Preis eines doppelten Cheeseburgers, 95 Cents, reden kann. Das ist es dann aber auch. Deshalb brechen wir schnell auf, gehen in ein angemietetes Hotelzimmer. Wir machen ein wenig Konversation, und nachdem er uns seine Ausweise gezeigt und etwas über HAWK-Raketenteile erzählt hat, die von Frankreich aus in den Iran geliefert wurden, kommen wir zum spannenden Teil.

Weiß er etwas über die damalige Situation in Washington und Paris? Das ist es, was wir wissen wollen.

»Natürlich.«

Sofort erwähnt er Commander Benes, jenen Mann also, der bekannt wurde, als das Waffengeschäft Irangate aufgeflogen ist. Und dann fällt als erstes ein wichtiger Name: »Alexandre de Marenches.«

»Wissen Sie, daß im August/September Kissinger sich an seinen Freund Alexandre gewandt hat? Kissinger wollte, daß die Geiseln erst nach den Wahlen freikommen sollten, um Reagans Wahl zu sichern. Er sei mit Casey nach Paris geflogen, um dort die ersten Verhandlungen zu beginnen. Und zwar hat das Treffen im ›Hilton‹ stattgefunden.«

Wir wollen von ihm nähere Daten wissen, die aber will er erst bei einem weiteren Treffen preisgeben.

Ein schwerer Vorwurf, den er da erhebt und der deshalb so wichtig für uns ist, da Kissingers Name auch in anderen Zusammenhängen mit dem Geiseldeal gefallen ist. Und wir erinnern uns an eine Meldung, daß Henry Kissinger großes Interesse an einem Posten der Reagan-Regierung geäußert haben soll. (Ferguson/Rogers, The Hidden Election, New York, S. 223)

Deshalb wollen wir noch erfahren, woher er seine genauen Kenntnisse hat. »Es gibt insgesamt drei Protokolle unseres Geheimdienstes von den Treffen, die damals in Paris stattgefunden haben. Außerdem haben an den verschiedenen Verhandlungen auch Franzosen teilgenommen, die direkten Zugang zu Alexandre de Marenches hatten.«

Im weiteren Verlauf des Gespräches interessiert uns zwangsläufig, ob er nur ein Blender ist oder wirklich ein Eingeweihter. Er erzählt beispielsweise einiges, was in keinen Protokollen, in keinen Veröffentlichungen bislang zu lesen war. Darüber, daß »1986 ja Oliver North und McFarlane nach Teheran geflogen sind in Sachen Waffengeschäfte. Und an jedem Abend ist Oliver

North mit einem Taxi in die Botschaft Irlands gefahren, um dort echten irischen Whisky abzuholen, denn den hat es im Hotel nicht gegeben.«

»Die Franzosen jedenfalls«, so bestätigt er, »haben sowohl 1980 wie bei Irangate von Anfang an genau Bescheid gewußt.«

Und er erwähnt einen weiteren Mann, der bei den Treffen 1980 anwesend gewesen sein soll: Cyrus Hashemi. Er ist der Mann, der im Sommer 1980 in Madrid schon »wegen Waffen« mit der US-Regierung verhandelt hatte und, als das nicht erfolgreich endete, sich an die Gegenseite gewandt hatte.

»Er ist jener Mann, der an Leukämie gestorben ist«, sagen wir. Und da lacht der Ex-Geheimdienstler: »Das war Gift.«

Wir unterhalten uns noch über ein neues Buch des Watergate-Enthüllungsjournalisten Bob Woodward, der behauptet, am Totenbett des CIA-Direktors William Casey gewesen zu sein. Der Franzose ist davon überzeugt, daß Woodward nie am Totenbett gesessen haben könne, da immer Caseys Ehefrau und/oder Tochter dort waren, die er mit Vornamen anredet. Auch die weiteren Erzählungen überzeugen uns von seinen intimen Detailkenntnissen, die er nicht aufbauscht, und er stellt sich auch nicht als der große Enthüller in den Mittelpunkt. Daß er überhaupt erzählt, hat damit zu tun, daß er sich von der sozialistischen Regierung in Paris hintergangen fühlte, als es um einen hohen Posten in einem regierungsnahen Amt ging.

Seine Aussage deckt sich jedenfalls mit dem, was wir aus Washington erfahren haben: daß zwischen dem 20. und 25. September die ersten »Strukturgespräche« zwischen Khomeini-Leuten und Reagan-Wahlhelfern stattgefunden haben.

In ihnen ging es darum, Konditionen und Operationen vorzubereiten, die weit über das hinausgehen, was Watergate und Irangate zusammen politisch für die USA bedeutet haben.

Gary Sick, das Ex-Mitglied des Nationalen Sicherheitsrates unter Carter und Reagan: »Die Amerikaner wollten zu dieser Zeit, daß die Geiseln freigelassen werden. Und wenn herauskommen sollte, daß eine politische Kampagne sanktionieren würde, daß die Geiseln länger bleiben müssen, um dadurch Chancen für den Wahlgewinn zu haben, wäre das ein Zusammenbruch dessen, was man als normalen Weg der Demokratie bezeichnen würde. Es wäre ein Sieg um jeden Preis.«

Ist eine solche »Horror-Picture-Show« des demokratischen Verfalls tatsächlich eingetreten?

Ein besonders aufschlußreiches Dokument, das auf weitere Verbindungen aufmerksam macht, gehört zu CIA-Unterlagen, die während der Irangate-Hearings im US-Senat öffentlich wurden. Die Angaben in diesen Unterlagen sind überwiegend geschwärzt, das heißt, sie sind »Geheimsache«.

Eine besondere Stelle dieser Dokumente (mit der Nr. 49870) erwähnt Cyrus Hashemi:

»Dr. Hashemi erklärt, daß er in Verhandlung mit – geschwärzt – sei, und sagt, er weiß über einen vorhergegangenen Versuch, mit George Bushs Bruder und zusammen mit einem Mann namens Shackley die Iraner wegen dieser Sache zu kontaktieren.«

Das Dokument ist abgezeichnet von William J. Casey, seines Zeichens CIA-Direktor. In dem Dokument ging es um die Freilassung von im Libanon festgehaltenen Geiseln, für deren Befreiung die USA 1985 bereit waren, Waffen an den Iran zu liefern – eben Irangate.

Der einzige andere »Versuch« fand 1980 statt. Doch bislang achtete niemand auf diese brisante Aussage. Sie bestätigt hochoffiziell, daß Verhandlungen in der Geiselfrage stattfanden – ohne Wissen der amtierenden Carter-Administration.

Und diese Verhandlungen gingen so weiter:

Die Oktober-Überraschung

Ende September, Anfang Oktober 1980 spitzen sich die Ereignisse zu. Jeden Morgen, zwischen 6 Uhr und 6.30 Uhr, besprechen im Reagan-Wahlkampfbüro die führenden Mitarbeiter, unter anderem William Casey und Admiral Garrick, den Stand der Geiselfrage, entwickeln Pläne, was zu tun sei.

Daß Carter siegen würde, wenn die Geiseln noch in diesem Monat freigelassen würden, war auch im Iran bekannt. Doch Carters Position in der Waffenfrage war ebenfalls eindeutig. Er war bereit, bestimmte Rüstungsgüter im Wert von 150 Millionen Dollar loszueisen, sofern die Geiseln freikommen. Derweil liefern schon andere Nationen Waffen, die Israelis zum Beispiel. Als Carter im Oktober erfährt, daß Israel F-14-Kampfflugzeuge an Khomeini geliefert hat, ist Carter, so die »Washington Post« am 18. 8. 87, »außer sich«. Denn noch im Frühjahr hatte ihm der israelische Ministerpräsident fest zugesagt, daß Israel Waffenlieferungen an den Iran unterbinden werde.

Am 3. Oktober erreicht das Präsidentenbüro aus unbekannter Quelle ein Dokument der CIA. In ihm wird Bezug auf einen Waffenhändler genommen, der sich an die CIA gewandt habe, um einen Tausch Waffen gegen Geiseln zu arrangieren. Demnach habe Houshang Lavi, ein im Iran geborener US-Staatsbürger, erklärt, daß er Ersatzteile für F-14-Kampfflugzeuge im Wert zwischen sieben und zehn Millionen Dollar liefern kann, sofern diese Waffen freigegeben werden. Als Gegenleistung würde er die Freilassung der Geiseln arrangieren können.

In der Anlage dieser CIA-Dokumente befindet sich das »Memo of Conversation«, als »geheim« klassifiziert, das vom 2. Oktober datiert.

»Der Mann«, so heißt es in dem Memorandum, sei in »Verhandlungen über den Verkauf von F-14-Flugzeugen in den Iran involviert. In Verbindung mit einer Übereinstimmung der drei Khomeini-Forderungen könnte er einen Austausch der Geiseln erreichen.«

Das Szenario für den Austausch sieht vor, daß ein mit Ersatzteilen beladenes Flugzeug in den Iran fliegt und irgendwo außerhalb Teherans, wo die Geiseln warten würden, landet. Wenn die Waffen ausgeladen sind, könnten die Geiseln an Bord und in die USA ausgeflogen werden.

Der Waffenhändler wendet sich schließlich selbst an die Carter-Administration, wird auch empfangen. Er wird gefragt, ob Bani-Sadr informiert sei, worauf der Mann, Houshang Lavi, erklärt, daß das so sei.

Lavi war immerhin im Besitz der geheimen Liste von Waffenersatzteilen, die der Iran so dringend anforderte.

»Ich fragte ihn, wie er die Liste bekommen hat. Er sagte, daß sie aus dem Iran käme, über Kontakte in Spanien«, so notiert Harold H. Saunders vom State Department in einem Memorandum das Gespräch, das er mit Lavi geführt hat. (Dokument: Secret, Eyes Only, vom 9. Oktober 1980)

Die Carter-Regierung schien zunächst bereit, auf die Vorschläge von Lavi einzugehen. In einem weiteren Dokument (Secret/Sensitive) vom 15. Oktober 1980 schreibt Saunders, daß »wir die Vorschläge verfolgen und selbst mit dem iranischen Staatspräsidenten Bani-Sadr prüfen«.

Lavi und sein Partner müssen damals sehr gedrängt haben, eine Entscheidung herbeizuführen.

Saunders über das Gespräch, das am Nachmittag des 15. Oktober stattgefunden hat:

»Er machte viel Druck, da die Zeit läuft und wir zu langsam sind.« Wenige Tage später kommt die Antwort aus Teheran. Am 21. Oktober verfaßt Harold H. Saunders ein neues Memorandum:

»Wir haben nun eine Antwort von einem befreundeten Botschafter in Teheran, der mit Bani-Sadr gesprochen hat. Und Bani-Sadr erklärt, daß Lavi keine Genehmigung hat, im Namen von Bani-Sadr zu sprechen. Lavis Partner Regovin sagte: ›Wir haben gehört, daß die Iraner keine Verhandlungen mit der Carter-Administration führen werden.‹ Ich sagte, daß ich so etwas nicht gehört habe.«

Lavi und sein Partner Regovin wissen natürlich, wovon sie sprechen.

Denn in diesen wenigen Tagen hat sich vieles geändert, was die Nebenverhandlungen der Reagan-Bush-Wahlkampfleute angeht, die im September in Paris begonnen haben. Das aber konnte die Carter-Regierung nicht wissen, obwohl es Lavi und sein Kompagnon gegenüber Saunders, nicht einmal verklausuliert, angekündigt hatten.

Nicht Bani-Sadr hat das Waffengeschäft genehmigt oder gar abgeschlossen, sondern seine größten Rivalen, die Mullahs.

Lavi verhandelte damals bereits zweigleisig. Er hat wegen des Geiseltauschs gegen Waffen nicht nur die Carter-Administration zu überzeugen versucht. Gleichzeitig muß er sich auch an die Reagan-Bush-Administration gewandt haben und an einen weiteren Präsidentschaftskandidaten, John Anderson.

In CIA-Dokumenten wird Houshang Lavi erwähnt als ein altgedienter Waffenhändler, der zwei Jahre zuvor, als der Schah flüchten mußte, dabei war, hochwertige Raketen aus dem Iran abzubauen und in die USA zurückzubringen. Der Mann, der heute in Los Angeles lebt, ist für Interviews nur schwer zu erreichen. Mal sagt er zu, mal sagt er ab.

Sicher ist, so die CIA-Dokumente, daß Houshang Lavi, als

Präsident Carter nicht auf den Handel eingehen will, sich an die Reagan-Bush-Kampagne wendet, die inzwischen zu einer Art von Sammelbecken frustrierter Waffenhändler geworden sein muß.

Sein Gesprächspartner dort ist anfangs James Baker, der Leiter der Wahlkampfkampagne von George Bush. James Baker ist heute übrigens Außenminister der Vereinigten Staaten. Damals hat er jedenfalls mehrmals mit Lavi gesprochen und ihn dann an Richard Allen und McFarlane verwiesen.

»Wir haben uns in Washington verabredet. Ich glaube, es war am 2. Oktober 1980«, das erzählt uns Lavi, nachdem wir ihn endlich einmal getroffen haben. »Die Teilnehmer am Geheimtreffen im Washingtoner ›L'Enfant-Plaza‹-Hotel sind McFarlane, Richard Allen und Laurence Silbermann — hochrangige Stabsangehörige der Wahlkampfmannschaft von Reagan.« Alle drei bestätigen später das Treffen, sagen aber, daß es zu keinen Abschlüssen gekommen sei.

Gary Sick, Mitglied des Nationalen Sicherheitsrats, bestätigt diese Version, wonach es Ende September, Anfang Oktober 1980 Kontakte gab, um einen Tausch Waffen gegen Geiseln zu arrangieren. So sei John Anderson, ein weiterer Präsidentschaftskandidat, von einem bekannten Waffenhändler angesprochen worden.

»Der Vorschlag war, daß die Geiseln befreit werden können, wenn die USA Ersatzteile für F-14-Flugzeuge liefern würden. Die Verantwortlichen der Anderson-Kampagne kamen sofort ins Weiße Haus, um uns das mitzuteilen. Wir erzählten ihnen, daß wir mit Herrn Lavi auch in Kontakt stehen, aber nicht auf den Vorschlag eingehen werden. Und sie stoppten daraufhin die Sache. Wir gingen davon aus, daß die Reagan-Leute ebenfalls angesprochen werden. Und sie wurden auch von Herrn Lavi kontaktiert. Wir glaubten, daß sie sich auch an uns wenden würden, um uns zu sagen, was los ist. Damit das in den normalen Regierungskanälen verarbeitet werden kann. Aber sie taten es nicht.«

Die »Oktober-Überraschung«, einst gebildet, um Maßnahmen zu ergreifen, damit Carter die Geiselfrage nicht politisch benutzt, um die Wahlen zu gewinnen, hat nun einen offensiven Charakter angenommen. Was von nun an die Aufgabe der »Oktober-Überraschungs-Gruppe« aus dem Wahlkampfstab Reagan und Bush ist, beschreibt Mr. Alias: »Es war ihre Aufgabe, dafür zu sorgen, daß die Geiseln nicht vor den Wahlen freigelassen werden.«

Erneut fallen merkwürdige Parallelen auf. Houshang Lavi wie der französische Ex-Geheimdienstler sprechen von einem Mann, der dabeigewesen sein soll: Cyrus Hashemi.

Lavi berichtet jedoch noch von weiteren Treffen, die später stattgefunden haben sollen, Mitte Oktober in Paris.

»Ich muß Ihnen sagen, daß der iranische Waffenhändler Hashemi, der eigentlich ein Bankier in London war, mich gebeten hatte, nach London zu kommen, was ich auch tat. Dann nahm er mich mit nach Paris. Dort war ein Beschaffungsoffizier der iranischen Regierung, ich glaube, sein Name war Colonel Deghan. Dr. Hashemi war dort damit beschäftigt, sich um die Befreiung der amerikanischen Geiseln zu kümmern, zusammen mit der Reagan-Bush-Wahlkampfmannschaft.«

Die Meldungen überschlagen sich jedenfalls in den nächsten Tagen.

10. Oktober: Ein von Richard Allen geschriebenes Memo notiert:

»FCI – Mögliche Freilassung der Geiseln gegen Waffenteile.«

FCI ist das Kürzel für Fred Ikle, einem Mitglied der »Oktober-Überraschungs-Gruppe«.

11. Oktober: General Hoseyn Fardust, Kopf der iranischen Geheimpolizei SAVAMA, so wird berichtet, habe kürzlich Washington besucht. Er wollte mit CIA-Offiziellen über einen Plan

sprechen, die Geiseln noch vor den Wahlen freizubekommen und den Iran im Krieg gegen den Irak zu unterstützen. Auf diese, im übrigen falsche Meldung muß sich wohl das Memorandum von Richard Allen beziehen.

Die Endphase des Wahlkampfes beginnt nun, und noch immer droht eine »Oktober-Überraschung«.

14. Oktober: Zum erstenmal während der Kampagne läuft in den Umfragen der Reagan-Wahlanalytiker Reagan mit nur zwei Prozentpunkten hinter Carter.

»Einiges muß nun getan werden«, schreiben Reagan-Wahlforscher Germond und Witcover später. »Reagans Kampagne ist aus der Sicht von vielen Insidern am Boden, wenn die Geiseln noch freikommen.«

Auch andere Meinungsumfragen gelangen zu ähnlichen Ergebnissen. Sie gehen davon aus, daß Carter einen zehnprozentigen Vorsprung vor Reagan erhalten werde, wenn die Geiseln noch in der Woche zwischen dem 18. und 25. Oktober heimfliegen würden. Wirthlin, der Wahlanalytiker in der Reagan-Mannschaft, ist von dieser Entwicklung nicht überrascht.

Er wirkt auf William Casey ein, sofort an einer Gegenstrategie zu arbeiten. »Die Wahlen sind verloren«, schreibt er an Casey, »wenn Carter die Geiseln noch freibekommt.«

Während Wirthlin später, in einer Diskussion, sagen wird, daß »die Kampagne in den ersten beiden Wochen des Oktober zwangsläufig eine andere Strategie erhalten mußte, um alle Möglichkeiten für den Gewinn auszuschöpfen«, ist Caseys Antwort eine ganz andere: »In den ersten beiden Oktoberwochen? Nein, es lief alles gut.«

Warum wohl?

Es war in der Nacht des 18. Oktober, als drei Flugzeuge vom Boden des Washingtoner »National Airport« abheben:

unter anderem eine BAC1-11, Flug-Register-Nr. HZM01. Das

Flugzeug gehört zur »Tiger-Air«-Luftgesellschaft, die in der Vergangenheit als CIA-Tarnfirma eingesetzt wurde. »Tiger« mietete auch die zweite Maschine, die einem saudischen Besitzer gehört. Einer der Piloten ist Heinrich Rupp, seit 1957 im Dienst der CIA.

Nach Rupps Aussagen startete zur gleichen Zeit noch eine Grumman Gulfstream von Washington in Richtung Paris. Einer von Rupps Fluggästen ist Reagans Wahlkampfleiter William Casey. In einem Interview erklärt Rupp später: »Der einzige, den ich aufgrund meiner jahrelangen Tätigkeit mit Sicherheit identifizieren kann, das ist der ältere Mann, der wie ein College-professor aussieht. Das war Mr. Casey.«

Doch was wollten die Herren aus Washington in Paris erledigen? Für Weihnachtseinkäufe war es zu früh, das Wetter schien auch nicht mehr besonders ideal, um am Wochenende auf den Champs-Élysées zu flanieren. Der Grund:

Ab sofort werden die entscheidenden Treffen stattfinden, die von Eingeweihten aus dem Reagan-Bush-Wahlkampfstab seit Wochen im geheimen vorbereitet worden sind.

Jetzt, Mitte Oktober, ist die Zeit gekommen, um den Abschluß unter Dach und Fach zu bringen, um die Verhandlungen mit den Iranern erfolgreich zu beenden.

Mit von der Partie ist wieder Houshang Lavi, dessen Kompagnon derweil in Washington mit der Carter-Administration in Verbindung steht, ein äußerst geschickter Schachzug. Und wenn Lavi, wie er behauptet und nachweisen kann, in Paris bei den Verhandlungen um die Geiselfrage dabei war, welchen Wert haben dann die Aussagen der Reagan-Wahlkampfmanager Richard Allen und McFarlane, daß aus dem Angebot nichts geworden sei?

Auch der iranische Staatspräsident Bani-Sadr war darüber informiert, daß der Deal nun vor dem Abschluß stand, denn, so sagt er uns in einem Interview:

»Ich habe ja gewußt, daß in Paris, im Hotel ›Raphaël‹, Verhandlungen stattgefunden haben und daß sie dort den Handel abgeschlossen haben.«

Was heißt »sie«? fragen wir.

»Der Bush-Reagan-Clan auf der einen Seite und die Leute von Behechti und Rafsanjani auf der anderen Seite. Daraufhin habe ich Khomeini sofort informiert und damals sogar einen Brief an den Präsidenten des Kassationshofes geschickt, in dem ich ihm mitgeteilt habe, daß diese Kontakte aufgenommen wurden.«

Aber welche Beweise haben Sie für diese Behauptung? bohren wir nach.

»Das sicherste Argument ist, daß ich damals Präsident war, daß ich aufgrund meiner Position über diese Verhandlungen unterrichtet wurde und dann davon gesprochen habe, als ich noch im Iran war.

Ich habe mit Khomeini darüber gesprochen, sobald ich wußte, welche Beziehungen zwischen ihm und Reagan bestanden.«

Keine Antwort kann er darauf geben, warum er denn nicht Präsident Carter informiert hat. Etwa deshalb, weil er immer noch an Khomeini glaubte?

Bani-Sadr behauptet sogar, daß der bundesdeutsche Außenminister Genscher genau über den Deal unterrichtet gewesen sei.

»Ich bin davon überzeugt, daß er über beide Verhandlungen auf dem laufenden war. Es war ja die deutsche Botschaft, die mir das Angebot der USA gebracht hatte, nicht nur Waffen und Ersatzteile zu liefern, sondern auch für den Bestand des Iran zu garantieren.«

Die Garantie für den Bestand der Khomeini-Regierung bekam zwar nicht Bani-Sadr, dafür sein späterer politischer Erzfeind Imam Khomeini, und zwar von Reagans Leuten.

»Ich habe Informationen bekommen, daß die Verbindungen noch weitergingen. Und daß die Reagan-Leute nicht nur Waffen liefern, sondern auch den Bestand der islamischen Revolution garantieren würden.«

Das ist schon eine Spitzenleistung der Geheimdienstdiplomatie. Einer Geheimdiplomatie, die nach amerikanischen Gesetzen – dem »Logan Act« – streng verboten ist.

Nicht nur, daß nach diesen Aussagen von Bani-Sadr gegen bestehende Gesetze der USA verstoßen wurde, da wird jener Mann hofiert, der verantwortlich dafür ist, daß die Geiseln immer noch in Teheran festsitzen. Und der Pakt wird nur deshalb geschlossen, um an die Macht zu kommen und das Weiße Haus erobern zu können.

In Paris bestätigt uns Rechtsanwalt Christian Bourguet, der ehemalige Vermittler in der Geiselfrage, daß die Aussagen von Bani-Sadr, sowohl, was die Geheimverhandlungen in Paris angehen, als auch, was die Bestandsgarantie für Khomeini betrifft, nicht aus der Luft gegriffen sind.

Demnach sei er, Bourguet, 1982 in die USA, ins Außenministerium, gereist, um dort eine Lageerkundung durchzuführen. An ihn sei der ehemalige Außenminister Sadegh Ghotbzadeh herangetreten. Der plante einen Staatsstreich im Iran, um die Mullahs von der Macht zu entfernen.

Er, Bourguet, wollte nun vom Außenministerium wissen, wie sich die USA im Falle eines Regierungswechsels verhalten, ob sie neutral bleiben würden.

»Ich habe zwei Stunden mit ihnen diskutiert, und dann haben sie klar gesagt, wir werden uns nicht neutral verhalten. Khomeini ist ein wichtiger antikommunistischer Staatsmann, der von der Mehrheit der Bevölkerung getragen wird.«

Damit war das Gespräch beendet. Für Ghotbzadeh auch das Leben. Er wurde, als seine Putschpläne nach dem Gespräch in Washington im Iran bekannt wurden, verhaftet und 1983 »auf der Flucht erschossen«.

Derweil gehen die Verhandlungen weiter.

Paris, Frankfurt, Genf – das sind von nun an die Schaltstellen der geheimen Verhandlungen, die nur ein Ziel haben: Die Geiseln dürfen nicht vor den Wahlen freigelassen werden. Als Gegenleistung werden die Mullahs sofort nach Amtsantritt der neuen Reagan-Regierung, denn die würde dann auf jeden Fall an die Macht kommen, Waffen erhalten. Ein einzigartiger skrupelloser Deal steht vor dem Abschluß.

Die Angst der Zeugen

Während der einjährigen Recherchen, ob denn derartige Verhandlungen stattgefunden haben, insbesondere wann und wo und wer involviert war, stoßen wir oftmals gegen eine Mauer des Schweigens, der Drohungen, der Angst und Warnungen, am besten alles zu vergessen. In Washington macht ein Journalist, der sich gleichfalls mit der Enthüllung des sich anbahnenden Skandals beschäftigt, beklemmende Erfahrungen. Sowohl von israelischer wie auch von amerikanischer Seite geben ihm wohlgesinnte Geheimdienstler zu verstehen, tunlichst die Finger von diesen Dingen zu lassen, »das sei ein Fall für die Geschichte«; »niemand habe derzeit ein Interesse daran aufzuklären, was geschehen sei«.

In Europa werden wir mit ähnlichen merkwürdigen Situationen konfrontiert. Gerade renommierte Waffenhändler, keine Aufschneider und Spinner, warnen uns eindringlich davor, die Vorgänge im Oktober weiter zu untersuchen.

Im elsässischen Sundhouse sitzt in einer kleinen Villa der Waffenhändler Jean-Louis Gantzer. Bekannt wurde er in Frankreich dadurch, daß er 1988 der Chirac-Regierung half, französische Geiseln rechtzeitig vor den Präsidentschaftswahlen aus dem Libanon freizubekommen.

Am 31. März 1988 ist in »Le Monde« zu lesen, daß Chirac einen

Geiseldeal mit dem Iran vorbereitet, um seine Chancen für die Präsidentschaftswahl im Mai zu erhöhen. »Teheran«, so »Le Monde«, »versucht die französischen Präsidentschaftswahlen genauso zu manipulieren, wie sie die amerikanischen Geiseln 1980 benutzt haben, um die amerikanischen Wahlen zu beeinflussen.«

Vier Tage vor den Präsidentschaftswahlen gibt dann Chirac bekannt, daß die Geiseln frei sind. »Die Freilassung der Geiseln scheint seine Chancen zu erhöhen«, meldet daraufhin die »New York Times« am 5. 5. 1988. Die französische Gegenleistung für den Deal, an dem ein Mann beteiligt war, der auch 1980 eine Rolle spielte, Manucher Ghorbanifar: 30 Millionen Dollar an die islamische Hezbollah und Waffenlieferungen für den Iran über Syrien. »Einmal mehr«, so »Le Monde« am 5. 7. 1988, »spielt Khomeini die Geisel-Karte hinsichtlich von Wahlen in einem westlichen Land.«

Chiracs Wahlniederlage gegen Mitterrand konnte trotzdem nicht verhindert werden. Das ist wohl der einzige Unterschied zu den Ereignissen in den USA im Jahre 1980.

Gantzer selbst ist seit 1985 in diverse Waffengeschäfte mit dem Iran verwickelt, weiß eigentlich, wovon er redet: »Ihr seid Selbstmörder«, sagt er uns, »wenn ihr dort weiterrecherchiert.« Er bestätigt wie fast alle aus seiner Berufsgattung, daß damals, 1980, etwas »Unglaubliches« geschah. »Natürlich hat der Handel stattgefunden, aber ihr werdet keinen finden, der euch das bestätigt.« Nachdem er das klargestellt hat, geht er in eines seiner Arbeitszimmer und holt einen Bankauszug einer Genfer Bank hervor. »Hier, schaut, Einzahlungen für Rafsanjani. Um solche Dinge geht es, um Millionenbeträge und um den Bestand von Regierungen.«

Ähnliche Erfahrungen machen wir in der Bundesrepublik, Erfahrungen, die uns bislang, ob bei Recherchen über Waffen- oder Drogenhandel, völlig fremd waren. Als wir mit Piloten der

St. Lucia Airways reden, die in den Jahren 1985 und 1986 massenhaft Waffen in den Iran, unter anderem aus dem amerikanischen Stützpunkt Ramstein, geflogen haben, hören wir: »Sie berühren politische Interessen, die sie begraben.«

Irgendwo im Westfälischen, in einem kleinen Dorf, umschlossen von Wiesen und Wäldern, lebt ein Mann, der viel weiß, aber auch viel Angst hat.

Wir wurden per Zufall auf ihn aufmerksam. In der »Westfalenpost« vom 1. Juli 1987 stand eine Meldung, daß »ein Sauerländer tief in Waffengeschäfte mit dem Iran verwickelt ist«. In einer dubiosen Aktion sollten 2 500 TOW-Raketen in den Iran geliefert werden. Ans Tageslicht kam die Angelegenheit, als bei einer Durchsuchung der Wohnung des Mannes die Steuerfahndung einen Barscheck in Höhe von 27,5 Millionen Dollar sowie eine Vertragskopie fand. Die Steuerfahndung informierte das Bundeskriminalamt, und das schlug zu. »Nicht besonders professionell«, wie der Mann uns später erzählen wird. »Denn da lagen noch ganz andere Unterlagen herum, die haben die gar nicht gesehen.«

Immerhin fiel den Fahndern noch ein Scheck in Höhe von 36 Millionen Dollar in die Hände, ausgestellt von einer iranischen Bank in Frankfurt. W. sagte gegenüber den Beamten aus, daß dieser Scheck für einen israelischen Politiker bestimmt sei, für den israelischen Außenminister Simon Peres. Sein Verhandlungspartner jedenfalls war ein Iraner, der auch in Paris dabeigewesen war. Hamit Nagashan, ein enger Vertrauter des Khomeini-Sohnes Ahmad. Ein Mann wiederum, der eng mit Tabatabai zusammengearbeitet hat.

Nagashan habe ihn zur Person seines Vertrauens gewählt und ihm die Schecks und die Vertragsunterlagen zur Aufbewahrung übergeben, wird der Deutsche aus dem Westfälischen später vor einem Gericht aussagen.

Nagashan handelt aber nicht nur mit Waffen. 1987 organisierte die amerikanische Drogenabwehrbehörde DEA in der Schweiz eine Operation, um herauszufinden, ob die Iraner bereit sind, Waffenkäufe mit Drogen zu bezahlen. Der Agent der DEA, der das Geschäft einfädelte, lebt in Lugano. »Über Mafia-Kanäle wollte der Iran Waffen kaufen. 15 Prozent des Gegenwerts wollte der Iran dann mit Drogen bezahlen: 3 000 Kilogramm Heroin. Mehrmals habe ich in diesem Zusammenhang mit Hamit Nagashan in Teheran gesprochen und von ihm Telexe erhalten. Sie waren mit dem Handel einverstanden.«

Das Tessiner Polizeiprotokoll über die spätere Zerschlagung eines kleineren Händlerrings spricht davon, daß »Proben des zu liefernden Heroins in der iranischen Botschaft in Bern abgegeben werden sollten. Außerdem wollten die Iraner 15 Kilogramm Heroin per Diplomatengepäck von der iranischen Botschaft in der Bundesrepublik in ihre Botschaft nach Bern bringen.«

Das große Geschäft kam nicht zustande, weil die Operation vor dem Abschluß abgebrochen wurde. Keiner weiß, warum.

Während des Prozesses fiel W. zuerst dadurch auf, daß er drohte »auszupacken«. Wenig später zeichnete er sich durch konsequentes Schweigen aus. Das Urteil gegen ihn ist aufschlußreich, weil es die Zusammenarbeit mit Nagashan beschreibt:

»Im Jahre 1979 lernte der Angeklagte in der Schweiz den iranischen Staatsbürger Nagashan kennen, der als Waffenkäufer für die iranische Regierung tätig war und den Titel eines Sonderministers führte. Zwischen beiden entwickelte sich im Lauf der Zeit ein Vertrauensverhältnis.«

Dann wird das Geschäft aus dem Jahre 1985 beschrieben.

»Dem Angeklagten war bekannt, daß die Panzerabwehrraketen, die den Gegenstand des Waffengeschäfts bildeten, zu den Kriegswaffen im Sinne des Kriegswaffenkontrollgesetzes zählen. Dies gab er zu erkennen, als er den Sonderminister Nagashan darauf hinwies, daß es sich hier um ein Embargogeschäft handelte.«

Das Gericht verurteilte ihn zu einer zehnmonatigen Freiheits-
strafe auf Bewährung. W. konnte zufrieden sein. Zwar ging er in
die Berufung. Die aber zog er 1988 wieder zurück.

Der Staatsanwalt: »Doch während der Berufung hat der Angeklagte wohl erkannt, daß die Strafe härter ausfallen kann, wenn
es uns gelungen wäre, auch die anderen illegalen Waffengeschäfte zu beweisen.«

Das mag so sein. Es kann aber auch sein, daß W. einfach Angst
hatte und gern das Urteil auf sich nahm, um Schlimmeres zu
verhindern.

In seinem Haus in A. will er auch ein Jahr später lange Zeit
nichts sagen. Bei einigen Besuchen bewegt sich allenfalls der
Vorhang, im Wirtshaus weiß man über ihn, daß er einst mit
Bündeln voller Geld rumgelaufen sei, aber nun kaum noch
auftauche.

W. ist abgetaucht. Über seinen Anwalt, den wir eingeschaltet
haben, um einen Kontakt herzustellen, läßt er uns erklären, daß
er nicht einmal für eine sechsstellige Summe etwas sagen wird.
Aber wir geben nicht auf.

Einmal treffen wir ihn vor seinem Haus, als er gerade seinen
PKW wäscht. »Was wollen Sie denn?«

Mich mit Ihnen über Herrn Nagashan unterhalten.

»Dazu sage ich nichts.«

Wir versuchen, mit ihm über die Gartenmauer hinweg ins Gespräch zu kommen, erklären ihm, was wir inzwischen über die
Ereignisse aus dem Jahr 1980 wissen. »Mein Gott, Sie gehen da
an eine Sache, die tödlich ist. Da ist ja selbst der Präsident
involviert.«

Dann war Schluß mit dem Gespräch. Immer wieder fahren wir
in das kleine Dorf und versuchen weiter mit ihm zu reden. Fast
immer vergeblich.

Nur ein weiteres Mal ist er bereit, mehr zu erzählen.

Zitate aus Gesprächsprotokollen:

»Zwischen dem 18. und 24. September haben in Paris Treffen stattgefunden, bei denen Kissinger dabei war und Casey. Hashemi war auch mit dabei, galt aber als unsicherer Mann, dem nicht unbedingt zu vertrauen war. Doch er konnte überzeugende Vorschläge machen, damit Waffensysteme, die bislang blockiert waren, freigegeben werden.

Ich bleibe dabei, Bush war über alle Schritte informiert. Endgültige Verhandlungen fanden jedoch erst zwischen dem 18. und 20. Oktober in Paris statt. Mir hat mein Freund Nagashan von diesen Ereignissen erzählt. Tatsache ist, daß auch der BND über die Verhandlungen in Paris informiert war.«

Zum Schluß, als er merkt, wie weit er sich vorgewagt hat, meint er voller Angst, einer Angst, die nicht gespielt ist:

»Ich werde doch nicht mein Todesurteil sprechen.«

Monate später, nach erneuten erfolglosen Kontaktaufnahmen, treffe ich ihn am 30. März 1989 per Zufall wieder vor seinem Haus. Irgendwie, vielleicht durch die Beharrlichkeit, läßt er sich auf ein Gespräch ein. Erneut versichere ich ihm, daß wir seinen Namen nicht nennen werden, wenn er etwas erzählen würde.

»Sie wissen doch, daß ich nicht mit Ihnen reden will. Ich will überleben. Sie machen Ihre Geschichte, aber ich bin hier und nicht in Marbella. Die Israelis machen kurzen Prozeß.«

Langsam kommen wir doch ins Gespräch, in dem ich ihm einfach das erzähle, was wir sowieso schon wissen. Nach dem Gespräch, das zirka zwanzig Minuten dauert, notiere ich das, was er gesagt hat. Auszüge aus dem Gesprächsprotokoll:

»Ein Treffen hat Ende September in Zürich stattgefunden. Beteiligt waren Secord, McFarlane und Nagashan. Nagashan hatte derzeit unheimliche Schwierigkeiten, weil seine Aktivitäten in Europa bekannt wurden. Ich habe befürchtet, daß sie ihn aufhängen werden.

Das Bundeskriminalamt weiß zumindest über Teilbereiche des Deals damals Bescheid.

Im Hotel ›St. Raphaël‹ haben Treffen im Oktober stattgefunden, aber nur die kleineren Beteiligten.

Wichtigstes Treffen war im ›Hilton‹ in Paris.

Casey und Kissinger waren dort.

Bush war, wenn nicht direkt anwesend, auf jeden Fall über alle Verhandlungen informiert.

Es gab verschiedene ›Arbeitsgruppen‹, die mit unterschiedlichen Problemen beschäftigt waren wie Finanzen, Waffen, Logistik.

Lissabon spielt bei der Vermittlung der späteren Waffengeschäfte, als Ergebnis des Deals, eine bedeutende Rolle.

Leute, die am Demavand-Projekt beteiligt waren, waren schon damals in Randbereichen eingeweiht. (Als ich ihn darauf anspreche, daß doch einige der am Projekt Demavand Beteiligten aufgeflogen sind, meinte er, ja, sie wurden verbrannt. Das wurde sehr häufig praktiziert.)

Houshang Lavi war beteiligt.«

Am Ende des Gesprächs ist er sogar bereit, weitere Informationen zu geben, denn: »Sie wissen zwar einiges, aber noch lange nicht alles.«

»Aber«, so sagt er, »ich muß mich mit meiner Gruppe in Zürich besprechen, ob bestimmte Informationen geliefert werden können, insbesondere solche, die keinen Rückschluß auf meine Person geben. Die ganze Geschichte ist ein Himmelfahrtskommando, wenn sie an die Öffentlichkeit kommt.«

Wir vereinbaren, nachdem das Gespräch doch einigermaßen zufriedenstellend abgelaufen ist, ein neues Treffen am nächsten Wochenende. Seitdem habe ich von ihm nie mehr etwas gehört.

Wenige Tage später.

Weinend erzählt mir meine Tochter, sie habe einen Anruf erhalten. Wenn ich nicht die Finger aus den Sachen herauslassen würde, würden »Ihnen, Ihrer Tochter und Ihrem Mann Leiden zugefügt werden«.

Der Anrufer war der Meinung, daß meine Frau am Telefon sei. Meine Tochter ist schockiert. Wenig später erfahren wir von Nachbarn, daß vor wenigen Tagen unser Haus von Leuten stundenlang observiert worden sei, die »wie Türken aussahen«. Dann erzählt mir das völlig verängstigte Kind auch noch, daß ein Mann sie bis zur Straßenbahn verfolgt habe. Als sie nach einer Stunde wieder zurückgekommen sei, hätte er immer noch dagestanden, sei ihr kurz nachgelaufen, habe »Hallo« gesagt, dann wäre er verschwunden.

Die inzwischen eingeschaltete Kriminalpolizei erfuhr schließlich von einer anderen Nachbarin, daß »vor zirka 14 Tagen zwei Männer auf dem Gehweg vor dem Haus standen und vermutlich Fotos von dem Eingang des Hauses machten. Ein Mann stand direkt vor der Stufe zum Eingang des Grundstücks und hatte die Kamera auf den Eingang gerichtet. Hinter diesem Mann mit der Kamera befand sich eine weitere männliche Person, die sich jedoch abwendete, als Frau X. an ihr vorbeiging.«

Im gleichen Zeitraum fand im Islamischen Zentrum in Aachen eine konspirative Tagung iranischer Fundamentalisten statt. Einer, der dabei war, informierte einen Freund von mir über das, was dort besprochen wurde: »Roth ist der Kopf einer irakisch-zionistischen Verschwörung, der muß abgeschlagen werden.«

Man warte nur noch auf einen Befehl aus Teheran. Der kam glücklicherweise nicht, weil inzwischen Khomeini gestorben war, an Krebs, ebenso wie zehn Jahre zuvor der Schah.

Seit diesen Vorgängen konnte ich in etwa ermessen, was der Mann aus dem Westfalenland an Angst empfindet. Doch noch tiefer saß die Angst bei meiner Tochter. »Entschuldige dich doch bei den Iranern und laß die Hände von den Sachen, wie sie es sagen.«

Was sollte ich ihr antworten?

Bestätigt werden die Treffen in Paris auch von Mr. Alias, der in dieser Sache seinen großen Auftritt hat.

1980, soviel ist sicher, soll er mit Richard Secord in Paris gesehen worden sein, einige vermuten gar, daß er an den Treffen selbst teilgenommen habe, was er jedoch vehement abstreitet. Dafür bestreitet er andere Gegebenheiten nicht.

Auf die Frage, die bislang nicht geklärt ist, ob sogar George Bush anwesend gewesen sei, antwortet er auf seine verschrobene Art und Weise: »Wer behauptet, daß Bush zu irgendeinem Zeitpunkt dabei war und von allem wußte, den könnte man schlecht Lügner nennen.« Das ist eine gewagte Behauptung für einen, dessen Aussagen nicht immer mit der Wahrheit übereinstimmen. Deshalb frage ich ihn nach konkreten Beweisen.

»Zumindest gibt es keine, an die der Normalsterbliche herankommen kann. Und das will ich nochmals betonen.«

Warum betonen Sie das?

»Sie stellen Fragen, die meiner Ansicht nach in ganz gefährliche Richtungen führen. Es steht sehr viel auf dem Spiel. Wenn jemand an der Macht ist, gibt er diese Macht nicht gerne auf. Und es gibt Leute, die zu allem bereit sind, um sich vor Enthüllungen, die sie belasten könnten, zu schützen.«

Gleichzeitig weist er jedoch auf eine neue Spur, auf die Firma Trade-Co in Genf, deren Besitzer James Fees bis 1979 der CIA-Mann in Saudi-Arabien war. Von dieser Firma aus seien die finanziellen Transaktionen durchgeführt worden. »Trade-Co in Genf ist eine CIA-Organisation, geleitet wird sie von harten Amerikanern. Sie war eine der wichtigen Organisationen während des Achtziger-Deals«, behauptete auch der Mann aus dem Westfalenland.

Über dieses Unternehmen wird uns der Mann etwas sagen, den wir in Oregon, im Norden der USA, aufsuchen wollen, Richard

Brenneke. Er sagt zu Trade-Co: »Trade-Co war die Gesellschaft für Lieferungen in den Iran, eine Finanzierungsgesellschaft der CIA in Europa. Sie war Teil des Geiseldeals.«

Die Unternehmensleitung, von uns dazu befragt, dementiert kategorisch, mit der CIA oder mit Waffengeschäften irgend etwas zu tun zu haben. James Fees, einer der Besitzer, leugnet demgegenüber nicht, für die CIA gearbeitet zu haben. Doch inzwischen sei er »nur Geschäftsmann«. Wenig später, nachdem ein Kollege aus Genf mit Fees gesprochen, um Auskunft über die Rolle des Unternehmens gebeten und bekommen hat, wird das Telefon des Schweizer Journalisten angezapft.

Anfangs gab es viele Dementis, am 13. Januar mußte sie trotzdem zurücktreten. Die erste Frau in einem Schweizer Ministeramt, Justizministerin Elisabeth Kopp, hatte vertrauliche Informationen über Ermittlungen gegen Drogengeldwäscher an ihren Ehemann Hans W. Kopp weitergegeben. Und der saß im Verwaltungsrat der Firma »Shakarchie«, einem Unternehmen, das verdächtigt wurde, Drogengelder zu waschen. Während der Irangate-Affäre rückte das Paradies der Saubermänner in den Mittelpunkt, als es um die Frage ging, wie die Drogenerlöse zum Kauf der Waffen banktechnisch transferiert wurden: durch über 25 verschiedene Firmen, die ihren Sitz in Genf, Zürich und Fribourg hatten. Ein Netzwerk von Finanzunternehmungen war aufgebaut worden, um die schwarzen Kassen der CIA zu verwalten. Zu den Organisatoren dieses Firmennetzwerkes gehörte General Richard Secord. Und einer, der mit seinem Wissen und seinen Beziehungen geholfen haben soll, ist der Ehemann der Frau Ex-Justizministerin, Hans W. Kopp. Die ehemalige Justizministerin wurde inzwischen vom Vorwurf des Amtsmißbrauchs freigesprochen, was einen Sturm der Entrüstung in der Schweizer Presse auslöste. Doch was wird geschehen, wenn sich bewahrheiten sollte, daß ihr Ehemann als Treuhänder einer Firma in Lugano an dem illegalen Geiseldeal 1980 beteiligt war?

Wir fliegen nach Oregon, im Norden der USA. Hier lebt ein Mann, der zeitweise für die CIA gearbeitet hat, als hochbegabter Finanzjongleur. 1988 behauptete er vor einem Bundesgericht: »In Paris gab es Geheimverhandlungen zwischen Khomeinis Vertrauten und der Reagan-Wahlkampfmannschaft.«

Richard Brenneke ist ein guter Freund jenes CIA-Piloten, der am 18. November 1980 William Casey von Washington nach Paris geflogen hat. Er will für Rupp, der auch für ihn in der Vergangenheit Flüge organisiert hat und nun wegen illegaler Finanztransaktionen im Gefängnis sitzt, aussagen. Brenneke ist zweifellos ein wichtiger Zeuge, auf den zumindest einmal ein Mordanschlag verübt worden ist, behauptet er. Eine Räuberpistole? Keine Räuberpistole ist das, was er am 23. September 1988 vor dem United States District Court in Denver erzählt hat.

»Am 19. Oktober (1980 – d. Verf.) brachte Mr. Rupp Mr. Bush, Mr. Casey und eine Anzahl anderer Leute nach Paris zu einem Treffen mit iranischen Repräsentanten.«

Was war die Aufgabe von William Casey? fragt ihn der Richter.

»Ich glaube, er war zu dieser Zeit Vorsitzender der republikanischen Präsidentschaftskampagne.«

Dann geht er auf Einzelheiten der Treffen ein.

»Die Treffen fanden im Hotel ›Florida‹ in Paris statt, und zwar am 20. Oktober 1980. Einer der Beteiligten war Robert Benes, ein anderer Donald Gregg.«

Als der Richter wissen will, wer noch an dem Treffen teilgenommen hat, entwickelt sich folgender Dialog:

»Erinnern Sie sich an die Namen?

– Mr. Rafsanjani.

– Ist er Iraner?

– Er ist Iraner. Damals war er Sprecher des iranischen Parlaments; ein Mann namens Cyrus Hashemi; Donald Gregg und, wie ich schon sagte, Robert Benes. Es waren während des Tages auch andere Leute von Zeit zu Zeit anwesend.

Euer Ehren. Ich kann mich derzeit nicht an die Namen dieser Individuen erinnern.

Können Sie das Datum und den Ort spezifizieren, bitte?

– Im Oktober 1980. Ich war in Paris während eines Treffens, welches das dritte von insgesamt drei Treffen war, die innerhalb einer Zwei-Tages-Periode am 19. und 20. Oktober stattgefunden haben. Zwei der Treffen fanden im ›Crillon‹-Hotel statt. Das dritte Treffen im Hotel ›Florida‹. Das Ziel der Treffen war zu verhandeln, nicht nur um die Freilassung der Geiseln, die in der Botschaft in Teheran festgehalten wurden, sondern auch darüber zu reden, falls die Verhandlungen erfolgreich waren, wie die Bedingungen für die anderen Bereiche gehandhabt werden sollen. Daher waren die Franzosen anwesend, denn sie sollten eine wichtige Rolle bei der Befriedigung der Anfragen spielen. Am Ende wurde ein Agreement erreicht und die Logistik ausgearbeitet, wie vierzig Millionen Dollar für die Lieferung von Waffen transferiert werden sollen.

Und zu diesem Treffen brachte Mr. Rupp dann den Vizepräsidenten, damals den Vizepräsidenten-Kandidaten, und Mr. Casey, der danach Direktor der CIA wurde, nach Paris mit.

Danach fuhr Mr. Casey weiter nach Frankfurt, der Vizepräsident kehrte in die USA zurück. Eine Anzahl von Leuten blieb in Paris, um darüber zu verhandeln, wie das Geld zu ihrer Verfügung gestellt werden kann, und um sich darüber zu einigen, welche Logistik notwendig ist, um solche Waffen zu liefern, die Waffen, die von diesem Fonds gekauft wurden, für die Iraner ...

Zirka 40 Millionen Dollar wurden auf verschiedene Banken in Europa plaziert. Einige der Leute, die den Kauf durchführten, waren Franzosen, andere Iraner, Mr. Ghorbanifar zum Beispiel, der während der gesamten Verhandlungen anwesend war.«

Nach diesem Statement unter Eid führt Brenneke weiter aus:

»Es gibt zwei Punkte, die für mich sehr wichtig sind. Zum ersten ist es die Tatsache, daß Harry Rupp an der Sache teilnahm, und er hätte es nicht getan, wenn er sich nicht entschieden hätte, eine BAC1-11 zu leihen. Er ging nach Paris, weil er gefragt wurde, und er wurde von der CIA gefragt.

Zweitens geht es um die involvierten Leute während des Treffens. Es gab in den letzten acht Jahren einen systematischen Versuch der US-Regierung, diese Individuen zu diskreditieren. Und nach meiner Meinung, und ich biete es als meine Meinung an, ist ein Grund der Tod von einigen dieser Individuen. Und meiner Ansicht nach dachten einige Leute, daß sie in Informationen eingeweiht waren und nicht schweigen können.«

Waren Sie während des Treffens in Paris als ein Mitglied der CIA? fragt der Richter später Brenneke.

»– Yes Sir, I was.

– Was war Ihre Aufgabe?

– Ich war dort als Beobachter.

– Wie lange waren sie in der CIA?

– Über 18 Jahre.

– Und wann haben Sie sie verlassen?

– Schätzungsweise vor zwei Jahren, ich glaube, vor drei Jahren.

– Vor drei Jahren?

– Vor drei Jahren.

– Was haben Sie seitdem gemacht?

– Ich arbeite als Geschäftsmann in Portland, Oregon...

– Können Sie uns erklären, warum Sie die CIA verlassen haben?

– Ja.

– Was war es, warum?

– Ich sollte einige Dinge tun, mit denen ich nicht einverstanden war, und als Ergebnis dessen fühlte ich, daß es in meinem und im Interesse der ›Agency‹ war, daß ich aufhörte.

– Mr. Brenneke, Sie erklärten, daß Sie als ein ›Contractor‹ der CIA arbeiteten. Können Sie erklären, was das bedeutet?

— Ein ›Contractor‹ ist eine Person, die für die Erledigung einer Arbeit angeheuert wird, er ist kein Angestellter. Es ist nicht notwendig, ein Angestellter in Langley oder McLean-Virginia zu sein, er muß nicht mit seiner Arbeit um acht Uhr morgens beginnen und die Arbeit um 17 Uhr nachmittags beenden.

...

— War irgend jemand aus der US-Regierung darüber unterrichtet, daß Sie an dem Treffen im Oktober 1980 teilgenommen hatten?
— Donald Gregg.
— Was war Donald Greggs Rolle in der Regierung im Jahre 1980?
— Donald Gregg war zu jener Zeit Mitarbeiter des Nationalen Sicherheitsrats, abgestellt von der CIA.«

Diesen nach dem Gerichtsprotokoll derart eingeweihten Mann treffen wir nun, im Frühjahr 1989, in seinem Haus. Sein Arbeitszimmer ist vollgestopft mit Büchern, einem Computer — über allem hängt ein Kruzifix.
Was die Verhandlungen angeht, zu denen er eigentlich schon alles in seiner Aussage vor Gericht erzählt hat, fügt er noch hinzu:
»Ich konnte verstehen, daß man ein Interesse daran hatte, daß die Geiseln befreit werden. Auf der anderen Seite konnte ich auch verstehen, daß Interessen bestanden, daß die Freilassung der Geiseln um einige Zeit verzögert werden soll.«
Die Behauptungen von Brenneke spielen eine Schlüsselrolle im Super-Election-Gate. Zum einen decken sie sich zwar in jeder Beziehung mit dem, was Mr. Alias, der Waffenhändler Hashemi, Lavi und der Mann aus dem Westfälischen sagten. Andererseits steht Brenneke gewaltig unter Beschuß. Aufgrund seiner Aussage vor dem Bezirksgericht in Denver hat die CIA gegen ihn geklagt, wegen falscher Aussagen unter Eid. Die CIA behauptet,

daß Brenneke niemals Mitglied der »Agency« gewesen sei. Gleichzeitig wird gegen ihn eine Diffamierungskampagne gestartet, er als unglaubwürdig, als Aufschneider, Lügner hingestellt. Vielleicht ist er es ja, oder er sagt nur Halbwahrheiten.

Deshalb ist seine Aussage mit Vorsicht zu behandeln. Insofern ist es notwendig, seine Glaubwürdigkeit an dem zu messen, was er in der Vergangenheit getan hat, an welchen Operationen er beteiligt war: an Operationen für die CIA, die nachprüfbar sind. Nachprüfbar ist beispielsweise, daß er wichtige Informationen über die Rolle von Saudi-Arabien im Irangate-Skandal dem Untersuchungsausschuß lieferte, insbesondere, was die finanzielle Abwicklung einiger Geschäfte anging. Und vor dem Untersuchungsausschuß in Washington wies er auch darauf hin, daß der Sicherheitsberater von George Bush, Donald Gregg, sehr genau über die geheimen Waffenlieferungen an die Contras informiert war.

Es gibt natürlich auch Leute, die würden auf Brenneke gern einen »Kübel voller Mist« schmeißen, wie der westfälische Waffenhändler W. Denn er, Brenneke und ein Mann im grünen Parker, ein Iraner, haben zusammen zu Mittag gegessen. Als der Iraner nicht mit Messern und Gabeln, sondern mit seinen Fingern aß und die dann noch am Parker abwischte, war Brenneke so entsetzt, daß er jeden Kontakt mit dem Iraner ablehnte. »Der hat ein Millionengeschäft dadurch vermasselt«, beschwert sich der kundige Westfale.

Der Lehrer für mathematische Theorie und Philosophie in New York kam 1967 erstmals mit der CIA in Kontakt. Nach einem längeren Aufnahmeverfahren bot damals ihm die CIA einen Job als Computer-Analytiker an. Er lehnte das Angebot ab. Zwischen 1968 und 1970 arbeitete er für eine US-Investment-Gruppe. In diese Zeit fällt sein nächster Kontakt mit der CIA. Sein Einführungsjob für die »Company« bestand darin, Informationen über Kunden und finanzielle Transaktionen der »Investment Group« zu sammeln. Seine nächste nachrichtendienstliche Beschäftigung hatte mit dem israelischen Geheimdienst zu tun. Er wurde gefragt, ob er in der gleichen Angelegenheit – über Geschäfte der Investment-Gruppe mit Beirut – Informationen liefern kann.

1970 machte er sich selbständig und baute seine eigene Investment-Organisation auf, die »Financiers International Limited«, ein Netzwerk diverser Vermögensverwaltungseinrichtungen mit Sitz in Panama.

Mitte der siebziger Jahre arbeitete er mit der amerikanischen Zollbehörde zusammen, um Informationen über Drogen zu sammeln. 1980 flaute sein Geschäft in Oregon ab. Brenneke schaute sich nach einer neuen Gelegenheit für interessante Arbeiten um. Die bot sich bald.

Nach dem Sturz des Schahs starteten die Israelis eine Operation, um gefährdete Juden aus dem Iran zu holen. Während dieser Zeit entwickelte Brenneke eine Arbeitsbeziehung zu Will Northrop, einem MOSSAD-Agenten. Sein langjähriger Freund und Flugberater, Harry Rupp, der während dieser Operation Flugzeuge von Teheran nach Pakistan und dann nach Tel Aviv flog, konnte Brenneke davon überzeugen, daß der Job gut bezahlt wurde und daß Drogen dabei keine Rolle spielten. In dieser Zeit wurden zirka 3 000 Juden aus dem Iran geholt. Im Verlauf der Operationen entstand die Verbindung zu französischen Nachrichtendiensten, zu Bernard Veillot und Robert Benes.

Als die Iran-Operation Ende 1981 abgeschlossen wurde, kehrte Brenneke nach Portland zu seinem stagnierenden Geschäft zurück. Als ihn die Israelis 1982 erneut kontaktierten, um ein Computersystem in Lateinamerika für sie aufzubauen, nahm Brenneke die Gelegenheit wahr, um als Computer-Programmierer auf Kontrakt-Ebene für den MOSSAD zu arbeiten. Sein Computersystem wurde in Costa Rica aufgebaut, hatte den Namen INCEST und die Aufgabe, subversive Aktivitäten, besonders die von Dissidenten, zu registrieren.

Nachdem dieses Beschnüffelungssystem erfolgreich arbeitete, wurde Brenneke erneut von einem CIA-Mitarbeiter aufgesucht. Er sollte für die »Agentur« einen Sender in das für die Israelis aufgebaute Computersystem bauen.

Brenneke tat, wie ihm geheißen – leider wurde der Sender später entdeckt. Brenneke verlor seine Arbeit und kehrte wieder nach Portland heim. Im Sommer 1983 fuhr er nach Europa, um sich nach neuen Verdienstmöglichkeiten umzuschauen. In dieser Zeit kam er wieder in Kontakt mit verschiedenen MOSSAD-Agenten.

Für den MOSSAD schien Brenneke eine logische Wahl zu sein, um die geplanten Waffenlieferungen osteuropäischen Ursprungs zu steuern, Waffen, die an die Contras geliefert werden sollten. Denn Brennekes Familie ist im Waffengeschäft wohl bekannt. Sein Vater hat in der Bundesrepublik eine Fabrik für Munition und Sportwaffen.

Warum Brenneke für diese Geschäfte ausgewählt wurde? Der Führungsagent des MOSSAD, Ariel Ben Menashe: »Wir haben Brenneke gewählt, weil er drei wichtige Bedingungen erfüllt. Er kennt die tschechische Sprache, er kennt den Umgang mit dem Schweizer Banken-Netzwerk, und er kann als ›fall guy‹ dementiert werden, wenn der Plan auffliegt.«

Einer von Brennekes Partnern in der Bundesrepublik im Zusammenhang mit diesen geplanten Waffengeschäften war Klaus Dieter Lensch. Der arrangierte Treffen in Wien, um über Waffengeschäfte zu reden, eine Verbindung, die zu einer Geschäftsbeziehung zu der offiziellen Waffenhandelsfirma in der ČSSR, Omnipol, führte.

Geschäftsziel von Brenneke und Lensch: Waffen, die Israel bezahlt, sollen zuerst nach Bolivien geschickt werden, um dann an die Contras weitergeleitet zu werden. Ein makabrer Zynismus: Waffen made in ČSSR für die Contras.

Lensch bestätigt uns gegenüber in einem Gespräch in einer Autobahnraststätte, daß er zwar Brenneke gut kenne, aber daß aus den angekündigten Geschäften nie etwas geworden sei. Im Gegenteil, Brenneke habe bei ihnen noch eine Hotelrechnung offenstehen, die er bislang nicht bezahlt habe.

Dabei gibt es natürlich über den Umfang des anvisierten Deals, 250 Millionen Dollar, Dokumente. In einem Telex vom 19. 11. 1984 heißt es: »Wenn Sie heute Herrn Brenneke noch sprechen, fragen Sie ihn, ob er bei dem Schweizerischen Bankverein morgen erreicht werden kann, daß bestätigt ist, daß 250 Millionen Schweizer Franken jetzt vorhanden sind... und man schnellstens abwickeln kann.« Eine Kopie des Telex ging an Lensch in Paderborn.

Als Brenneke von den Israelis gefragt wurde, ob er die geplanten Waffengeschäfte mit den Contras durchführen will, möchte er zu seiner Sicherheit den Namen eines prominenten US-Offiziellen wissen, der die Operation sanktionieren würde. Denn schließlich gäbe es eine Kongreßanordnung, die Hilfen für die Contras in Nikaragua untersagt. Sein MOSSAD-Agent nannte ihm den Namen von Donald Gregg, dem Nationalen Sicherheitsberater von Vizepräsident George Bush. Brenneke kennt ihn noch aus der Zeit, als er in Südostasien für die »Company« gearbeitet hatte. Der MOSSAD-Mann Ben-Or gab ihm auch die Telefonnummer von Gregg im Weißen Haus und informierte ihn darüber, daß Gregg auf seinen Anruf warten würde.

Brenneke rief diese Telefonnummer am 3. November 1983 an. Entsprechend der Absprache informierte Brenneke seinen Gesprächspartner Gregg im Weißen Haus, daß er eine Anfrage von jemandem bekommen habe, und fragte, ob er, Gregg, einverstanden sei. Gregg antwortete ihm, »ja«, er, Brenneke, solle die Israelis in dieser Operation unterstützen.

Die erste Ladung von Waffen aus Prag, im Wert von zirka zwei Millionen Dollar, kam im Januar 1985 in Zentralamerika an. Die nächste Ladung, Wert sechs Millionen Dollar, wurde im März 1985 geliefert.

Die gesamten Waffengeschäfte hat Brenneke fein säuberlich notiert, den Telexverkehr aufbewahrt ebenso wie die Aufzeichnungen der Telefonate, und dann hat er noch sein persönliches Notizbuch geführt.

Später stieß Brenneke darauf, daß nicht nur Waffen, sondern auch Drogen bei dem Geschäft eine Rolle spielten. Er fand nämlich heraus, daß eine Anzahl von Flügen regelmäßig von Panama City nach Medellin ging.

Seine Kenntnis über den Drogenschmuggel stammte aus Gesprächen mit Piloten. Das Geschäft florierte. Gewaschen wurde das Geld aus dem Drogen-Waffengeschäft durch die Citibank Dhubai und die Bank Bruxelles Lambert.

Am Anfang der Contra-Geschäfte belief sich der Anteil von Kokain, das mit den gleichen Flugzeugen transportiert wurde, in denen auch die Waffen für die Contras waren, auf zehn Prozent.

248

Sie stiegen schließlich, so Brenneke, auf neunzig Prozent an. Das heißt, Waffen spielten keine Rolle mehr, es ging nur noch um Drogenschmuggel.

Brenneke baute trotzdem ein Netzwerk von Firmen auf, über die alle Operationen, ob Waffen oder Drogen, abgewickelt wurden. Firmen wie Lake Resources, Stanford Technology, Refex, Technical Service, Kiani i Kiano – die buntesten Namen, die sich besonders gut in die Schweizer Alpenlandschaft einfügten.

Brenneke ist also ein gefragter Mann für geheime Missionen gewesen, Missionen, die in jeder Beziehung illegal waren.

Als Brenneke diese Zusammenhänge vor einem Senats-Untersuchungsausschuß zur Iran-Contra-Affäre offenlegte, hagelte es Dementis. Donald Gregg erklärte, daß er niemals mit Brenneke gesprochen habe. Auch die CIA dementierte, daß es jemals Kontakte zwischen ihr und Brenneke gegeben habe.

Das ist also die Biografie des Mannes, der von sich behauptet, über die geschäftlichen Transaktionen 1980 genau Bescheid zu wissen. Ein Mann mit Geheimdienstbackground, der aufgrund seiner Geschichte vieles weiß, aber ganz sicher nicht alles sagen wird.

Immerhin wollte Brenneke seinem alten Freund Rupp helfen. Er suchte einen Zeugen, der Rupps Tätigkeiten aus der damaligen Zeit bezeugen kann. Das könnte zum Beispiel der Geschäftsführer der »Tiger-Air« Kenneth Qualls. Dessen Flugzeuge hatte Rupp geflogen. Ohne daß Qualls etwas weiß, schneidet Brenneke ein Telefongespräch mit Qualls auf Tonband mit.

»Du weißt«, schimpfte Qualls, »wie ich schon der Presse gesagt habe... Ihr Burschen versteht die Welt nicht. Was ist dabei, wenn irgend jemand irgend jemandem vierzig Millionen Dollar für 52 Geiseln gibt? Sie leben noch, nicht wahr? Wenn sie noch leben, wen kümmert es noch. Ich sage, wen kümmert es, wenn er (Rupp, d. Verf.) dort verdächtigt wird? Du weißt, Tatsache ist, daß sie ein Geschäft abgeschlossen haben. Und ich sage, Geschäfte wie dieses werden im Mittleren Osten ständig gemacht. Und wenn du mir nicht glaubst, so lies den Koran. Ich sage, der Kartoffelfarmer aus Iowa will Bush anpissen, um ein Impeachment gegen ihn durchzusetzen. Aber die Menschen, die wissen, wie die Welt ist, sagen, ›He, they did what they had to do‹.« (The Boston Globe, 23. 10. 1988)

Das Endziel: Paris

Die Indizien verdichten sich immer mehr, daß das, was auch Brenneke behauptet, tatsächlich so durchgeführt wurde.

Alle Waffenhändler beispielsweise, mit denen wir gesprochen haben, sagen übereinstimmend: »Natürlich haben diese Treffen stattgefunden.«

Einer, der auf der Seite der Waffenhändler mit in Paris dabei war, ist der Waffenhändler Houshang Lavi, jener Mann, der Anfang Oktober sich gleichzeitig an die Carter-Administration wie an die Reagan-Bush-Wahlkampfmannschaft gewandt hat.

Nach den ersten Kontaktaufnahmen zur Reagan-Bush-Kampagne klingelte bei ihm zu Hause das Telefon. »Ich möchte mit Ihnen über einige wichtige Dinge, die mit Waffen zu tun haben, reden. Warum kommen Sie nicht hierher und helfen uns. Ich brauche Ihre Hilfe in einigen möglichen Waffengeschäften aus den USA oder aus anderen Ländern. Ich kenne mich da selbst nicht sehr gut aus.«

Der Anrufer war Cyrus Hashemi aus London.

Lavi flog, wie gewünscht, nach Paris. »Ich war Gast von Dr. Hashemi. Dort traf ich ihn im Hotel ›Raphaël‹. Er trug mich ein und gab mir den Zimmerschlüssel. Nachdem ich meine Sachen abgeladen hatte, ging ich in sein Zimmer, und wir führten ein angeregtes Gespräch. Nach einer halben Stunde rief der Chef des Waffenbeschaffungsbüros des Iran an, Deghan.«

»Deghan kam ebenfalls«, so Lavi, »zu den Gesprächen nach Paris.«

In zwei Hotéls, abgesehen vom nicht weit entfernten »Hilton«, sollen die wesentlichen Verhandlungen geführt worden sein. Hier, so bestätigen alle, ob Brenneke, Lavi, der Bruder von Cyrus Hashemi, Mr. Alias, der Ex-Mitarbeiter des französischen Geheimdienstchefs de Marenches sowie nicht genannt werden wollende Männer, haben die wichtigsten Gespräche stattgefunden.

Im »Raphaël«, einem Fünf-Sterne-Hotel in der Rue Kléber, und im »Florida Étoile«, nicht weit davon entfernt in der Rue St. Didier, fanden demnach die Verhandlungen statt. Es sind keine großen Hotelkästen. Im »Raphaël« gibt es 89 Zimmer, im »Florida« sechzig. Man müßte also herausfinden können, ob sich damals bestimmte Leute eingetragen haben. Aber die Bücher sind teilweise nicht mehr da, im anderen, im »Florida«, sind mehrere US-Bürger eingetragen. Ihr Name »Heimlich«. Im übrigen, so erklärt uns einer der an den Gesprächen Beteiligten, hat sich niemand mit seinem richtigen Namen eingetragen.

Nach Lavis Angaben begannen die Verhandlungen zwischen den Verschwörern aus den USA und dem Iran gegen 14 Uhr.

Bei der Verhandlungsrunde, an der Lavi beteiligt war, ging es um die Lieferung von Waffen aus US-Beständen in den Iran.

Lavi hatte den anderen Teilnehmern schon erzählt, daß er über diese Geschäfte mit den Leuten der Reagan-Bush-Kampagne gesprochen habe.

Am nächsten Tag, die Verhandlungen gehen zügig voran, erzählt ihm Hashemi: »Die Dinge laufen gut, wenn Reagan gewählt wird, denn er wird der nächste Präsident werden.«

Hashemi kam gerade von einem Gespräch mit William Casey, der ebenfalls an den Verhandlungen teilgenommen hat, aber nicht am Tisch der Waffenhändlergruppe saß.

»Denn«, so Lavi, »da gab es andere Verhandlungsgruppen. An einer davon nahm Casey teil.« Casey gehörte zur sechsköpfigen Topgruppe, die in alles eingeweiht ist.

»Da läuft ein Deal für die Reagan-Kampagne mit Casey«, so Hashemi gegenüber Lavi.

»Als ich Hashemi erneut traf, sagte er mir, daß sie einen Deal gemacht haben, wonach die Geiseln freikommen werden. Ich sagte, wunderbar. Aber ich fragte nicht, wann sie freikommen. Auf jeden Fall war ich sehr glücklich, daß die Geiseln freigelassen werden sollen.

Es war ein allgemeines Geschäft. Er sagte, sie geben uns Waffen, und sie bekommen die Geiseln frei.«

Auf die Frage, ob sie über die Reagan-Leute sprachen, antwortet Lavi:

»Reagan, ja. Ich hatte den Eindruck, daß die Geiseln freigelassen werden, sofort, wenn Reagan gewählt wird. Ich konnte nie verstehen, warum es dann noch eine 76tägige Verspätung gegeben hat, bis die Geiseln endlich Teheran verlassen konnten.«

Lavi bestätigt außerdem, daß bei dem Treffen Waffenhändler anwesend waren, die später bei einer sogenannten Sting-Operation verhaftet wurden, dem bekannten Projekt Demavand. Ein Waffendeal mit dem Iran, der mit Irangate korrespondierte.

Der Waffenhändler Lavi ist eigentlich kein ängstlicher Mann. »Sie wollen mich töten, genau wie sie es mit Hashemi gemacht haben. Denn sie wissen, daß wir über zu viele Dinge informiert sind.«

Lavi wird später zu den Männern gehören, die tatsächlich die in Paris erzielten Verhandlungsergebnisse abwickeln. Die Waffen für den Iran. Bis zum heutigen Tag ist er deshalb auf freiem Fuß.

Eine Rekonstruktion anhand der verschiedenen Aussagen belegt folgendes: Insgesamt muß es drei Verhandlungsgruppen gegeben haben. Eine Topgruppe, in der ausschließlich iranische und amerikanische Politiker waren. Nur sie wußten über das gesamte Ausmaß des Geiseldeals Bescheid. Sie trafen sich am 19. und 20. Oktober 1980, abseits der anderen Verhandlungen. Auf amerikanischer Seite neben William Casey ein zurückgetretener CIA-Mann, George Cave. Cave diente seinem Vaterland während des Schah-Regimes als Stationschef der CIA in Teheran, später, als Berater für Oliver North, behandelte er »Iran-Fragen«. Eine weitere Gruppe, zu der Brenneke gehört, organisierte die finanziellen Transaktionen, zum Beispiel über »Trade-Co« in Genf.

Die dritte Gruppe organisierte die Waffenlieferungen. Zu ihr gehörten Hashemi samt Bruder, Houshang Lavi, Robert Benes und John de La Roque.

Das Geschäft, um das es ging: Die Mullahs halten die Geiseln bis nach der Amtseinführung von Reagan fest. Als Gegenleistung erhalten sie nach der Wahl von Reagan die Waffen, die ihnen Carter nicht geben will. Abgeschlossen wurde alles am 21. Oktober.

Ob Bush anwesend war?

Einige behaupten ja, er war dabei. Jedenfalls, so der Mann aus dem Westfälischen und der französische Geheimdienstler, war Bush über jeden Schritt informiert. Ein Tatbestand, der bekanntlich auch von Mr. Alias bestätigt wird. Von anderen Quellen demgegenüber wird er heftig bestritten: »Das hat der gar nicht nötig.«

Sind sie die einzigen, wird der Zyniker fragen, die etwas über diesen Deal ausgesagt haben, die Herren Waffenhändler, Ex-Geheimagenten und abgehalfterten Politiker?

Bislang hat niemand derjenigen etwas gesagt, die als politisch Verantwortliche an dem Deal beteiligt waren. Doch einer hat uns gegenüber sein Schweigen gebrochen, einer, von dem man es am wenigsten erwartet hätte.: Der iranische Chefwaffeneinkäufer.

Am 6. Oktober 1989 erreiche ich ihn in einem Hotel in Zug, wo er unter einem Tarnnamen residiert. Ich frage ihn nach den Hintergründen der Verzögerung bei der Geiselfrage, damals,

1980. Das war seine Antwort: »Ich weiß, daß es wichtig ist. Sie wollen sicher wissen, wie die Kontakte damals zustande kamen, wie die politische Führung in den USA und im Iran übergangen wurde, wer daran teilgenommen hat.«

Genau das will ich wissen, gewaltig erstaunt, kein kategorisches Dementi zu hören, was eigentlich zu erwarten war. Aber bevor er weiter mit mir reden kann, so sagt er, muß er erst Rücksprache mit Teheran halten.

Ich rufe ihn am nächsten Tag wieder an.

»Nach Rücksprache mit Teheran muß ich Ihnen leider sagen, daß derzeit nicht über diese Angelegenheit gesprochen werden kann. Die politischen Verhältnisse in Teheran sind zu instabil, niemand weiß, wie es mit der Regierung Rafsanjani weitergeht. Ich verstehe natürlich, daß Sie wissen wollen, wie die Kontakte zustande gekommen sind. Eines Tages muß das alles an die Öffentlichkeit.« Und dann, nachdem ich ihm das erzähle, was wir inzwischen wissen, kommt noch der brisante Satz:

»Sie wissen darüber bisher doch allenfalls zehn Prozent von dem, was damals abgelaufen ist.«

Abgesichert sind trotz aller falschen Fährten, die im Verlauf von Monaten gelegt wurden, folgende Namen, die an den Treffen in Paris, Frankfurt und Genf teilgenommen hatten. Treffen, die nur ein einziges Ziel hatten, die Geiselfrage so zu lösen, daß sie erst nach den Wahlen am 4. November 1980 freikommen. Als Gegenleistung, sonst wären die Iraner nicht auf den Deal eingegangen, sollten sofort nach dem Amtsantritt von Reagan die Iraner Waffen erhalten. Waffen, die sie für den Krieg mit dem Aggressor Irak so dringend benötigten.

Einige Namen der Eingeweihten

USA:

George Bush – wird Vizepräsident und später Präsident der USA.

William Casey – Wahlkampfmanager der Reagan-Bush-Mannschaft. Nach Reagans Wahlsieg wird er Direktor der CIA.

Richard Allen – wird Reagans Sicherheitsberater.

Fred Ikle – wird Staatssekretär im Verteidigungsministerium.

Robert McFarlane – wird zuerst Alexander Haigs Berater im Außenministerium, danach Nachfolger von Allen als Nationaler Sicherheitsberater.

Donald Gregg – wird unter Bushs Vizepräsidentschaft sein Sicherheitsberater. Als Bush Präsident geworden ist, ernennt er Gregg zum Botschafter der Republik Korea.

Richard Secord – General, scheidet 1983 aus dem Pentagon aus, gründet Privatunternehmen.

Frankreich:

Bernard Veillot und *Robert Benes* – betreiben später weiter Waffengeschäfte.

Alexandre de Marenches – tritt in den Ruhestand, schreibt Memoiren.

Iran:

Sadegh Tabatabai – bleibt wichtigster Geheimdiplomat und Waffeneinkäufer des Iran.

Sadegh Ghotbzadeh – wird später abtrünnig und gehängt.
Ahmad Khomeini – ist neben Rafsanjani wichtigster Mann im Iran. Steuert von Montreux aus auch Waffengeschäfte.
Hamit Nagashan – macht weiter Waffengeschäfte und kauft 1990 Materialien ein, um die Atombombe im Iran bauen zu können. Das BKA läßt ihn gewähren.

Waffenarbeitskreis und Finanzierungsarbeitskreis:
Adnan Kashoggi – sitzt derzeit in den USA unter Hausarrest.
Houshang Lavi – ist freier Unternehmer.
Cyrus Hashemi – ist tot.
Mr. Alias – arbeitet nebenberuflich als Agent.
Manucher Ghorbanifar – ist Geschäftsmann, abgetaucht.
John de La Roque – ist Geschäftsmann, abgetaucht.
Richard Brenneke – ist Geschäftsmann, erwartet einen Prozeß.
Und dann war da noch ein bundesdeutscher Ex-Offizier, beschäftigt bei einem Rüstungsunternehmen bei München.

Wie man etwas dementieren kann:
der Fall Gregg

Ein Name wird in vielen Statements und Erklärungen aus dem direkten Umfeld von US-Präsident Bush immer wieder genannt: Donald Gregg. Er soll nicht nur erheblichen Anteil an den Verhandlungen im Oktober 1980 gehabt haben, sondern auch sehr früh über die illegalen Waffen- und Drogengeschäfte des Oliver North informiert gewesen sein. Donald Gregg, ein Name, der für das große Vergessen steht. Beispielsweise »Oktober-Überraschung«.

Als er 1988 von Journalisten gelöchert wurde, was von den Aussagen des Richard Brenneke zu halten sei und ob er an den Verhandlungen in Paris zwischen dem 18. und 20. Oktober 1980 teilgenommen habe, kam von ihm ein heftiges Dementi. Gregg erklärt den fragenden Journalisten, daß er und seine Frau Meg einen privaten Kalender führen, und in diesem Kalender haben sie eingetragen, daß sie sich zwischen dem 17., 18. und 19. Oktober in Delaware in einem privaten Strandhaus vergnügten. Er erklärt, daß er in der Nacht des 19. Oktober nach Washington zurückgekommen sei und am nächsten Tag, am 20. Oktober, in seinem Büro im Nationalen Sicherheitsrat gearbeitet habe. Darüber gebe es Aufzeichnungen. Daher, so Gregg, ist alles, was behauptet wird, eine Lüge. Brenneke kenne er überhaupt nicht, und Casey habe er zum erstenmal getroffen, nachdem er 1981 zum CIA-Direktor ernannt wurde. Gregg, der 1982 Bushs Nationaler Sicherheitsberater wurde, ist ein exemplarisches Beispiel dafür, wie durch überzeugende Dementis selbst

kritische Journalisten beeindruckt werden, die dann übereinstimmend dem Publikum bekunden, daß alles, was da behauptet
wird, nicht stimme. Sie konnten zu dieser Zeit, 1988, natürlich
keine anderen Zeugen befragen, etwa den ehemaligen Chef der
SAVAK-Station in Washington, Manusr Rafizadeh, der fest
davon überzeugt ist, daß »Gregg auf jeden Fall in Paris war«.
Aber darauf kommt es gar nicht an. Es geht vielmehr darum, wie
schnell man einem Mann glaubt, der unter der besonderen
Protektion des US-Präsidenten Bush steht.

Das Fazit, beispielsweise der Journalisten der angesehenen Zeitung »Boston Globe«: »Es gibt keine Beweise für heimliche
Treffen in Paris. Denn es gibt dafür nur zwei Zeugen, Brenneke
und Rupp. Und deren Aussagen sind nicht stimmig, denn Gregg
konnte ja nachweisen, daß er an den bewußten Tagen in seinem
Strandhaus war.«

So wie diese Zeitung verhielten sich auch andere Medien, die
sich im Oktober 1988 in der Tat nur auf zwei Zeugen berufen
konnten. Die Aussagen der beiden waren nicht falsch, sondern
sie hatten sich in den Daten geirrt (bewußt oder unbewußt). An
diesem Totschweigen hätte sich wenig geändert, wären da nicht
ein paar bohrende, von Fakten, Wahrheiten, Lügen und Halb-
wahrheiten hin- und hergerissene Journalisten in Washington
gewesen, die beispielsweise nachprüften, was es mit dem Kurz-
urlaub von Donald Gregg auf sich hatte.

Bekanntlich will er sich nach eigenen Angaben zwischen dem
17. und 19. Oktober in seinem Strandhaus in Bethany Beach von
den Strapazen der Arbeit im Weißen Haus, zusammen mit seiner
Frau Meg, erholt haben. Wenn das wirklich stimmt, ist es natürlich ausgeschlossen, daß Gregg zur gleichen Zeit in Paris war.
Aber, so erzählt der Besitzer des Strandhauses gegenüber einem
ermittelnden Journalisten, er kann sich nicht daran erinnern,
den Greggs den Schlüssel für das Strandhaus gegeben zu haben
oder daß die Greggs überhaupt das Haus benutzt haben.

Gregg sagt, daß er Tennis gespielt habe. Aber die Wetterbedingungen zur damaligen Zeit waren eigentlich nicht dazu angetan, hinter dem gelben Ball herzulaufen.

Während die Tochter von Gregg gegenüber einem Reporter berichtet, daß sie an den bewußten Tagen mit ihren Eltern zusammen war, erklärt Gregg, daß es keine anderen Zeugen für seinen Aufenthalt im Strandhaus gäbe als seine Ehefrau.

Was von Greggs Bezeugungen zu halten ist, das erklärt unter Umständen besser seine Vergangenheit und das, was er nach dem Wahlsieg von Reagan und Bush für seine Auftraggeber geleistet hat.

»Keep me informed«

Gregg hat eine lange CIA-Geschichte hinter sich. Sofort, nachdem er das Williams College verlassen hatte, ging er zur CIA und wurde nach seiner Ausbildung, 1952, zuerst nach Korea in Marsch gesetzt, danach nach Vietnam. Nach dem Vietnam-Einsatz wurde er 1976 wieder in Langleys Hauptquartier eingesetzt, diente ab Juni 1979 als CIA-Verbindungsoffizier im Nationalen Sicherheitsrat unter Carter im Weißen Haus. Seine Zuständigkeit: Asien und nachrichtendienstliche Angelegenheiten.

Nach dem Wahlsieg von Reagan, 1980, blieb er unter Reagan in Amt und Würden. Als Experte für »Aufstandsbekämpfung« beschäftigte er sich insbesondere mit Zentralamerika. Gregg entwickelte sich zum Experten in der Kriegsführung auf niedrigem Niveau, dem wohlbekannten weiten Bereich der »low-intensity conflicts«, ein Mann also, so Senator Helms, »der das Volk von El Salvador unterstützt, um sich selbst gegen die Subversion durch das kommunistische Nikaragua wehren zu können«.

1982 wurde er von Vizepräsident George Bush zu dessen Nationalem Sicherheitsberater berufen. »Ich arbeitete sehr eng mit ihm zusammen, informierte ihn, so gut ich konnte, über Fragen der auswärtigen Politik, Verteidigung und Nachrichtendienste.«

Während der gemeinsamen Reisen mit Bush hatte er die »unvergleichliche Chance« zu erkennen, was Amerika in der Welt bedeutet.

»Eine Quelle der Nahrung für Hungernde, eine Quelle der Hoffnung für die Unterdrückten, eine Quelle der Inspiration für diejenigen in Unfreiheit.«

Ins Schußfeld geriet der Mann, der in Amerikas Außenpolitik eine Quelle der Hoffnung für die Unterdrückten sieht, zum erstenmal, nachdem in Unterlagen des Iran-Contra-Hearings sein Name auftaucht. Er hätte engen Kontakt mit einem der wichtigsten Drogen- und Waffenhändler gehabt, der auch die Contras in Nikaragua, entgegen Beschlüssen des US-Kongresses, unterstützt habe. Als engster Berater von Bush, der ihm immer gesagt habe, »keep me informed«, habe er, Gregg, seinem Chef jedoch nie etwas von diesen Kontakten erzählt.

Vor einem Senatsausschuß erklärte Gregg unter Eid, daß er bis zum August 1986 nie etwas über diese Kontakte zwischen Drogen- und Waffenhändlern und Regierungsmitgliedern wie Oliver North erfahren habe. Auch nach dem August 1986 habe er George Bush nicht über diese Kontakte informiert, weil es keine Angelegenheit für einen Vizepräsidenten sei.

Also doch ein glaubwürdiger Mann, dieser Donald Gregg?

»Seit Ihren ersten, unter Eid geleisteten Aussagen vor dem Kongreß in bezug auf Ihre Rolle in der Iran-Contra-Affäre ist eine Menge von neuen Beweisen ans Licht gekommen, die weitere fundamentale Fragen über Ihre Glaubwürdigkeit aufwerfen. Aufzeichnungen beweisen, daß nach fast dreißig Jahren lobenswertem Dienst in der CIA, der auch eine Zusammenarbeit mit dem CIA-Angestellten Felix Rodriguez in Sonderoperationen einschloß, Sie unter Reagan im Weißen Haus als Verantwortlicher für Nachrichtendienste im Nationalen Sicherheitsrat arbeiteten. Es war unter diesen Bedingungen, daß Sie 1982 in die heimliche Unterstützung der Contras eingeweiht wurden.« So Senator Kerry während eines Hearings zur Nominierung von Gregg zum US-Botschafter in Südkorea.

Aufschlußreich dürfte die Feststellung sein, daß Donald Gregg mit dem CIA-Mann Rodriguez zusammengearbeitet hat. Er gilt als der Mann, der mit Leuten Kontakte hatte, die enge Verbindungen zum Drogenkartell von Medellin unterhielten. So gab Rodriguez einem seiner Gesprächspartner in seiner Wohnung in Miami den guten Rat, mit dem Drogenkartell in Medellin zusammenzuarbeiten, damit diese die Contras unterstützen. Der Rat war goldrichtig. Vom Medellin-Kartell kamen neun Millionen Dollar.

»Als Gegenleistung erhoffte sich das Kartell, daß es ein klein wenig von der Reagan-Administration toleriert werde.« (Pauly Eddy, Hugo Sabogal, Sara Walden, The Cocaine Wars, New York 1989, S. 334) Und mit diesem Mann muß Gregg recht enge Verbindungen eingegangen sein:

»Zum Beispiel verfügt das ›Intelligence Committee‹ über ein Dokument mit dem Titel: ›Proposed Covert Action Finding of Nicaragua‹, vom 12. Juli 1982, das von Donald Gregg verfaßt wurde.

Die Aufzeichnungen zeigen, daß Sie im August 1982 Nationaler Sicherheitberater von George Bush wurden. In diesem Zusammenhang nahmen Sie jeden Morgen als Mitglied des Nationalen Sicherheitsrats an dessen Sitzungen teil, zusammen mit Oliver North, Robert McFarlane und schließlich John Poindexter.

Sie haben dem Kongreß unter Eid erklärt, daß Sie, bis der Iran-Contra-Skandal im November öffentlich wurde, niemals über die Contras diskutiert hätten.

Gleichzeitig erklärten Sie vor einem US-Distrikt-Richter, ebenfalls unter Eid, daß Sie ›keine Verantwortlichkeiten‹ für Zentralamerika gegenüber dem Vizepräsidenten hatten.

Zum Beispiel schrieben Sie im März 1983 einen enthusiastischen Bericht über den Vorschlag von Rodriguez, Helikopter-Einsätze gegen eine Vielzahl von zentralamerikanischen Zielen durchzuführen.

Am 12. Oktober 1984 unterzeichnete Präsident Reagan einen Beschluß, wonach es für US-Bürger verboten ist, die Contras mit militärischen Gütern zu beliefern. Die Aufzeichnungen zeigen, daß Sie sich zwei Monate, nachdem der Präsident dieses Gesetz verkündet hat, am 21. Dezember 1984, mit Ihrem langjährigen Freund und ehemaligen CIA-Kollegen Rodriguez trafen und daß Sie ihn am gleichen Tag bei Oliver North einführten.

Die Aufzeichnungen zeigen, daß, nach diesem Dezember-1984-Treffen, Sie Rodriguez an mehrere Politiker weiterempfohlen haben. Und daß, als ein Ergebnis Ihrer Initiative, Rodriguez zu General Paul Groman geschickt wurde, dem Kommandeur des US-Südkommandos in Panama, und zu Botschafter Tom Pickering in El Salvador. Gromans Schriftverkehr mit Pickering vom 15. Februar 1985 macht die wahren Ziele der Zentralamerika-Mission von Rodriguez klar. Zitat: ›Seine Bekanntschaft mit dem VP (Vizepräsidenten, gemeint ist der Vizepräsident Bush, d. Verf.) ist ausreichend, sie geht zurück auf die gemeinsamen Tage beim DCI. Rodriguez' frühere Verbindung in die Region ist in – deleted (getilgt, d. h., das Dokument ist an dieser Stelle geschwärzt, d. Verf.) –, wo er die FDN unterstützen will. Ich sagte ihm, daß die FDN seine Priorität verdient.‹

Wie wir alle wissen, gehört die FDN zu den Contras.

Pickerings Bestätigung über die Vereinbarungen mit Rodriguez werden in dem Telex, Eyes Only, vom 15. Februar bestätigt, das an das Außenministerium geschickt wurde mit der Instruktion: ›Bitte unterrichte Don Gregg im Büro des Vizepräsidenten.‹

Das war im Februar 1985. Nun, Mr. Gregg, haben Sie unter Eid erklärt, daß Ihnen Rodriguez erst später erzählt habe, daß er von North nicht vor September 1985 rekrutiert wurde.

Schließlich zu Ihren Zeugenaussagen vor dem Iran-Contra-Committee. Hier erhielt der Kongreß Beweise über ein Treffen zwischen Ihnen, Oliver North und James Steele, der die Contra-Unterstützung durch unsere Botschaft in San Salvador koordinierte. Das Treffen fand am 10. September 1985, um 16.30 Uhr, statt. Die handgeschriebenen Aufzeichnungen von North bestätigen, daß Einzelheiten über die damals verbotene militärische Unterstützung für die Contras diskutiert wurden. Steele hat bestätigt, daß Sie sich mit ihm und North an diesem Nachmittag getroffen haben. Wichtiger noch ist, daß Colonel North im letzten Monat unter Eid bestätigte, daß er mit Ihnen und dem Nationalen Sicherheitsberater Robert McFarlane die Einzelheiten der Rodriguez-Mission diskutiert hat, um die Contras mit Waffen zu beliefern.

Sie haben unter Eid ausgesagt, daß Sie bis zum August 1986 nichts über die Aktivitäten von Rodriguez und über die Lieferungen an die Contras wußten und daß Sie mit ihm oder dem Vizepräsidenten niemals über den Nachschub für die Contras diskutierten. Nun hat dieses Komitee ein Memorandum vom 4. Februar 1986 erhalten, in dem über die militärischen Wünsche der Contras gesprochen wird. Ein Memorandum von Ihrem Stellvertreter Sam Watson, das von Ihnen an den Vizepräsidenten weitergeleitet wurde.‹«

Senator Kerry, nachdem Gregg zu den oben genannten Punkten vor einer Senatskommission, die seine Berufung zum neuen Botschafter der USA in Korea überprüfen soll, Stellung bezogen hat:

»Und Ihr Wort gegen die Dokumente, Ihr Wort gegen die Treffen, Ihr Wort gegen irgend jemanden. Wie können wir das lösen?«

»Ich«, so Gregg in der Erwiderung, »kann Ihnen nur sagen, was ich weiß und an was ich mich erinnern kann.« (Alle Zitate aus: Hearing of the Senate Foreign Relations Committee. Subject: Nomination of Ambassador to the Republic of Korea. Witness: Donald Gregg, Ambassador-Designate, 12. Mai 1989)

So geht das mit einem langjährigen CIA-Mitarbeiter, der zu Höherem berufen ist. Ein Mann, zu dessen Aufgaben es unter Bushs Vizepräsidentschaft gehört hat, Bush immer vollständig zu informieren, der aber, so sagt er, nie mit Bush über die Unterstützung der Contras geredet haben will. Und der natürlich auch nie etwas über die Treffen in Paris gewußt hatte, an denen er, so übereinstimmend mehrere Zeugen, teilgenommen hat.

Ähnlich wie bei Gregg, »Ihr Wort gegen die Dokumente, Ihr Wort gegen die Treffen«, sie dementieren selbst dann, wenn die Fakten dem entgegenstehen. So dürfte es auch bei anderen hochrangigen Beteiligten gelaufen sein. Sie wissen nichts mehr, können sich nicht erinnern, haben ein reines Gewissen. Die potentesten Politiker, die eingeweiht sein sollen, sind Henry Kissinger und George Bush. Zu Kissingers hilfreicher Mitwirkung am Sieg von Reagan und Bush gibt es die Aussagen des französischen Geheimdienstoffiziers sowie die Aussage von Mr. Alias und die des Mannes aus dem Westfälischen, der immerhin heute noch mit Tabatabai Geschäfte in Millionenhöhe macht.

Gary Sick, der im Nationalen Sicherheitsrat für den Iran zuständige Mann, weiß nichts über Kissingers Beteiligung. Er erinnert sich lediglich an dessen Vergangenheit in bezug auf Geheimverhandlungen. »Ich erinnere mich sehr gut an die von ihm geführten geheimen Verhandlungen in Südvietnam. Er hatte gute Kontakte zum Schah und gute Kontakte zu Leuten im iranischen Nachrichtendienst. Er war dafür, daß Carter nicht weiterregiert.«

Wo war George Bush?

Und der Präsident der Vereinigten Staaten, George Bush?
Während beispielsweise in allen Unterlagen, insbesondere in
den Notizbüchern von William Casey (unter Bush CIA-Direktor) die Zeit zwischen dem 19. und 22. Oktober nicht geklärt
werden kann, legt Bush Dokumente des Secret Service vor, die
belegen, daß er während der fraglichen Zeit nicht in Europa
war. So heißt es in einem Report des Secret Service vom 17.
Februar 1981 über Bushs Aufenthalt in Washington: »Am 19.
Oktober 1980, 19 Uhr, kam Bush im ›Capitol-Hilton‹-Hotel an.
Der nominierte Bush besuchte ein Dinner im Ballraum. Nach
Beendigung des Dinners fuhr Bush wieder, via motorcade, in
seine Residenz zurück.« Ein eindeutiges Dokument?
Andererseits gibt es sich widersprechende Angaben, gerade zu
diesem Bericht des Secret Service. Ein Widerspruch ergibt sich
daraus, daß in dem Bericht des Secret Service Bush im »Capitol-
Hilton« um 19 Uhr eingetroffen sei. Andere Dokumente des
Secret Service aber notieren, daß er erst um 20.12 Uhr dort
angekommen sei. William Corbett, ein Sprecher des Secret Service, berichtete gegenüber der Zeitung »Portland Oregonian«,
daß er sich persönlich mit einigen von Mr. Bushs »Sicherheits-
maßnahmen« am 19. Oktober 1980 beschäftigt habe. Aber er
selbst hat »den Vizepräsidenten während dieser Zeit nicht gesehen«. (Portland Oregonian, 20. 10. 1988)
Daß er unter falschem Namen angekommen sei, wie Mr. Alias
behauptet, ist wenig glaubwürdig.

Aber, so schreibt Barbara Honnegger, »wie die fehlenden 18 Minuten in Richard Nixons Watergate-Tonbändern und die vier fehlenden Tage in William Caseys Kalender gibt es bei George Bush eine 21stündige Lücke, genau jene Zeit, in der er nach Paris geflogen sein soll, um sich mit iranischen Offiziellen in Paris zu treffen.

Von zirka 20 Uhr in der Nacht des 18. Oktober bis zwischen 19 und 20 Uhr in der Nacht des 19. Oktober … Diese 21 Stunden wären mehr als ausreichend gewesen, um nach Frankreich zu fahren, um an den Treffen teilzunehmen.« (Barbara Honnegger, October-Surprise, 1989, S. 98) Auch nur Vermutungen.

Tatsache ist demgegenüber auch, daß auf dem Flughafen Le Bourguet, auf dem der Pilot Rupp Casey absetzte und Bush gesehen haben will, für die fragliche Zeit alle Dokumente der landenden und abfliegenden Flugzeuge entfernt worden sind. »Das ist schon sehr merkwürdig«, sagt uns der Pariser Waffenhändler Nicolas Ignatiew, der aus »persönlichem Interesse« wissen wollte, wer damals auf dem Flughafen gelandet ist, und über seine Kontakte zum französischen Geheimdienst die Nachricht vom Verschwinden der entsprechenden Unterlagen erhalten hatte. Andere, Eingeweihte, sagen: »Die Unterlagen wurden verbrannt.« Aber reicht das als Beweis dafür aus, daß Bush direkt an den konspirativen Treffen beteiligt war?

Natürlich nicht, zumal davon ausgegangen werden kann, daß Bush viel zu sehr in den Wahlkampf involviert war, als daß er es sich leisten konnte, nach Paris zu fliegen. Und schließlich hat er, der heißgeliebte Favorit der kalten Krieger im CIA-Hauptquartier, ja genügend Freunde, die ihr Handwerk der Manipulation verstehen. In Paris wurde es erfolgreich eingesetzt. Nach den Verhandlungen in Paris war George Bush nur noch einen Herzschlag vom hohen Amt des US-Präsidenten entfernt. Bush wird sich seinen Freunden gegenüber in der CIA entsprechend erkenntlich zeigen.

Was geschah nach den Verhandlungen in Paris?

Während bislang die Iraner ständig mit größtem Nachdruck um Waffenlieferungen, insbesondere seit Ausbruch des Krieges, gebeten hatten, so Gary Sick, ändert sich die Lage Mitte Oktober schlagartig. »Am 22. Oktober wollten die Iraner plötzlich nicht mehr über die Freigabe der Waffen reden und das entgegen der offensichtlichen Notwendigkeit, da die Einzelteile kriegsbedingt notwendiger denn je waren.«

22. Oktober in Teheran. Premierminister Rajai erklärt – auch ein Stimmungsumschwung –, daß die USA nun bereit sind, auf Khomeinis Forderungen einzugehen. Gleichzeitig sagt er, daß der Iran auf keinen irgendwie gearteten Handel »Waffen gegen Geiseln« eingehen werde. Er, Rajai, sieht keinen Unterschied zwischen Reagan und Carter. Beide sind Subjekte der Monopole, der großen Oil-Companies und der Militärindustrie.

Am 23. Oktober folgt Rafsanjani. Er erklärt, daß das Parlament die USA nur gebeten habe, die vom Schah bezahlten Waffen zurückzugeben, denn das Parlament und das iranische Volk »sind nur deshalb so feindlich gegenüber den USA, wegen deren krimineller Aktivitäten«.

Nach Monaten unheilvoller Ängste über eine Oktober-Überraschung und den potentiellen ruinösen Konsequenzen für die Wahlkampagne ist William Casey, der Wahlkampfmanager, plötzlich unbesorgt. »Es gibt keine einzige Wolke am Horizont.« (Elizabeth Drew, Portrait of an Election, S. 316)

Caseys Zuversicht ist verwirrend, denn das Statement wurde zwischen dem 18. und 25. Oktober abgegeben. In einer Phase also, wo nach Erkenntnissen der Reagan-Wahlforscher, bei einer Freilassung der Geiseln zu dieser Zeit, Carter zweifellos die Wahlen gewonnen hätte.

23. Oktober. Zum erstenmal nach längerem Schweigen attackiert nun Reagan Carters Handhabung der Geiselfrage. Carters Antwort ist, daß beide davon überzeugt sind, daß diese Frage die Wahlen beeinflussen werde.

Am 24. Oktober unterrichtet Meese vom Wahlkampfstab der Republikaner, in einem mit »Confidential« versehenen Memorandum, den Wahlkampfführungsstab, daß »Garrick eine besondere Anweisung in bezug auf die Geiselsituation erhält. Während der nächsten Tage wird Bob Garrick an diesem besonderen Projekt für mich arbeiten.«

Am gleichen Tag, um 11 Uhr in Reagans Hauptquartier in Virginia, wird gefeiert. »Wir müssen uns nicht mehr vor einer Oktober-Überraschung fürchten, Dick hat ein Geschäft gemacht.«

Diese Aussage kommt von einem Mitglied des damaligen Wahlkampfstabes, Barbara Honnegger:

»Das war im Hauptquartier der Reagan-Bush-Kampagne in Virginia. Zwischen dem 24. und 27. Oktober hatte ich meinen Job im Kommunikationsstab der Kampagne. Kurz nach 11 Uhr, ich wollte mir gerade die 11-Uhr-Nachrichten anschauen, was zu meiner Arbeit gehörte. Daher ging ich in die Wahlkampfzentrale. Und dort ging gerade ein unvorstellbarer Stimmungswechsel vor sich, gegenüber dem, was dort vorher spürbar war. Anstelle der höchst ängstlichen Atmosphäre, die bisher in der Wahlkampagne herrschte, wurde jetzt plötzlich eine Party gefeiert. Die Leute waren glücklich. Das war für mich eine Überraschung, weil wir die ganze Zeit befürchteten, daß Präsident Carter die 52 Geiseln noch vor den Wahlen nach Hause bringen

und damit die Wahlen gewinnen würde. Wir wußten, wenn ihm das Ende Oktober noch gelingen würde, würde er gewinnen und wir verlieren. Deshalb waren die Leute die ganze Zeit sehr ängstlich und unglücklich. Und jetzt plötzlich wurde gefeiert. Ich war hin- und hergerissen, ob ich mir jetzt die Nachrichten ansehen soll, die gerade vor ein oder zwei Minuten angefangen hatten, oder ob ich jemanden fragen sollte, was eigentlich los wäre. Ich habe dann auf dem Weg zum Fernsehraum eine Frau gefragt, was es denn zu feiern gäbe. Ich frage sie, ob jemand Geburtstag hat. Und sie lachte. Und sah mich an, als ob sie fragen wollte: ›Wo kommst du denn her, weiß du denn nicht?‹ Ich habe noch einmal gefragt, hat jemand Geburtstag? Sie lachte wieder und sagte, in gewisser Hinsicht ist es Ronald Reagans Geburtstag. Ich sagte, sein Geburtstag ist doch erst am 6. Februar. Aber sie antwortete: Nein, nein. Haben Sie nicht gehört? Wir brauchen uns um eine ›Oktober-Überraschung‹ keine Sorgen mehr zu machen. Dick hat das Geschäft abgeschlossen. Ich wußte nicht, wen sie mit ›Dick‹ meinte. Ich wußte nur, daß Richard Allen, den wir Dick nannten, einer der wichtigsten außenpolitischen Berater in der Wahlkampagne war und später zu Präsident Reagans erstem Sicherheitsberater im Weißen Haus wurde, daß dieser Mann, Dick Allen, der Chef einer der beiden Oktober-Überraschungs-Gruppen war.
Ich habe sie dann gefragt, meinen Sie mit ›Dick‹ Dick Allen? Aber in diesem Moment unterbrach sie ein etwas schwerer und untersetzter Mann, von dem ich heute weiß, daß es Robert Gambino war. Der machte ihr klar, daß sie mir schon zuviel gesagt hatte.«

Barbara Honnegger ist es eigentlich zu verdanken, daß die ersten Rauchzeichen über den kriminellen Wahlbetrug, der in Paris abgeschlossen wurde, der amerikanischen Öffentlichkeit nicht verborgen bleiben konnten. Barbara Honnegger, die zuvor an der Stanford Universität arbeitete, trat 1980 in das Reagan-Bush-Wahlkampfteam ein. 1981 arbeitete sie dann als Wissenschaftlerin für politische Analysen im »Office of Policy Development« im Weißen Haus.

Sie ist und war eine glühende Anhängerin von Reagan. 1983 verließ sie ihre Stellung im Weißen Haus.

Kurz bevor sie das Weiße Haus verließ, überreichte ihr Reagans wichtigster politischer Berater ein Foto von Reagan mit den Worten: »Für Barbara Honnegger, das Gewissen des Büros für Politische Entwicklung im Weißen Haus«. Den Grund, warum sie so lange geschwiegen hat, nennt sie in ihrem Buch »October-Surprise«, das 1989 erschienen ist.

»...ich mochte ihn nicht nur, ich liebte Ronald Reagan als ein Individuum. Die Vorstellung, daß er getan hat, was ich aufgrund der Faktenlage zu wissen glaubte, ist ein tiefer und persönlicher Schmerz. Nach eigener Gewissensergründung entschied ich mich, nichts von den siebenjährigen Untersuchungen über die ›Oktober-Überraschungs-Geschichte‹ zu veröffentlichen, bis er sein Amt verlassen hat. Die Entscheidung wurde aus grundsätzlichen Erwägungen getroffen. Ich arbeitete unablässig für Mr. Reagan während seiner Wahlkampfkampagne 1980, weil ich an ihn glaubte, so, wie ich es heute noch tue, daß er die richtige Person zur richtigen Zeit war, gebraucht, um die Nation zu versöhnen.«

Als dann Bush neuer Präsident wurde, brach sie ihr Schweigen und blieb im wesentlichen ungehört. Zwar druckten kleinere Zeitungen ihre Vorwürfe ab, sie wurde in Talk-Shows nach ihren Erkenntnissen befragt. Aber die großen meinungsbildenden Medien verschlossen die Augen und Ohren vor dem, was Barbara Honnegger zu sagen hatte. Ein verständlicher Grund liegt darin, daß sie den Geiseldeal in eine Verschwörungstheorie einbettet, an der jeder irgendwie beteiligt, teilweise unglaubwürdig ist, und sie leichtgläubig das aufnimmt, was man ihr erzählt.

Mit ein Grund dafür ist aber auch die Taktik der CIA gewesen, durch falsche Informationen einen unleugbaren Sachverhalt als unglaubwürdig hinzustellen.

Die Desinformationskampagne

Und jetzt kommt wieder Mr. Alias ins Spiel. Er wurde nämlich, als Barbara Honnegger an die Öffentlichkeit ging, im September 1988, wieder reaktiviert. Seine Aufgabe war es, Desinformationen zu verbreiten, Barbara Honnegger zu diskreditieren, mit dem Ziel, daß durch falsch gesetzte Informationen die gesamte Story unglaubwürdig wird.

Mr. Alias, der in B. Honneggers Buch als Mr. Y zitiert wird: »Man hatte Angst, daß durch Frau Honnegger und durch das Christic-Institut eine Lawine ins Rollen gebracht werden könnte, die die Wiederwahl oder zumindest die Wahl von Bush gefährden könnte. Meine genaue Aufgabe war es, die gesamte amerikanische Presse irrezuführen. Und zwar indem ich verschiedene Informationen verbreitete, die zum Teil stimmten und zum Teil nicht stimmten, so daß bei näheren Recherchen eindeutig klar wurde, daß der Geschichte nicht zu trauen ist.«

»Ist Ihr Ziel erreicht worden?« frage ich ihn.

»Wer ist denn heute Präsident der Vereinigten Staaten?«

Das Motiv für sein Handeln beschreibt Mr. Alias so:

»Das war Patriotismus, weil sich die USA kein zweites Watergate mehr leisten konnten. Das Geld, 60 000 Dollar, und schließlich war es eine reizvolle Aufgabe.«

Warum er uns jetzt etwas anderes erzählt, überhaupt davon redet, daß es eine Desinformationskampagne gegeben habe, begründet Mr. Alias damit, daß es mit der Politik Israels zusammenhänge.

»Wenn die Israelis weiterhin die Amerikaner unter Druck setzen, dann wird Israel in eine gefährliche Situation der Isolation geraten. Nichts würde sich an der innenpolitischen Situation verändern, die starren Fronten bleiben bestehen, und es wird keinen Dialog zwischen Israel und den Palästinensern geben. Deshalb will ich, daß jetzt die Wahrheit ans Tageslicht kommt. Außerdem bin ich in einem Alter, wo man sich zur Ruhe setzen will und nicht immer nach hinten schauen muß, ob man verfolgt wird.«

Barbara Honnegger, die wir über diese Aussage von Mr. Alias informiert haben, wehrt sich in einem Brief vom 14. Juni 1988, daß sie auf eine Desinformationskampagne reingefallen sei.

»Die Einzelheiten der Geschichte waren verfügbar, bevor er mich und andere Journalisten zum erstenmal im September 1988 kontaktierte. Die einzige neue Information, die er einbrachte, ob wahr oder nicht, war die Beteiligung von Alexandre de Marenches vom französischen Nachrichtendienst, SDECE, der einen Bericht über die Treffen in Paris verfaßt haben soll, was aber kein wichtiger Bestandteil der Geschichte war. Wenn Mr. Y behauptet, daß er den künftigen Präsidenten George Bush schützen wollte, warum hat er dann Mr. Bush in seinen Informationen an erster Stelle gesetzt. Das ergibt keinen Sinn.«

Es ergibt natürlich einen Sinn, daß Mr. Alias oder Mr. Y den Präsidenten Bush an erster Stelle erwähnt, auch in den Gesprächen, die ich mit ihm geführt habe. Bei den vielen falschen Fährten, die gelegt worden waren, taucht bekanntlich eine Vielzahl von Namen, Orten und Plätzen auf. Bush wird uns von verschiedenen Personen geradezu penetrant genannt, sei es von Houshang Lavi, von Brenneke oder anderen. Genau das ist die Desinformation. Nenne Namen und gebe ihnen einen möglichst konkreten Hintergrund, der kaum überprüfbar ist.

Wie so etwas perfekt funktioniert, dokumentiert ein Erlebnis, das wir mit einem ehemaligen israelischen Geheimagenten hatten. Aharon Moshel lebt in München. Aufmerksam wurde ich auf ihn, als ich diesen Moshel abends in einer Talk-Show sah und er unbekümmert verkündete, daß der erste Präsident des Bundesnachrichtendienstes, Gehlen, ein Agent des KGB gewesen sei.

Über seinen Verlag, bei dem er ein Buch aus seiner Agentenzeit in Ägypten veröffentlicht hat, erkundigen wir uns über ihn. Er gilt dort als seriös. Dann blättern wir in seinem Buch »Die Viper«. Auf dem Umschlag ist über den Autor zu lesen:

»Aharon Moshel ist als langjähriger leitender Mitarbeiter des israelischen Geheimdienstes MOSSAD nicht nur mit den politischen Problemen seines Heimatlandes, sondern auch mit den Zielen, Möglichkeiten und auch der Mentalität der Feinde des Judenstaates bestens vertraut. Er schreibt für führende deutschsprachige Zeitungen.«

Derart als seriöser Mann ausgewiesen, vereinbaren wir mit ihm ein Treffen. Zuvor wollte er noch wissen, über was wir uns mit ihm unterhalten wollen. Als wir, Thomas und Rena Giefer und ich, am 8. Juni 1989 in München ankommen, öffnet er äußerst zuvorkommend und liebenswürdig die Tür und erzählt uns dann, was er über die Vorgänge 1980 weiß, insbesondere darüber, ob Präsident Bush involviert war oder nicht. Er habe, so erzählt er, von seinem Geheimdienst, dem MOSSAD, die Genehmigung erhalten, mit uns zu reden. Nach seiner Meinung wurde Carter ausgespielt, »weil er von uns ein Angebot zur Geiselbefreiung erhalten und abgelehnt hatte. Er war nicht der Mann, der in Israel beliebt war. Danach haben die Reagan/ Bush-Leute Signale gegeben.«

»Der Handel«, so Moshel, »war, daß die Geiseln nicht an die Carter-Regierung freigegeben werden. Für Israel war das ein doppelter Erfolg. Einerseits zur nächsten Regierung der USA gute Kontakte zu haben und gleichzeitig zum Iran. Das war Wahlmanipulation.«

Dann, im Verlauf des Gesprächs, bestätigte er Informationen, die wir schon aus anderen Quellen erfahren hatten: daß Tabatabai bei den Verhandlungen dabei war, daß die treibende Kraft William Casey war und auch Henry Kissinger dabeigewesen sein soll.

Wir sind von seiner präzisen Schilderung bestimmter Sachverhalte außerordentlich beeindruckt. Zum Beispiel von seiner Schilderung, als die Geiseln nach ihrer Freilassung in Wiesbaden angekommen sind. Er sei auch dort gewesen, um einige Amerikaner für seinen Geheimdienst zu vernehmen. Dabei habe er mit Carter zusammen ein Glas Wein getrunken. »Es gibt ein kleines Lokal, da saß ich mit ihm zirka sieben Minuten. Er war jemand, der nahe am Wasser gebaut war. Sein letzter Satz zu mir war: ›Sie haben mich hereingelegt.‹ «

Wer so detailliert Bescheid weiß, müßte auch etwas darüber wissen, ob denn George Bush wirklich an den Treffen in Europa beteiligt war.

»Bush war dabei. Er kam nach Luxemburg zu einem Abschlußtreffen. Das Treffen wurde abgesichert vom Luxemburger Nachrichtendienst, wobei ich annehme, daß die gar nicht wußten, wer das ist, sondern daß man denen nur gesagt hat, das sind hochrangige Ausländer, die zu einer vertraulichen Konferenz nach Luxemburg kommen. Im Hotel ›Kons‹ gibt es einen kleinen Konferenzsaal. Von Herrn Bush hatte ich bis dato wenig gehört. Also ich weiß es nur jetzt, nachdem man ihn sieht. Ja, das war er. Es wurden keine Namen genannt.«

Da wurde dann das Geschäft abgeschlossen?

»Sie werden von mir nicht erwarten, daß ich dabei war. Ich saß vor dem Zimmer, habe mich mit Leuten meines Geheimdienstes unterhalten. Ich weiß nur noch, daß einer der israelischen Vertreter mir später beim Herauskommen zuzischte, ›das Geschäft ist gelaufen‹.«

Moshel erzählt so genau und detailliert von den Treffen, daß er uns überzeugt. Wir lassen uns sicherheitshalber später noch eine eidesstattliche Versicherung zu seinen Behauptungen geben, die er auch prompt unterschreibt. Dann versuchen wir seine Behauptung zu verifizieren. Zuerst ist es in den USA unmöglich festzustellen, wo Bush am 22. Oktober 1980 war. Jetzt sind wir davon überzeugt, daß Moshel eine wirklich »heiße Information« gegeben hat.

Nach 14 Tagen intensiver Recherchen stellt sich heraus, daß Bush an diesem Tag in den USA war, daß es über seinen Wahlkampfauftritt in einer kleinen Stadt sowohl Zeitungsmeldungen wie auch Filmaufnahmen gibt.

Genau auf diese Art und Weise werden Desinformationen verstreut, ob unwissentlich oder nicht, ob aus Motiven, die etwas mit Selbstdarstellungsneurosen zu tun haben, oder aus welchen Gründen auch immer. Jedenfalls ist es schon beeindruckend, wie konkrete Daten genannt werden, überzeugend behauptet wird, daß sich irgend jemand an einem bestimmten Tag an einem bestimmten Ort aufhält, in der Erwartung, daß man die Aussagen deshalb schluckt. Eine perfekte Konstruktion, die jedoch wie ein Kartenhaus in sich zusammenfällt, wenn nur ein einziger Stein herausfällt. Bei Moshel ist alles zusammengebrochen.

Die Wahlen sind gelaufen – der neue Präsident wird gewählt

Doch wieder zurück in die Realität, nach Washington, zum Wahlkampfstab der Reagan-Bush-Kampagne.

Am 30. Oktober gibt es für William Casey keine Gefahr mehr für eine Geiselbefreiung. »Wenn aber etwas geschehen könnte, was Carter die Wahlen gewinnen lassen würde, dann sind es auf keinen Fall die Geiseln.« (ITT, 24. 6. 1987)

Sein Wahlanalytiker ist da zwar anderer Ansicht, »Carter kann immer noch gewinnen«, fügt jedoch hinzu: »Ich glaube nicht, daß es die Geiseln sein werden.«

Die Wahlen am 4. November 1980 sind gelaufen. Jimmy Carter ist geschlagen. Ronald Reagan ist der neue US-Präsident und George Bush der neue US-Vizepräsident. Diejenigen, die im Wahlkampfstab am Sieg mitgewirkt haben, triumphieren. Niemand ahnt, auf welche Weise dieser Wahlsieg zustande gekommen ist.

Der 20. Januar 1981 ist ein weiterer bedeutender Tag. Jimmy Carter, der geschlagene Präsident, sitzt um 8 Uhr im Oval-Office des Weißen Hauses. Zu diesem Zeitpunkt erreicht ihn von den algerischen Vermittlern, die in den letzten Wochen die Verhandlungen organisiert haben, die lang ersehnte Nachricht: Alle finanziellen Forderungen der Iraner sind erfüllt, als Gegenleistung werden die Geiseln am gleichen Tag freigelassen.

Zur gleichen Zeit fiebert sein Nachfolger Ronald Reagan der endgültigen Erfüllung seines Traumes entgegen: der feierlichen Amtseinführung vor dem Kapitol.

In Teheran wird die Amtseinführungszeremonie genau registriert. Erst nachdem Ronald Reagan auf die Verfassung eingeschworen ist: »Ich, Ronald Reagan, schwöre, daß ich die Verfassung der Vereinigten Staaten erhalten, schützen und verteidigen werde, so wahr mir Gott helfe«, erhalten die Geiseln in Teheran die Erlaubnis, in das bereitstehende Flugzeug zu steigen. In Washington findet am gleichen Abend die offizielle Gala zur Amtseinführung statt. Der riesige Saal ist mit blauen, weißen und roten Riesenstoffgirlanden geschmückt.

Ronald Reagan, im schwarzen Cut, und seine Frau Nancy, im weißen Ballkleid, das bis zum Boden reicht, kommen Hand in Hand in den Saal. »The President of the United States«, kündigt ihn der Zeremonienmeister an, Jubel brandet auf. Zuerst tanzt Reagan mit Nancy, dann geht er an das bereitstehende Rednerpodium. Nancy schaut ihn verzückt an.

»Die letzte Nachricht, die ich habe, ist die«, seine Stimme vibriert voller Rührung, »unsere 52 Kriegsgefangenen, ich weigere mich, sie Geiseln zu nennen«, die Stimmung steigt, »sind von Algier aus in einem amerikanischen Flugzeug auf dem Weg nach Wiesbaden.«

Der Jubel ist grandios, übertönt alle Zweifel, an was es denn gelegen hat, daß die Geiselfreigabe zeitgleich mit seiner Amtseinführung erfolgte.

Er hat es geschafft.

Während am Abend in Washington gefeiert wird, trifft sich am nächsten Tag in Teheran ein amerikanischer Geschäftsmann mit seinem iranischen Freund im »Hilton«-Hotel. Der Amerikaner ist William Hermann, der Iraner Hamit Nagashan, jener iranische Waffeneinkäufer aus der Bundesrepublik, der im Zusammenhang mit Waffengeschäften des Deutschen W. aufgefallen ist und der, so W., auch an den Treffen in Paris teilgenommen hat. William Hermann über Nagashan:

»Er war der wichtigste iranische Waffeneinkäufer. Er hat für die Armee und Revolutionswächter Waffen besorgt. Er reiste durch ganz Europa, durch den Mittleren und Fernen Osten und Südamerika, um Waffen für die iranische Regierung einzukaufen.« Damals, im Januar 1981, war Bill Hermann auch in Waffengeschäften in Teheran unterwegs, der Grund dafür, daß er sich mit seinem Freund Hamit Nagashan traf. »Kurz, nachdem die Geiseln freigelassen wurden, am 21. Januar 1981, kam Hamit in mein Hotelzimmer. Wir sprachen zuerst über das Geschäft mit Baumaschinen, und da fragte er mich, ob ich gehört hätte, daß die Geiseln freigelassen wurden. Ich sagte, ja.

Und er erklärte mir: ›Weißt du, daß im Oktober ein Geschäft abgeschlossen wurde, um die Freilassung der Geiseln bis nach dem Amtsantritt von Präsident Reagan zu verzögern?‹

Ich sagte, nein, ich habe von der ganzen Sache überhaupt keine Ahnung. Er erklärte mir dann, daß die Iraner von Reagan kontaktiert wurden, die Geiseln bis nach seiner Amtseinführung festzuhalten. Dazu haben Reagans Leute uns gedrängt.«

William Hermann sitzt, vier Jahre nach dem Ereignis in Teheran, in einem idyllisch gelegenen Staatsgefängnis, in Pennsylvania. Er zählt zu einer Gruppe kleiner und mittlerer Unternehmer, die für geheime CIA-Operationen eingesetzt wurden, sich später im Gestrüpp konkurrierender Dienste (FBI, Zollbehörden, Drogenabwehrbehörde) verfingen und dafür zahlten.

Seine Aufgabe sei es gewesen, »terroristische Organisationen in Europa zu infiltrieren«, behauptet er uns gegenüber in einem Raum des Staatsgefängnisses. Er sollte herausfinden, welche Verbindungen es zwischen terroristischen Gruppen wie »Action directe« und der organisierten Kriminalität gibt, indem er gefälschte Dollarnoten zum Verkauf anbot.

Doch 1984 wurde er in Großbritannien verhaftet, mit drei Millionen Dollar Falschgeld, und an die USA ausgeliefert.

Er präsentiert uns Dokumente, die belegen, daß er kein normaler Krimineller ist. In einem FBI-Dokument wird sein Aufgabengebiet beschrieben: »Internationaler Terrorismus und Spionage«.

Das hat seinen Gefängnisaufenthalt beeinflußt. In einer Anordnung des Justizministeriums heißt es, daß er »aus Gründen der nationalen Sicherheit« einer besonderen Kontrolle unterliegen muß. Die galt zwei Jahre lang.

Wie fühlt er sich unter diesen Umständen? Man arbeitet für eine Regierungsdienststelle und sitzt deshalb im Knast?

»Ich war zur falschen Zeit am falschen Ort. Ich bin nicht der einzige. Die großen Tiere sind geschützt, und die anderen müssen die Verantwortung übernehmen. Es hat etwas mit der ›Oktober-Überraschung‹ zu tun, denn die Leute, mit denen ich zusammengearbeitet hatte, haben hohe Ämter in der Regierung.«

Die verstopfte Waffenpipeline
wird geöffnet

Voraussetzung für den Abschluß des Geiseldeals war die Zusage an die iranische Verhandlungsseite (u. a. Tabatabai, Nagashan), daß nach Reagans Wahlsieg die von Jimmy Carter verstopfte Waffenpipeline geöffnet wird, US-Rüstungsgüter in den Iran geliefert werden. Nach der Freilassung der Geiseln hat die US-Regierung nicht nur 3,9 Milliarden Dollar zurückgezahlt, die nach der Botschaftsbesetzung auf Bankkonten von Carter eingefroren wurden – Teil der offiziell sanktionierten Geiselverhandlungen. Weitere zwölf Milliarden Dollar blieben weiterhin gesperrt. Kapital, das der Iran politisch einforderte, aber zugleich war der Iran ökonomisch nicht darauf angewiesen. Durch seine reichhaltigen Erdölvorkommen verfügte Teheran über unermeßlich viel Geld. Weitaus wichtiger war demgegenüber die sofortige Lieferung von Waffen. Ersatzteile für Kampfflugzeuge, HAWK-Luftabwehrraketen und TOW-Panzerabwehrgeschosse haben absolute Priorität.
Die zu klärende Frage: Von welchem Zeitpunkt an, von welchen Orten aus und mit wessen Wissen hat der Iran Waffen amerikanischen Ursprungs erhalten?

Illegal sind amerikanische Rüstungsgüter ab 1984 in den Iran geliefert worden, mit Unterstützung amerikanischer und französischer Dienststellen, unter Beteiligung des Staates Israel. Nutznießer eines Teils der Erlöse waren die Contras in Nikaragua! Das ist das Fazit der Hearings zum Irangate-Skandal im US-

Senat aus dem Jahre 1987. Die den amerikanischen Bundesgesetzen und Anordnungen des US-Kongresses hohnsprechenden Waffenlieferungen sollen erst ab 1984 organisiert worden sein, als Gegenleistung für die Freilassung von acht amerikanischen Bürgern, die im Frühjahr 1984 von der pro-iranischen Hezbollah in Beirut als Geiseln gefangengenommen wurden.

Bei den Irangate-Hearings 1987 werden bekannte Namen genannt, zuständig für die Planung und Durchführung der Waffenlieferungen in den Iran mit dem Ziel, die Geiseln freizubekommen: General Secord, General Poindexter, Robert McFarlane, Oliver North und William Casey. CIA-Direktor Casey, der 1980 entscheidend am Zustandekommen des Deals beteiligt war, ist einer der Hauptverantwortlichen von Irangate.

Sie organisierten die geheimen Waffentransfers. Transaktionen, von denen sowohl Präsident Ronald Réagan wie auch Vizepräsident George Bush nie etwas gewußt haben wollen.

Nach der Enthüllung des Skandals erklärte der ehemalige CIA-Direktor Stanfield Turner gegenüber dem ARD-Korrespondenten Fritz Pleitgen: »Das ist viel ernster als Watergate.«

Wie läßt sich dann der Vorgang 1980 politisch einordnen?

Könnte es nicht sein, daß jenes Netzwerk von Geschäftemachern, Geheimdienstoffizieren, Waffenhändlern und Mitgliedern des Nationalen Sicherheitsrats viel früher aktiv wurde? Fragen, die kaum jemand stellte.

Vorsitzender des Irangate-Ausschusses ist Senator John Tower, nach dem ein Untersuchungsausschuß genannt wurde, die Tower-Kommission. »Wir hatten ein einfaches Mandat«, erklärt er. »Und das war herauszufinden, woher die Initiativen für den Iran-Contra-Skandal kamen. Wir hatten 88 Tage Zeit, um eine Unzahl von Dokumenten auszuwerten und die Beteiligten anzuhören. Wir hatten nur beschränkte Macht. Es gab keinen Grund für uns, die Untersuchungen auszuweiten.«

Oder wollten sie gar nicht? Während der Hearings, ob in der Tower-Kommission, dem Senate Intelligence Committee und einem Congressional Committee, wurden häufig Unterlagen, insbesondere Tagebücher, Telexe und Geheimdienstberichte, den untersuchenden Politikern vorenthalten: aus Gründen der »nationalen Sicherheit«, und als »geheim« einer öffentlichen Erörterung entzogen.

»Systematisch haben sie alle Dokumente vernichtet, die sie bedrohten. Es gab Vorgänge, die nicht bekannt werden sollten«, klagte US-Abgeordneter Jack Brocks und meint damit verdeckte Operationen des Nationalen Sicherheitsrats und des Weißen Hauses.

Nicht nur Dokumente verschwanden, sondern auch an den verdeckten Operationen Beteiligte.

»Dead men tell no tales« – Tote erzählen keine Geschichten –, betitelte die Zeitschrift »Voice« am 4. April 1989 einen Artikel, in dem Personen aufgelistet werden, die am Irangate-Skandal beteiligt waren, später unter »ungeklärten Umständen« ums Leben kamen.

Der Bekannteste ist Cyrus Hashemi, der am 21. Juli 1986 urplötzlich an Leukämie starb. Vorausgegangen waren seltsame Aktionen von Cyrus Hashemi. Am 4. Januar 1986 erhob das US-Justizministerium Anklage gegen elf internationale Geschäftsleute (vgl. Projekt Demavand, S. 167), die Waffen im Wert von 2,5 Milliarden Dollar an den Iran verkaufen wollten. Einer der Beteiligten, der Londoner Rechtsanwalt Samuel Evans, wurde 1985 von einem seiner Klienten angesprochen, von Roy Furmark, einem engen Freund des CIA-Direktors William Casey. Furmark habe von Casey erfahren, daß die USA heimlich Waffen an den Iran verkaufen. Danach wurde Cyrus Hashemi eingeschaltet, der gleichfalls über gute Kontakte zu William Casey verfügte. Die Anklage wurde erhoben, nachdem Hashemi als Agent der amerikanischen Zollbehörden in die

Gruppe eingedrungen war und sie auffliegen ließ. Dieses Waffengeschäft, so behauptet einer der Angeklagten, William Northrop, »geht auf das Geschäft 1980 zurück«. Außerdem, so behaupten sie gegenüber dem ermittelnden New Yorker Staatsanwalt Rudolph Giuliani, sei das geheime Waffengeschäft »von Vizepräsident Bush genehmigt worden«.

Beteiligt waren jedenfalls Waffenhändler, die auch an den Treffen 1980 in Paris teilgenommen hatten, abgesehen von Cyrus Hashemi: Adnan Kashoggi beispielsweise. Die Anklage gegen die am Projekt »Demavand« Beteiligten wurden fallengelassen, die mit großem Paukenschlag Verhafteten, die zwischen drei und fünf Monaten im Gefängnis saßen, konnten als freie Männer die USA verlassen. Cyrus Hashemi aber ist tot.

Deshalb vielleicht, weil er auspacken wollte, wer das Geschäft wirklich genehmigt hatte, und nicht darüber schweigen konnte, was 1980 geschehen ist? Es wird niemals geklärt werden.

»Ich werde auspacken«, kündigte im Juli 1988 Amiram Nir-Nisker dem Journalisten Bob Woodward in London an, »denn von Irangate ist bisher nur die Hälfte oder noch weniger von der Geschichte des amerikanischen Waffentranfers in den Iran bekannt.«

Am 30. November stürzte sein Flugzeug in Michoacan/Mexiko ab. »Der Tod eines Superspions« überschrieben die mexikanischen Zeitungen den Vorgang. Er war in einer Cessna 210 M in geheimer Mission unterwegs. Absturzursache: Maschinenschaden, obwohl das Flugzeug kurz zuvor gewartet worden war.

Amiram Nir-Nisker, ein israelischer Anti-Terrorismusexperte, begleitete im Mai 1986 Oliver North und McFarlane nach Teheran. Zwei Monate nach diesem Trip erklärt er dem Vizepräsidenten George Bush den Hintergrund der Iran-Contra-Affäre: als einen Handel »Waffen gegen Geiseln«.

Als »ein großes Mysterium« bezeichnete die mexikanische Presse den Absturz.

Versteckt sich hinter Irangate demnach etwas viel Größeres? Einer der wenigen Senatoren, die bereit waren, über Irangate hinauszudenken, war Senator Robert Byrd. Am 7. August 1987 erklärte er:

»Viele Fragen sind noch nicht voll beantwortet und werden wohl nie beantwortet werden ... Die geheime Politik der Bewaffnung der Ayatollahs kann schon in den frühen achtziger Jahren begonnen haben ... diese Bestechungs- und Lösegeld-Strategie war im Gedächtnis des inneren Zirkels der Präsidentenberater, noch bevor die Administration ihr Amt wahrnahm. Welche andere Erklärung gibt es für die Behauptung von Flora Lewis (einer Journalistin der ›New York Times‹, d. Verf.) eines Treffens zwischen Mr. Allen, dem ersten Sicherheitsberater des Präsidenten, und einem Offiziellen der Wahlkampfkampagne, der sich mit iranischen Amtsträgern traf, die Verbindungen zu israelischen Waffenlieferungen haben, für die Ayatollahs in den frühen Achtzigern. Daher sind weitere Untersuchungen notwendig.« (Congressional Record-Senate, 7. August 1987, S. 11586)

Der ehemalige US-Präsident Ronald Reagan und sein damaliger Vize George Bush haben immer mit der rechten Hand auf dem Herzen erklärt, daß sie wenig oder überhaupt nichts von den geheimen Waffenlieferungen gewußt haben, sondern erst informiert wurden, als die ersten Zeitungsmeldungen darüber erschienen sind. 1989, während des Prozesses gegen Oliver North, stellt sich die Lage plötzlich anders dar.

»Der Prozeß enthüllt, daß Mr. Reagan persönlich in eine verdeckte Operation verwickelt war, in der Waffen und nachrichtendienstliches Material an die Contras geliefert wurden.« (International Herald Tribune, 6. Mai 1989)

1989 lehnte es US-Präsident George Bush ab, Dokumente zu kommentieren, die während des Prozesses gegen Oliver North freigegeben wurden. Aus diesen Dokumenten, die während der Irangate-Hearings gesperrt wurden, aus »Gründen der nationalen Sicherheit«, geht hervor, daß »Mr. Bush eine direkte Rolle bei der geheimen Unterstützung für die nikaraguanischen Rebellen gespielt hat.« (International Herald Tribune, 8. 4. 1989) Bislang hatte der Präsident immer behauptet, daß er nur eine untergeordnete Rolle im Iran-Contra-Skandal gespielt habe.

Das alleine sind keine Indizien dafür, daß der Deal 1980 von Reagans Verbündeten zur Zufriedenheit der Iraner abgewickelt wurde. Merkwürdig ist jedoch, daß europäische Waffenhändler sehr genau über den Geiseldeal 1980 informiert sind, vor allem die Großen im Geschäft, die ihre besten Waffengeschäfte mit dem Iran während der Amtszeit von Reagan tätigten.

Houshang Lavi, der Waffenhändler aus Los Angeles, der am Paris-Meeting mit dabei war, kam jedenfalls erst nach Reagans Amtseinführung richtig ins Waffengeschäft. Im April und Oktober 1981 schloß die Firma »Western Dynamics International«, die von Lavis Bruder geführt wurde, mit dem Iran einen Vertrag über den Verkauf von Ersatzteilen für F-14-Flugzeuge im Wert von 16 Millionen Dollar ab. Das war erst der Anfang. Lavi, Intimus des iranischen Generals Toufanian, kooperiert in dieser Phase, 1981, mit dem iranischen Waffeneinkäufer Medhi Kashani, einem der offiziellen Waffeneinkäufer des Iran mit Wohnsitz in Teheran. In Belgien arbeiteten sie mit der Firma »ASCO« zusammen, um die Geschäfte mit dem Iran abzuwickeln. Der Firmeninhaber wird später sagen, daß »ASCO«-Belgien niemals Waffengeschäfte mit dem Iran gemacht habe. Doch technisch abgewickelt wurden die Geschäfte ja auch nicht in Brüssel, sondern über »ASCO« auf Malta.

Die Waffenpipeline in den Iran ist nun offen.

Der US-Waffenhändler, iranische Waffenbeschaffer und der israelische General Ephraim Poran haben jetzt keine Hemmungen mehr, selbst in den US-Waffendepots die Waffen auszusuchen, die zum Verkauf anstanden. Der Deal wird erledigt.

Bis 1983 wurden auf unterschiedlichen Wegen Waffen im Wert von 21 Millionen Dollar an die Iraner verkauft. Waffen, die auch aus Waffen-Depots direkt in den USA kamen. Was Lavi enthüllt, ist von besonderer Chuzpe.

»Ich kann schwören, daß die Iraner in die USA gekommen sind, in unsere Militärbasen hier gegangen sind und gekauft haben, was sie brauchten. Das geschah alles in den Jahren 1981, 1982, 1983.«

Von Lavis Position aus hat sich der Deal um die Geiseln jedenfalls gelohnt. Er ist Millionär geworden.

1981 wird im amerikanischen Verteidigungsministerium, dem Pentagon, das »Amt für Sonderoperationen« aus der Taufe gehoben. Es arbeitet eng mit der CIA und dem militärischen Geheimdienst DIA zusammen. Ein anderer Beteiligter an den Pariser Gesprächen war der Franzose Bernard Veillot. Er arbeitet nun mit diesem »Amt für Sonderoperationen« zusammen.

»Aufgabe dieses Amtes ist die Organisierung direkter oder – zum Beispiel über die Internationale der Waffenhändler – indirekter Lieferung von Waffen und anderen militärischen Ausrüstungsgegenständen. In Kooperation mit dieser Sonderabteilung des Pentagon griffen CIA und der militärische US-Geheimdienst DIA die Kontakte von Bernard Veillot auf und bauten sie zielsicher aus. Projekt Demavand war geboren.« (Michael Opperskalski, Die Hintergründe von Irangate, Geheim, Nr. 3/87)

Hängt alles damit zusammen, daß Alexander Haig, der ehemalige NATO-Oberbefehlshaber, der unter Reagan Außenminister wurde, schon Anfang 1981 den Israelis die Genehmigung erteilte, Einzelteile für Kampfflugzeuge, made in USA, in den Iran zu schicken? Der Wert dieser ersten Waffenlieferungen, die merkwürdigerweise mit dem übereinstimmen, was die Iraner während der Verhandlungen im Oktober gefordert hatten: »zirka 15 Millionen Dollar«. (The Nation, 24. 10. 1987)

Zwar dementierte Alexander Haig, daß es irgendeine regierungsamtliche Genehmigung für die Lieferung von US-Rüstungsgütern an den Iran gegeben habe. Dem hält der Chef der Europa-Abteilung der CIA, Duane Clarridge, entgegen, daß die Waffenlieferungen in den Iran schon früher als 1984 begonnen hatten, »wahrscheinlich gehen sie auf 1981 zurück, sicher ab 1982«. (Clarridge, Testimony to I/CPanel, zit. n.: The Nation, 24. 10. 1987)

Bestätigt wird das später durch den damaligen israelischen Verteidigungsminister Ariel Sharon, der erklärte, daß die israelischen Waffenlieferungen für den Iran 1981 anfingen und von den USA genehmigt worden sind.

»Wir diskutieren mit unseren amerikanischen Kollegen darüber. Wir sagten, daß wir natürlich mit Khomeinis Tyrannei nichts zu tun haben wollen und sie hassen. Aber wir müssen ein kleines Fenster in diesem Land offenhalten.« (Washington Post, 29. 11. 1986)

Trotz aller Dementis sind die amerikanischen Behörden nicht nur über die geheimen Waffengeschäfte Israels mit dem Iran von Anfang an eingeweiht. Diese Pipeline ist Bestandteil ihrer Strategie, das Versprechen den Mullahs gegenüber einzulösen, durch verdeckte Operationen. Die CIA funktioniert wieder.

Aus dem Büro des Premierministers in Jerusalem verlautete am 30. Mai 1982: »Dieses Thema der Kontakte zum Iran wurde mit amerikanischen Politikern höchsten Ranges besprochen, und was geschah, geschah mit ihrem Wissen.«(Ahron Sharon, Iran-Israel-USA, Maariv, 28. November 1986)

Am 18. Juli 1981 wird über der Türkei ein argentinisches Flugzeug vermißt. Das Flugzeug, mit der Eintragung AL 44 Nr. 224 IR, ist in Teheran gestartet und sollte nach Zypern fliegen. Es ist ein Flugzeug, das ab 11. Juli 1981 eine regelmäßige Strecke flog: Tel Aviv–Larnaka–Teheran. An Bord waren immer Waffen für die Mullahs. Warum es abgestürzt ist, bleibt im dunkeln. Weniger im dunkeln bleibt dafür die Beteiligung Israels an den Waffenlieferungen in den Iran.

Die israelische Connection ist von besonderer Bedeutung. Während der Schah-Zeiten war Israel, neben den USA, der wichtigste Bündnispartner des Schahs. Der Iran war jenes Land, aus dem Israel den überwiegenden Teil des Erdöls erhielt. Es existierten enge Verbindungen zwischen israelischen Militär- und Nachrichtendiensten und den Partnern im Iran. Deshalb war es für Israel ein Schock, als der Schah entmachtet wurde und Khomeini die Macht an sich riß. Der Kriegsausbruch im Oktober 1980 bot für Israel eine ideale Möglichkeit, die schlechten Beziehungen wiederaufzufrischen. Der Iran benötigte dringend Ersatzteile, die USA waren unter Carter nicht bereit, sie zu liefern. Israel aktivierte daraufhin die alten Kontakte zum iranischen Militär und füllte die Lücke, die das Waffenembargo der USA hinterlassen hatte. Der Grund für diese Unterstützung eines Regimes, das Israel zu seinem Todfeind auserkoren hat, erklärt sich Benjamin Beit-Hallahmi, Professor für Psychologie an der Universität Haifa, so: »Der israelische Staat war und ist in der Tat an einem Bündnis mit dem Iran interessiert, trotz der tiefen Kluft, die ihn vom Khomeini-Regime trennt. Für diese strategische Zielsetzung sind drei Gesichtspunkte maßgeblich:

1. Israel sollte seine traditionsreichen Kontakte zum iranischen Militär weiterpflegen.

2. Solange der Krieg zwischen dem ›arabischen Feindstaat‹ Irak und dem Iran, der unter seinem derzeitigen Regime ebenfalls ein potentieller Feind ist, weitergeht, kann dies Israel nur zum Vorteil gereichen. Der Irak fällt derzeit, da vollauf mit dem Iran beschäftigt, für jede denkbare arabische Kriegskoalition gegen Israel aus.

3. Der Krieg hat innerhalb der arabischen Welt neue Gräben aufgerissen. Während Syrien und Libyen den Iran unterstützen, haben sich alle anderen arabischen Staaten auf die Seite des Irak

geschlagen.« (Benjamin Beit-Hallahmi, Schmutzige Allianzen. Die geheimen Geschäfte Israels, München 1988, S. 29) Doch Israel verfügt überhaupt nicht über so viele Waffen, wie sie im Iran benötigt werden. Deshalb ist man schon 1981 auf US-Rüstungsgüter angewiesen. Im März 1981 beispielsweise listet eine israelische Firma, die »Kendal-Holding«, auf, was der Iran dringend fordert. Ersatzteile US-made, besonders Ersatzteile für Kampfflugzeuge und Transportmaschinen.

Anfang 1981 geht es Schlag auf Schlag weiter.

Im April 1981 unterzeichnet der iranische Sonderdiplomat Tabatabai, ebenfalls einer der beim Geiseldeal anwesenden Männer, »einen Kontrakt mit Israel, über Waffenlieferungen im Wert von 200 Millionen Dollar«. (Washington Post, 16. 8. 1987)

Drei Monate später, im Juli 1981, taucht bei Waffengeschäften ein weiterer Name auf: Colonel Deghan, iranischer Vizeminister im Verteidigungsministerium, zuständig für Waffenbeschaffung.

Er ist der Mann, der zusammen mit Houshang Lavi am runden Tisch im Pariser Hotel »Raphaël« saß, um die Konditionen für die Waffenlieferungen aus den USA mit auszuhandeln. »Im Juli«, meldet die Zeitschrift »South«, »hat er zusammen mit dem israelischen Waffenhändler Jacob Nimrodi einen Deal über die Lieferung von US-Lance- und US-HAWK-Raketen abgeschlossen: Wert 135 Millionen Dollar.« (South, London, Mai 1987)

Deghan suchte im Oktober 1985 um politisches Asyl in Großbritannien nach und lebt seitdem unter dem Schutz von Scotland-Yard.

Der Geschäftspartner von Deghan, Jacob Nimrodi, war unter den Schah-Zeiten in Teheran Chef des israelischen MOSSAD, danach in Rüstungsgeschäften tätig. Gegenüber dem britischen

Fernsehen BBC erklärte er am 8. Februar 1982, daß es »notwendig sei, Khomeini durch einen Putsch zu stürzen«. Als das nicht klappte, profitierte er in den folgenden Jahren von den Waffengeschäften mit dem Iran.

Israel entwickelt sich zum Strohmann amerikanischer Interessen, die auf diese Weise Länder mit Waffen beliefern können, die wegen des Embargos offiziell nicht beliefert werden dürfen.

Waffentransporte in den Iran liefen aber nicht nur über Israel. Ein bedeutsamer Stützpunkt war die Bundesrepublik.

Aus den Lagern der amerikanischen Streitkräfte in der Bundesrepublik, so behauptet es Mr. Alias, damaliger Brigadegeneral im US-Hauptquartier in Stuttgart, wurden massenhaft Ersatzteile für HAWK-Raketen in den Iran geliefert.

»Ich weiß davon, weil ich amtlich Kenntnis davon hatte, und das waren Bestände, die geheim aufgebaut wurden, als Alexander Haig noch Chef der NATO war. Da wurde doppelte Buchführung betrieben, damit die Kongreßabgeordneten in Amerika nicht erfuhren, daß es diese Bestände überhaupt gibt. Das waren alles Waffen für die ›Rapid Deployment Force‹.«

Die RDP ist die schnelle Einsatztruppe der USA, die in der Bundesrepublik über mehrere Stützpunkte verfügt, deren Truppen samt Ausrüstungsgegenständen während der gemeinsamen NATO-Truppenmanöver, der Reforger-Übungen, aus den USA eingeflogen werden.

Welche Waffen sind aus diesen, auf deutschem Boden stationierten US-Lagern in den Iran gegangen?

»Das waren verschiedene Waffen, inklusive HAWK-Raketen. Aber die sind nicht nur in den Iran gegangen«, sagt Mr. Alias. Eines der Depots befindet sich in Aschaffenburg, dem Standort der 3. US-Infanterie-Division. Sie untersteht dem Hauptquartier der US-Streitkräfte in Stuttgart, dem US-Stützpunkt, in dem Mr. Alias als Brigadegeneral gearbeitet hatte.

1982 und 1983 suchten hier wie in den USA iranische Waffeneinkäufer, begleitet von hohen US-Offizieren und Waffenhändlern, das Kriegsmaterial aus. Aus Kitzingen, einem anderen US-Depot, wurden nach diesen Besuchen Ersatzteile für HAWK-Luftabwehrraketen über den Frankfurter Rhein-Main-Flughafen in den Iran verschifft.

Bei alledem wundert es nicht, daß einer der wichtigsten Waffenhändler, Manucher Ghorbanifar, Mitarbeiter der CIA mit engen Verbindungen zu Israel, sich auf dem amerikanischen Flughafen bei Wiesbaden mit der Verhandlungsdelegation treffen konnte, die die Waffen für den Iran in den US-Lagern aussortierte. Gemeinsam fuhren sie nach Aschaffenburg und Würzburg. Die Tore der Lager standen ihnen weit offen. Sie inspizierten die Bestände, vergleichen sie mit der Liste der iranischen Wünsche. Danach wurden die Rüstungsgüter in Richtung Iran verladen. »Teilweise«, weiß Mr. Alias, »waren die Lager derart leergeplündert, daß bei einem eventuellen Krieg die HAWK-Luftabwehrraketen überhaupt nicht einsatzfähig waren.«

In Aschaffenburg mit dabei war Houshang Lavi, über dessen Firma »United Aero System« in Los Angeles ein Teil der Geschäfte abgeschlossen wurde. »Ich war selbst beteiligt am Verkauf der Waffen. Das war alles bekannt. Ich verkaufte die HAWK-Raketen zu hohen Preisen. Ich wurde deshalb nie verhaftet oder angeklagt.«

Die Waffenpipeline aus der Bundesrepublik in den Iran begann, so William Hermann, der enge Geschäftspartner des Iraners Nagashan, bereits drei bis vier Monate nach der Amtseinführung von Reagan. »Einzelteile für F-14-Flugzeuge gingen direkt von den US-Lagern nach Israel und dann in den Iran weiter.«

»Es ist richtig«, erzählt wie selbstverständlich der Ex-Waffenhändler aus dem Westfälischen und Freund Hamit Nagashans, »daß 1982 die NATO-Bestände aus Lagern in der Bundesrepublik und Südbelgien geplündert wurden. Besonders HAWK-

Ersatzteile, die, um ein Beispiel zu nennen, normalerweise 20 000 Dollar kosteten, wurden an die Iraner für 200 000 Dollar verkauft.« Der Ex-Brigadegeneral, Mr. Alias aus Stuttgart, bestätigt noch eine andere Dimension der Waffenverschiebungen. »Bundesdeutsche Politiker sind nicht nur in diese Geschäfte eingeweiht gewesen. Sie haben sogar über eine Tarnfirma in Zürich erheblich mitverdient. Profite daraus sind schwarz in bestimmte Parteikassen geflossen.« Mr. Alias behauptet schließlich, daß er »Quittungen« über die damaligen Finanztransaktionen habe. »Das ist meine Lebensversicherung.«

Unabhängig von dem Ex-Brigadegeneral erzählt W., daß es in Zürich eine Firma gibt beziehungsweise gegeben habe, über die die Waffenlieferungen in den Iran abgewickelt wurden, eine »Firma mit bundesdeutscher politischer Beteiligung«.

Doch die Angst, etwas unbedacht auszuplaudern, läßt ihn sofort wieder schweigen.

Ähnliche Schwingungen von Angst wie bei W. erlebte auch Barbara Honnegger.

Im späten August 1988 trifft sie sich in Washington, D.C., mit einem hohen Mitarbeiter des Nationalen Sicherheitsrats zum Dinner. Beim Thema Waffen für den Iran endet abrupt das Gespräch. Woher kommen die Waffen, die 1981 nach Reagans Wahl in den Iran gingen, will sie von ihrem Gesprächspartner wissen. »›Dafür gibt es nur einen Platz, die Reforger-Lager, wenn die Waffen heimlich in den Iran gebracht worden sind.‹« Doch dann wurde er außerordentlich verärgert. Er schrie im Restaurant herum. »›Um Himmels willen. Bringen Sie mich bloß nicht in Verbindung mit all diesen Dingen. Sie können allein dafür, daß Sie davon etwas wissen, umgebracht werden.‹«

Es geht hier nicht darum, die Vielzahl von legalen, halblegalen oder illegalen Waffengeschäften nachzuvollziehen, die entgegen Reagans offiziellem Waffenembargo mit dem Iran abgeschlossen wurden. Dazu existiert eine Flut von Literatur, obwohl das wahre Ausmaß dieser Waffenlieferungen bis heute sicher überhaupt nicht bekannt geworden ist. Vielleicht weiß das Bundeskriminalamt einiges – das aber hüllt sich in politisch zurückhaltendes Schweigen.

Daß dabei die amerikanischen Waffenlager in der Bundesrepublik ausgeplündert worden sind, vor allem in den Jahren 1982 und 1983, spielt eine untergeordnete Rolle. Die Erfahrung sagt, daß derartige Transaktionen nicht ohne Wissen bundesdeutscher Dienststellen möglich sind, selbst wenn hinter vorgehaltener Hand bittere Verärgerung geäußert wird. Doch sie haben das O.K. aus Bonn erhalten, sollen die Waffenlieferungen nicht unterbinden.

Sicher ist nur, daß die US-Regierung ihr in Paris gegebenes Versprechen eingehalten hat, daß die Waffen in den Iran geliefert werden, wenn die Geiseln erst nach der Amtseinführung von Reagan im Januar 1981 freigelassen werden. Achtzehn Monate, nachdem Ronald Reagan in sein Regierungsamt eingeführt wurde, hat der Iran alle Ersatzteile und Waffen erhalten, die Carter nie bereit war zu liefern. Waffen, die die Mullahs in Paris als Gegenleistung eingefordert hatten.

Die US-Administration mag sich noch so sehr in Dementis hüllen – nicht nur die Israelis haben ihre Waffenschiebereien in voller Kenntnis der US-Behörden beziehungsweise bestimmter Regierungsstellen durchgeführt.

Neben dem politischen Skandal gibt es das individuelle Drama der Geiseln. Sie wurden benutzt, waren machtpolitische Spielfiguren. Sie halfen, Politiker ins Weiße Haus zu bringen, die als Förderer der Rüstungsindustrie den kalten Krieg auf diesem Globus erst einmal anheizten. Politiker, die in ihrer ideologischen Propaganda weder Mühe noch Mittel gescheut haben, um zu verkünden, daß sie die wahren Hüter demokratischer Prinzipien sind, die überall auf der Welt durchgesetzt werden müssen.

Was 1980 geschah, bilanziert Gary Sick, der ehemalige Sicherheitsberater von Carter, der ja noch unter Reagan in Amt und Würden war, uns gegenüber mit diesem Statement:

»Es gab Treffen im späten Oktober in Paris. Wir wissen, daß die Waffenlieferungen von Israel in den Iran zur gleichen Zeit begannen. Wir wissen, daß die Iraner ihre offizielle Verhandlungsstrategie in dieser Zeit änderten, die bislang von der Carter-Regierung Waffen haben wollten. Wir wissen, daß die Geiseln erst freigelassen wurden, als Jimmy Carter das Weiße Haus verlassen hat. Und es gab Druck, damit das genau an diesem Tag geschieht. Und wir wissen, daß Waffen von Israel in den Iran gingen, unmittelbar nach Reagans Amtsantritt. Waffen, die Carter nicht liefern wollte. Wir haben außerdem die Aussage von Mitgliedern der Reagan-Wahlkampfmannschaft, wonach offen über einen Deal gesprochen wurde, der sicherstellen sollte, daß die Geiseln erst nach den Wahlen freigelassen werden.«

Das Interview mit Gary Sick, einem äußerst vorsichtigen Politikwissenschaftler, führten wir im Sommer 1989. Damals wußte er noch nicht alles, oder er wehrte sich gegen das, was so offensichtlich ist: daß es eigentlich keinen Zweifel mehr gibt, wie das Geschäft abgelaufen ist: genauso, wie es hier dokumentiert worden ist. Wobei wir absolut sicher sind, daß wir noch lange nicht am Kern der Wahrheit angekommen sind.

Realismus ist die Anerkennung des Realen, anzuerkennen, daß etwas existiert. Trotzdem existieren Hemmungen, diese Realität zu akzeptieren. Weil unsere Wahrnehmungen von politischen Idealen geprägt sind, die sich gegen den realen Zustand wehren? Deshalb nochmals die Frage nach der Glaubwürdigkeit derjenigen, die offen über den Deal sprechen: Ex-Geheimagenten, Waffenhändler, Offiziere und abgehalfterte Politiker. Zweifellos haben die ihre eigenen Interessen: Neid, Verbitterung, Rache, Frustration – menschliche Eigenschaften. Doch wären die wiedergebenen Aussagen nicht mehrfach überprüft worden, von unterschiedlichsten Quellen bestätigt worden, so wäre jede für sich in der Tat mit großer Vorsicht zu behandeln. Aber sie fügen sich lückenlos in ein Bild des Pokers um die Macht ein, bei dem 1980 jedes Mittel recht war, Reagan an die Macht und Jimmy Carter aus der politischen Macht zu katapultieren. Selbst ein Bruch der Verfassung, auf die alle Präsidenten eingeschworen sind, wurde wissentlich in Kauf genommen. Welche Moralvorstellungen müssen die Politiker in den USA haben, die von diesem Deal gewußt haben?

Und was die Glaubwürdigkeit von bestimmten Aussagen der Waffenhändler und Ex-Geheimagenten angeht: Warum sollen sie weniger glaubwürdig sein als die amerikanischen Politiker, Militärs und Mitarbeiter des Nationalen Sicherheitsrats, deren Aktivitäten erst durch Irangate aufgedeckt wurden, Männer, die teilweise bis heute bestreiten, daß sie jemals etwas davon wußten?

George Bush, der US-Politiker, der auch in den Deal verwickelt sein soll, kandidierte 1988 als Reagans Nachfolger. Er wird der 41. US-Präsident und schwört bei seiner Amtseinführung, im Januar 1989, auf den Stufen des Kapitols, das gleiche wie sein Vorgänger: »Ich, George Herbert Walker Bush, werde die Verfassung der Vereinigten Staaten schützen, bewahren und verteidigen.« Kühne und heroische Sätze.

Absolute Krönung der präsidialen Amtseinführungs-Show bot jedoch der Beginn seiner Inaugurationsrede.

»Meine erste Handlung als Präsident ist ein Gebet, und ich bitte Sie, ihr Haupt zu neigen. Himmlischer Vater, wir neigen unser Haupt und danken dir für deine Liebe. Nimm unseren Dank an für den Frieden, der diesen Tag trägt, und für den gemeinsamen Glauben, der dessen Beständigkeit wahrscheinlich macht. Mache uns stark, um dein Werk zu verrichten. Denn uns wird die Macht weder gegeben, um unsere eigenen Zwecke zu fördern, noch, um uns einen Namen zu machen. Es gibt nur einen gerechtfertigten Gebrauch der Gewalt, und das ist, den Menschen zu dienen. Hilf uns, uns daran zu erinnern, o Herr.«

Oh, Herr Bush. Vielleicht wußte er, der nach Ansicht der amerikanischen Schneider der bestgekleidete Staatsmann des Jahres 1988 ist, ja 1980 wirklich nichts von den illegalen Machenschaften auch seines Wahlkampfstabs. Dann trägt er jedoch die falschen Kleider. Denn das würde bedeuten, daß die Kontrolle der Macht nicht funktioniert, politische Entscheidungen von anderen Kreisen als den dazu politisch legitimierten getroffen werden. Das würde bedeuten, daß es eine Mitternachts-Regierung gibt, die außerhalb der demokratisch-parlamentarischen Kontrolle wirkt.

Ich will es nicht glauben.

Doch viele derjenigen Männer, die den Geiseldeal 1980 mitorganisierten, kamen ja alle in den späteren Regierungen von Reagan und Bush zu hohen politischen Weihen. Die meisten davon haben sich inzwischen wieder ihren normalen Geschäften gewidmet: Anwälte, Unternehmensberater, Immobilienhändler. Einige sind gestorben, wie der CIA-Chef William Casey.

Donald Gregg, Bushs enger Vertrauter seit 1982, ist Botschafter in Südkorea geworden. Und es gibt einige, die damals dabei waren, heute jedoch nicht mehr leben. Gestorben an plötzlichen und unerwarteten Krankheiten, bei Flugzeugabstürzen, bei Verkehrsunfällen. Das Leben geht trotzdem weiter.

Im Hauptquartier der CIA, in Langley, herrscht wieder Frieden. Die verdeckten Operationen sind wie selten zuvor angestiegen. Das Trauma Jimmy Carter und seine verdammte politische Ethik ist überwunden. Nicht überwunden ist wahrscheinlich, daß der Iran, aufgrund des enormen Wissens darum, was und wer im Jahre 1980 am Geiseldeal beteiligt war, über ein großes politisches Druckpotential verfügt. Die Erpreßbarkeit von Politikern durch kompromittierendes Wissen über ihre Mittäter-

und Mitwisserschaft – das ist die andere Dimension des Geisel-
geschäftes, eine Dimension, die wenig überschaubar ist, ob in
Panama, Israel oder anderswo.

Und eines soll auch nicht vergessen werden: Der Krieg zwischen
dem Iran und Irak, der über acht Jahre dauerte, hinterließ auf
den Schlachtfeldern, auf denen die westlichen Waffen explodier-
ten, über 800 000 Leichen. Millionenfach wurden Menschen
verletzt, verkrüppelt, Familien auseinandergerissen. Wieviel
Leid, Trauer und Verbitterung hätte vermieden werden können,
wenn das Waffenembargo, ob gegen den Iran oder den Irak,
wirklich eingehalten worden wäre. Die Repräsentanten der Rüstungsindustrie demgegenüber jubelten über die Dividenden.

Jimmy Carters späte Erkenntnis

»Ein Gespenst geht um in der Welt: die Staatsraison, die zum höchsten Gesetz der Menschen und der Nationen geworden ist. Fast alle Staatsmänner des Westens oder des Ostens, gleichgültig, ob sie nun aus einer demokratischen, sozialistischen oder republikanischen Tradition hervorgegangen sind oder ob sie einer elitären, diskriminatorischen und autokratischen Tradition angehören, berufen sich heute auf sie. Schlimmer noch: Diese Männer berufen sich in arroganter Weise auf die Staatsraison als höchste Rechtfertigung ihres Tuns.« (Prof. Jean Ziegler, Genossen an die Macht, Frankfurt/M. 1988, S. 13)

Staatsraison auch beim geschlagenen Präsidenten Jimmy Carter, der durch den Deal 1980 aus dem Amt gewählt wurde. Vordergründig geschah das durch das übliche Plebiszit einer Bevölkerung, die Reagan gewählt hat, nach dem üblichen demokratischen Verfahren.

Carter wollte lange Zeit nicht wahrhaben, mit welchen dreckigen Tricks die Wahlen beeinflußt wurden. Ihm ging es nicht anders als der internationalen Öffentlichkeit.

»Aber Jimmy Carter«, so Rechtsanwalt Bourguet in Paris, »wußte, was gelaufen ist, wollte aber nachträglich nicht als jemand gelten, der als Verlierer nun mit bösartigen Argumenten den neuen Präsidenten diskreditieren will. Er ist ein religiöser und fairer Mann. Er würde niemals akzeptieren, diese Vorgänge aus dem Jahr 1980 zu benutzen, um zu erklären, warum er damals geschlagen wurde. Der denkt, ›die sind nun an der

Macht. Sie müssen akzeptiert werden. Und selbst wenn wir viele Dinge wissen, die sie gefährden können: Okay.‹ Aber wenn er vor ein Gericht geladen würde, um unter Eid auszusagen, dann würde er nicht mehr schweigen.«

Carter hätte gewinnen können. Davon ist heute noch der Ex-Staatspräsident Bani-Sadr überzeugt. »Aber so war es, daß Reagan mit Khomeini zusammenspielte. Beide wollten an die Macht kommen. Das ging nur, wenn sie die offiziellen Verhandlungen sabotieren.«

Bani-Sadr selbst wurde wenige Monate nach Lösung des Geiseldramas durch einen Befehl des Revolutionsführers seines Postens als Oberbefehlshaber der Armee enthoben. Am 22. Juni 1981 fegt Khomeini seinen Staatspräsidenten Bani-Sadr auch aus diesem Amt. Jetzt verleumdet er Bani-Sadr als »Konterrevolutionär und Feind des Islam«.

Bani-Sadr mußte fluchtartig den Iran verlassen.

Im Gegensatz zu Ex-Staatspräsident Bani-Sadr schwieg Ex-Präsident Jimmy Carter sehr lange.

Heute denkt nicht nur er anders.

Am 24. Februar 1988 verfaßt er einen sensationellen Brief an einen befreundeten Journalisten. Sensationell deshalb, weil er erstmals einräumt, bereits im Spätsommer 1980 erfahren zu haben, daß Mitglieder der Reagan-Bush-Wahlkampfmannschaft Verhandlungen mit Iranern führten, damit die Geiseln erst nach den Wahlen freigelassen werden. Es ist ein zutiefst niederschmetterndes Dokument der Zeitgeschichte, einer Geschichtsschreibung, die im Fall des Wahl-Geiseldeals 1980 aber noch nicht geschrieben ist.

»Wir hatten seit dem späten Sommer 1980 Berichte, daß Reagan-Wahlkampfhelfer mit Iranern darüber verhandelten, die Freilassung der Geiseln zu verzögern. Ich zog es vor, diese Berichte zu ignorieren. Später, wie Du weißt, hat der ehemalige iranische Präsident Bani-Sadr in verschiedenen Interviews behauptet, daß eine solche Vereinbarung getroffen wurde, in der Bud McFarlane, George Bush und natürlich Bill Casey verwickelt waren. Ich habe niemals versucht, diesen Behauptungen nachzugehen, sondern darauf vertraut, daß Untersuchungen und die Geschichtsschreibung eines Tages die Wahrheit ans Licht bringen werden. Ich weiß nicht, was die Wahrheit ist.«

Einige Monate nach diesem Brief wurde Carter in einer Talk-Show befragt, ob es einen solchen Deal tatsächlich gegeben habe. Seine Antwort: »Ich habe Berichte erhalten, vor den Wahlen, daß das voranging, daß die Geiseln nicht freikommen und daß die Waffen an den Iran, entweder direkt oder indirekt, durch die Israelis geliefert werden sollen.«

Nicht nur Carter wurde durch den skrupellosen Umgang mit den Instrumenten der Macht im Jahre 1980 um die Präsidentschaft gebracht, sondern auch der liberale Präsident Bani-Sadr. Er sitzt nun in seinem Pariser Exil, schreibt Bücher, verfaßt Reden und hofft, daß sich die Verhältnisse im Iran irgendwann einmal ändern.

Nachbetrachtungen

»Unser Zeitalter ist eines der zweckvollsten Lügen, bewußt erfundener und bewußt akzeptierter Fiktionen, die die Rolle von Wahrheiten spielen, nicht nur, weil sie praktisch, leicht manipulierbar und allgemein verwendbar sind, sondern auch, weil es keine Wahrheiten gibt.« (Chiaromonto, zeitgenössischer Philosoph)

Diese Einsicht kann jeder lesen, der den »Philosophenweg« entlangspaziert. Dort steht sie auf ein grünes Plastikschild geschrieben, eingelassen in einen kräftigen Holzbalken am Wegrand.

Den »Philosophenweg« wanderte ich immer entlang und blieb vor diesem Spruch stehen, nachdem ich den Ex-Waffenhändler aus dem Westfälischen besucht hatte. Den Mann, der lieber ins Gefängnis gehen würde, als etwas von seinem intimen Wissen über den Wahlkampfbetrug 1980 und die danach folgenden politischen Manipulationen der Öffentlichkeit zu erzählen.

Doch als ich ihn nach Abschluß des Manuskriptes, im Februar 1990, noch einmal aufsuchte, da war er endlich bereit, länger mit mir zu reden.

Unser Gespräch drehte sich nicht mehr um irgendwelche konkreten Details, nicht um Namen und Orte, sondern um die politische Moral.

»Die Mullahs haben den Schah zu Recht als korrupten Politiker bloßgestellt«, sagt er mir. »Aber was machen die führenden Mullahs in Teheran? Sie sind noch korrupter. Was ist das für eine Moral?«

Ein führender iranischer Mann ist in Europa unterwegs, um all das einzukaufen, was für den Bau einer Atombombe notwendig ist. Jeder weiß davon, doch niemand hindert ihn. »Was ist das für eine Moral?«

Die kleinen Beteiligten an illegalen Geschäften läßt man auffliegen. Und die großen Politiker, im Nadelstreifenanzug, bleiben unberührt. »Was ist das für eine Moral?« Ich weiß keine Antworten.

Und warum ist es so ruhig um den derzeitigen US-Präsidenten George Bush? fragt er. »Ich weiß von dir etwas, du weißt von mir etwas, also sagt niemand etwas.«

George Bush war und ist der Mann der CIA. Ein »yes man«, einer, der von der CIA-Gemeinde deshalb verehrt wird, weil er sie gewähren läßt. Er ist ein smarter Politiker, der durch die CIA an die Macht gekommen ist. Ehemalige CIA-Mitarbeiter werden deshalb unter seiner Präsidentschaft beispielsweise zu Botschaftern in China und Südkorea ernannt, Männer, die ihm während des Iran-Contra-Skandals aus der Patsche halfen, mit hohen Regierungsämtern belohnt.

Während überall in der Welt Glasnost und Perestroika zu politischen und gesellschaftlichen Umbrüchen führten, entwickelte sich die CIA zu einem alles kontrollierenden, manipulierenden und bestimmenden Moloch, zu einer Mitternachtsregierung. Doch wir tun immer noch so, als sei das nur ein Phantom, eine drittrangige Erscheinung. Denn schließlich gibt es ja die demokratischen Kontrollinstanzen. Damit geben wir uns zufrieden. »Wir sind das Volk«, haben die DDR-Bürger im November hunderttausendfach gerufen und ein diktatorisches System gestürzt.

Die Wirklichkeit wird aber auch die letzten leichtgläubigen und naiven Rufer bald einholen. Die Stasi wurde aufgelöst, endlich. Die Bürger in der DDR merkten, wie sie kontrolliert und bespitzelt wurden.

Was dagegen würde an die Öffentlichkeit kommen, wenn die westlichen Nachrichtendienste einmal vom Volk kontrolliert würden?
Alle schweigen!

Dokumente

1010

UNCLASSIFIED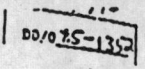

C 9075

19 August 1985

MEMORANDUM FOR THE RECORD

SUBJECT: Status of Hashemi-Elliot Richardson Contact

1. Elliot Richardson phoned the DCI on 14 August to find out if the illusive ████████ (the undersigned) worked for the DCI and to see if a meeting could be arranged to find out the Agency's intentions toward his client, Mr. Hashemi. At the DCI's instruction, I telephoned Mr. Richardson back to repeat the status of our relationship with Mr. Hashemi.

2. Mr. Richardson was informed that the ball remains in Mr. Hashemi's court, as it was the last time we talked on 16 July. Mr. Richardson said that he understood that Hashemi had dropped his condition, i.e., that Hashemi would do nothing until the US Government spoke to his lawyer.

3. Mr. Richardson said that he was anxious to know if his client would be treated fairly, commensurate with the effort he was making on our behalf. I had him hold on the phone while I found the correct language in our file, then read him the language we received from State and Justice: "the possibility of any judicial consideration for Mr. Hashemi can only be addressed after the US Government has learned what the results of the first meeting in Europe is which Mr. Hashemi allegedly is setting up." Mr. Richardson tried to ask what "consideration" meant and to elicit further our thinking on the nolle prosequi. I repeated only that there was nothing further we could say until a meeting takes place. The ball has been in his client's court for some weeks and that frankly his client does not have a good track record in these matters. I also noted that Mr. Hashemi has an established channel through a third party when he wishes to reach us. Richardson replied that he had attempted to reach that third party (Mr. Shaheen) but was unsuccessful.

3. Two problems occur:

a. I am no longer sure that Mr. Shaheen will be available as an intermediary in the event that Mr. Hashemi talks to us again. Perhaps the DCI has more information on Mr. Shaheen.

EXHIBIT
C.B-3

DO   49900
- 3 1 34

DCI
EYES
ALY

C11N 3802 3748

REVIEWED FOR RELEASE
DATE 10 may 87
KZI +SSC

UNCLASSIFIED

C-377

CIA-Dokument über Hashemis Aktivitäten

UNCLASSIFIED Chapter 9 FN° 13,14,48
9030

3. Until his death of natural causes in July of 1986,
Hashemi was to be one of the primary witnesses at trial. Even
though we had no part in the Customs sting operation, the
Agency may be brought into the case because the defense may
make an issue of Hashemi's attempts to contact the Agency to
secure favorable treatment on his 1984 indictment.

4.. Representatives from the Directorate of Operations and
the Office of General Counsel have met with the Department of
Justice attorney and the local prosecutor to brief them
concerning our equities in this case and to allow them to
review redacted versions of Agency documents. They have been
made aware that our primary concerns are to protect from
disclosure ▓▓▓▓▓▓▓▓▓▓▓▓▓▓▓▓▓▓▓▓▓▓▓▓▓▓▓▓▓▓▓▓▓▓▓▓▓
▓▓▓▓▓▓▓▓▓▓▓▓▓▓▓▓▓▓▓▓▓▓▓▓▓▓▓▓▓▓▓▓▓ the details of our
involvment with the attempt to arrange the hostage release in
1985, the identities of covert sources, and the identities of
covert CIA officers. As it now stands, we are anticipating
that we will be compelled to acknowledge our relationship with
Hashemi with a summary description of his post indictment
activities that are relevant to an entrapment defense.

5. On 5 September 1986, we were informed that one of the
defense attorneys had indicated to Mr. Hashemi's attorney,
William B. Wachtel, interest in reviewing his file on Hashemi
and discussing with him his knowledge of Hashemi's activities.
Mr. Wachtel is inclined to assert attorney client privilege.
Based on information in our files, it is obvious that Mr.
Watchel is fully informed on Hashemi's dealings with various
government agencies. OGC is currently discussing with Justice
and State attorneys means to prevent the release of classified
information by Mr. Wachtel.

3   1   34

DO   49573

UNCLASSIFIED

CIIN 3792

CIA-Dokument über Hashemis Aktivitäten

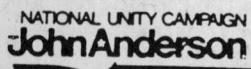

October 10, 1980

The Honorable Harold H. Saunders
Assistant Secretary of State for
  Near Eastern and South Asian Affairs
Department of State
Washington, D.C. 20520

Dear Hal:

I want to thank you for the very helpful
discussion we had on Wednesday. It was
good of you to see us on such short notice.
Needless to say, we hope that your checks
confirm that the lead is worth pursuing.
We look forward to chatting with you further
as soon as you have some feedback.

With best personal wishes,

Sincerely,

Alton Frye
Director of Policy Planning

Brief der Wahlkampagne des Präsidentschaftsbewerbers
John Anderson über den Kontakt zwischen ihr und Houshang Lavi

15 MARCH 1985
MR ABRAHAM PRIEM   TELEX NETHERLANDS 25648 ARCA NL

MR PRIEM

IN ANSWER TO YOUR TELEX.
1. CONTINENTAL TRUST IS HANDLING THE BANKING FOR THE FUNDS.
2. MR WILKINS IS THE OFFICER OF CONTINENTAL TRUST WORKING WITH
    LORD WYMONDHAM.
3. THE AUGSBURG SETTLEMENT OF 1773 IS LORD WYMONDHAM'S PRIMARY
    TRUST. IT IS PARTICIPATING IN THE FUNDING AND COORDINATING
    THE OTHER FUNDERS INVOLVED.

LORD WYMONDHAM WILL MAKE NO FURTHER CALLS TO CREDITE EUROPEAN.
HE HAS TALKED WITH THEM TWICE. IN BOTH CALLS THEY HAVE TOLD
HIM THEY ARE NOT INVOLVED IN THIS TRANSACTION.

TO BEGIN THE TRANSACTION CREDITE EUROPEAN MUST FIRST SEND THE
EXACT TELEX I GAVE TO MR MERTENS AND MR LENSCH. NO PHONE CALLS
OR OTHER TELEXES WILL BE ACCEPTED.

YOU UNDERSTAND THAT LORD WYMONDHAM WILL NOT ALLOW HIS BANKING
REPRESENTATIVE TO CALL CREDITE EUROPEAN UNTIL THEY HAVE
POSITIVELY GUARANTEED TO HIS BANK THAT THEY POSITIVELY HAVE THE
COLLATERAL AND ARE WILLING TO DO THIS TRANSACTION. BECAUSE
THEY HAVE TOLD HIM TWO TIMES THAT THEY ARE NOT INTERESTED HE
DOES NOT BELIEVE THIS TRANSACTION WILL HAPPEN.
BEST REGARDS
DICK BRENNEKE

Copy to Klaus Lensch   W. Germany
                     T/x 841 1756410 mvm d.

Telex über Waffenverkäufe, die von Richard Brenneke mit
organisiert wurden

ASSISTANT SECRETARY OF STATE
WASHINGTON, D.C. 20520

SECRET/SENSITIVE

October 15, 1980

MEMORANDUM FOR THE RECORD

SUBJECT: Exchanges with Regovin and Lavi

This memorandum records two exchanges with Mitch Regovin subsequent to my October 14 memo to Mr. Christopher.

Evening, October 14. After discussing the October 14 telephone call with Mr. Christopher, I called Regovin to say that we are following the recommendation made by Mr. Lavi and are checking out their proposal ourselves with Bani-Sadr. We would be back to him as soon as we had a response. Regovin's tone was less antagonistic than in the conversation with Bob Owen and me earlier in the afternoon and he seemed to be satisfied.

Afternoon, October 15. Regovin called me at noon and asked if he and Mr. Lavi could come in at 3 p.m. When we met, he presented the attached telex of additional equipment, this time relating to F-5E and F-4 aircraft. Regovin then recounted events since October 11, reported in my previous memo reviewing the same proposal.

The line the two attempted to establish in this meeting was that we had been negotiating since last week, that Mr. Lavi's conversations with Bani-Sadr and the offer to release Bruce Laingen were the proof of Bani-Sadr's support of the proposal, and that the visit to Washington of the two Iranian officials from New York would be to get into negotiation of the other Iranian demands made by Khomeini. This came out in the following way: When Regovin said what is the next step, I replied that we would wait to get a response from our approach to Bani-Sadr and then, if we decide to go ahead, we would say we were prepared to negotiate with the two Iranians from New York, and that would be the decision on our part to start a negotiation. Regovin and Lavi both came back and said that they assumed the negotiation was already underway. I repeated that we had, as Lavi had proposed, sent a message to check out this proposal with Bani-Sadr and we would wait until we had a response before deciding what we wanted to do.

Regovin then started to rehearse events since "September 29" from which time he dates the beginning of this exercise

SECRET/SENSITIVE

Dokument des Weißen Hauses über die Gespräche mit Houshang Lavi

DECLASSIFIED

- 2 -

and pressed very hard that time is passing and that we are too slow. I then asked him whether he or Mr. Lavi knew whether the Prime Minister of Iran is arriving in New York tomorrow. Neither of them did. I suggested that this was just one example of how many tracks are operating at this point and said I thought there was wisdom in waiting for our decision until we could determine how the tracks fit together. Since neither had known of Rajai's trip, neither had a basis for further objection to our proposed course of action in checking out their proposal and we left it that when we heard back from Bani-Sadr we would be in touch with them.

Regovin also said that Lavi had been asked for intelligence on Soviet re-supply of Iraq. I said that I could not go into detail on this but that in general our understanding was that mainly Soviet items in the pipeline were being delivered; we saw no sign of an emergency re-supply effort.

Meanwhile, I will put the latest list in Gary Sick's hands to have it analyzed by General Graves.

NEA:HHSaunders:he
10/15/80 x29588

IN THE UNITED STATES DISTRICT COURT
FOR THE DISTRICT OF COLORADO

Criminal Case No. **89 - CR - 152**

UNITED STATES OF AMERICA,

Plaintiff,

vs.

RICHARD BRENNEKE,

Defendant.

INDICTMENT
18 U.S.C. § 1623(a)

The Grand Jury charges that:

1. On or about September 23, 1988, in the State and District of Colorado, RICHARD BRENNEKE, while under oath in a proceeding before the United States District Court for the District of Colorado in the case entitled United States v. Heinrich Rupp, Criminal Case No. 87-CR-112, knowingly made a false material declaration; that is, he gave the following answers to the following questions:

p. 5 Lne 16

> Q. Mr. Brenneke, do you have personal knowledge that Mr. Rupp, for a period of time, has been engaged in activities on behalf of the Central Intelligence Agency and/or the National Security Council for the United States of America?
>
> A. Yes, I do.

*   *   *

p. 7. Lne 23.

> Q. . . . do you have any personal knowledge of any flying activities that Mr. Rupp was involved in on or about October of 1980, involving a vice-presidential candidate at that time by the name of George Bush?
>
> A. Yes, sir, I do.
>
> On the 19th of October, Mr. Rupp brought Mr. Bush, Mr. Casey, and a number of other people to Paris, France, from the United States, for a meeting with Iranian representatives.

Anklage gegen den Zeugen Richard Brenneke, der vor einem Gericht behauptet hat, daß 1980 der Handel Waffen gegen

.3 Lin.6.

Q. And were you engaged in any meetings
after the arrival of Mr. Casey, Mr. Bush,
and other personnel?

A. Yes, sir, I was.

   I was involved in a meeting with -- I
was at a meeting which involved Mr.
Casey, specifically --

   THE COURT: Can you specify what Mr.
Casey we're talking about?

A. Here, we're talking about William
Casey, who later became the Director of
the Central Intelligence Agency, sir.

   THE COURT: What position did he hold
at the time you are talking about, on
October 19th of 1980?

A. I believe at that time he was the
chairman of the Republican Presidential
Campaign. I don't know the precise
title, sir.

   THE COURT: All right, something like
that?

   THE WITNESS: Yes, sir.

Q. (BY MR. SCOTT) And what -- can you
tell the Court in your own words what the
substance of the meeting was and who was
involved in the meeting that you were
engaged in and what the location of the
meeting was?

A. The meeting I was engaged in was held
at the Hotel Florida, in Paris, France,
on the 20th of October, 1980. Present
were acquaintances of mine from France,
an individual by the name of Robert
Benes.

   THE COURT: How do you spell that?

   THE WITNESS: B-a-n-e-s, Your Honor.

   THE COURT: He's French?

   THE WITNESS: He's French. He's a
French citizen.

   THE COURT: All right.

-2-

Geiseln durch die Reagan-Bush-Wahlmannschaft durchgeführt wurde

THE WITNESS: Also present was Mr. Donald Gregg.

THE COURT: G-r-e-g-g?

THE WITNESS: Yes, sir, G-r-e-g-g.

And he was, at that time, affiliated with the National Security Council.

THE COURT: Of the United States?

p.9 L.16.
THE WITNESS: Of the United States of America.

* * *

p 18. L. 14
THE COURT: Were you at this meeting in Paris as a member of the CIA or what?

THE WITNESS: Yes, sir, I was.

THE COURT: What was your role?

THE WITNESS: I was there as an observer.

THE COURT: How long were you in the CIA?

THE WITNESS: About 18 years.

* * *

p.22 L. 14
THE COURT: Is it your testimony that Mr. Rupp was an agent of or employed by the Central Intelligence Agency in October of 1980?

THE WITNESS: Yes, sir, it is.

* * *

p. 52 L.23
Q. (BY MR. O'ROURKE) Mr. Brenneke, you were explaining that you were a contractor with the CIA. Can you explain what that means?

p.53. L.1
A. Yes. A contractor is a person who is hired to do a job and is not a -- an employee -- not necessarily an employee at Langley or McLean, Virginia, does not report to work at 8:00 in the morning and leave work at 5:00 in the afternoon.

-3-

Q. Are you saying then that you were
employed as a contractor at different
times over this 18 1/2-year period?

A. As it turned out, I was employed for
the entire period.

Q. As a contractor only?

A. Yes.

P. 53 L. 9.

2. At the time and place aforesaid, the United States
District Court was engaged in a proceeding relating to the
sentencing of Heinrich Rupp in Criminal Case No. 87-CR-112.
That proceeding included a request by Mr. Rupp that he be
released from custody at that time.

3. The aforesaid declaration of RICHARD BRENNEKE was
material to the matter under consideration in that
proceeding.

4. The aforesaid declaration of RICHARD BRENNEKE, as he
then knew and believed, was false in that he and Heinrich
Rupp were not employed by, and were not contractors for, the
Central Intelligence Agency.

5. The aforesaid declaration of RICHARD BRENNEKE, as he
then knew and believed, was false in that on or about October
19-20, 1980, George Bush, William Casey and Donald Gregg were
not present in Paris, France.

The foregoing was in violation of Title 18, United
States Code, Section 1623(a).

A TRUE BILL:

Robert L. Watton

FOREPERSON

MICHAEL J. NORTON
Acting United States Attorney

By: THOMAS M. O'ROURKE
Assistant U.S. Attorney

-4-

DEPARTMENT OF THE TREASURY

UNITED STATES SECRET SERVICE

FILE ⬚

Washington Field Office
Suite 600
1900 Pennsylvania Avenue, N. W.
Washington, D. C. 20226

⬚⬚⬚⬚ ⬚⬚ ⬚⬚⬚⬚⬚⬚ ⬚⬚⬚⬚⬚⬚ BRANCH
⬚⬚⬚ ⬚⬚⬚⬚⬚⬚⬚ IN PROTECTIVE MOVEMENT
FILE

February 17, 1981

<u>BRIEF SURVEY REPORT</u>

RE: Visit of George Bush to Capitol
Hilton Hotel, Washington, D. C.
on October 19, 1980.

Mr. H. Stuart Knight
Director, U. S. Secret Service
Washington, D. C.

Sir:

<u>INTRODUCTION</u>

~~On October 19, 1980 at 7:00 PM Nominee Bush arrived via motorcade at the Capitol Hilton Hotel.~~ Nominee Bush attended a dinner in the main ballroom. At the conclusion of the dinner Nominee Bush departed via motorcade enroute his residence.

This survey was conducted at Washington, D. C. by the following:

NAME	OFFICE	RESPONSIBILITY	DATE OF ARRIVAL
SA ⬚⬚⬚	WFO	Lead Advance Agent	POD — ⬚

<u>SECURITY</u>

The Detail Command Post was utilized for communications during this movement.

The following Special Agents were utilized:

⬚⬚⬚⬚

Security was effected at 6:00 PM by the following law enforcement agencies:

U. S. Secret Service
U. S. Secret Service Uniform Division
Metropolitan Police Department

BUY U. S. SAVINGS BONDS AND SAVE

Bericht des Secret Service über den Aufenthalt von George
Bush am 19. Oktober 1980

Mr. H. Stuart Knight   - 2 -

George Washington Hospital was surveyed and routes designated.

COMMUNICATIONS

Mike frequency was the primary frequency during this movement.

Additional Security Measures: N/A

Number of SA Posts utilized: Number of OTA Posts utilized:

CONCLUSION

The following unusual incident occurred:

ERA demonstration, well contained, orderly; no other unusual incidents.

                                        Very truly yours,

APPROVED:

Acting Special Agent in Charge

cc: Washington Field Office

to: gen. farivar
   deputy national defence minister
   saltanat abad - tehran, iran, tlx no. 213554 (mio ir)

from: boyn trading co.
   backershagen 97c, 1082 gt amsterdam, p.o.b. 71166
   1008 bd amsterdam, netherlands, tlx no. 13364 hobal nl

   we are pleased to offer the following:

```
                                                  candf bandar abbas
                                                  unit price usdollars
                                                  --------------------
```

1. 100.000 units 130 mm cartridge h .e. m46
            complete with fuze,   819.25
   delivery:

   13.700 units - from stock
    6.000 units - within one month aro
   30.000 units - without four months aro
   balance - 7.500 units monthly thereafter

2. 100 units 106 mm recoilless rifle m 40a1 complete
   including accessories   25.425.-
   delivery:
   50 units - one month aro
   balance - 25 units bi-monthly starting 5 months aro

3. 10 dets recommended spare parts each
   set for 10 recoiless rifles   27.120/set
   delivery:

   in same proportion as the recoilless rifles

4. 18.000 units 106 mm cartridge heat for recoiless
   rifle,   322.-
   delivery:

   3.000 units - one month aro
   5.000 units - four months aro
   5.000 units - twelve months aro
   5.000 units - fifteen months aro

5. 2.000 units 106 mm cartridge hept for
          recoilless rifle   322.-

   delivery: one month aro

6. 10.000 units 175 mm sub cliber complete round (price will
          be submitted later)
   delivery: one month aro

7. 60.000 units 155 mm projectile how. h.e. m107,
          with fuze but without charge   240.30
   delivery: 20.000 units - within one month aro
   balance : 7.500 units monthly starting 3 months aro

8) a. 10.000 units ''uzi'' submachinegun 9 mm calibre
             each complete with two 25-round magazine,
             carrying sling and cleaning tools   310.75
        delivery: from army stock
        total quantity one month qro

Telex über Waffenverkäufe einer israelischen Firma
an den Iran

b.. 15.000 units ''uzi'' as above   367.-
   delivery:
   starting 8 months aro at a rate of 2.000 pcs monthly

9. 10 million units 9 mm cartridge ball, for
   submachinegun   151.30/1000
   delivery: total quantity within one month aro

10. 1.5 million units 9 mm cartridge ball tracer for
    submachinegun   237.30/1000

    delivery: total quantity within one month aro.

11. 40 million units 7.62 mm cartridge ball   254.25/1000

    delivery:
    10 million units, one month aro
    10 million units, five months aro
    10 million units, eight months aro
    10 million units, eleven months aro.

12. 40 million units 7.62 mm cartridge linked at a
        ratio of 4 units ball and 1 unit tracer.   332.25/1000
    delivery: same as above

qem 1 million units 0.5'' cartridge linked at a ratio
         of: 3 api and 2 api-t   2.09

    delivery: one month aro

14. 3 million 20 mm cartridge ''vulcan'' linked at a
        ratio of 7 units h.e./i and 1 unit ap/1   19.83

    delivery:

    100.000 units within one month aro
    250.000 units six months aro
    250.000 units twelve months aro
    200.000 units monthly starting thirteen months aro.

15. 30.000 units 250 kg air bombs (mk 82) complete   1.269.-
    delivery:
    2.000 units within one month aro
    thereafter : 1.000 units monthly

16. 50.000 units 130 kg air bombs complete similar
          to mk 81   770.-
    delivery:
    5.000 units - within one month aro. balance at a rate of
    2.000 units monthly starting 4-5 months aro

17. 10.000 units 360 kg air bombs (similar to mk117)
          complete   1.525.-
    delivery:
    1.000 units within one month aro
    balance : 500 units monthly starting 4 months aro

prices:

   all the above mentioned prices are firm government prices and
candf bandar abbas.

payment: 50-0/0 in advance with the order balance by irrevocable,
         divisible l/c to be opened by you in our favour and
         confirmed by a first rate prime bank.

note: aro as mentioned above means: after receipt of prepayment
      of 50-0/0 and l/c.

linkage: for goods offered for delivery upto 12 months prices are
     m   firm and final.

    prices of goods to be delivered after 12 months will be
calculated as follows :

50-0/0 of price firm and final
50-0/0 of price linked to o.e.c.d.

consumer price index.

we would like to point out that our organisation is in a
position to supply you with hundreds items, military ammunication
and equipment in various fields like :

1. explosive and chemical products used in the production of
   ammunition.
2. artillery guns, mortors and ammunition
3. rockets and launders, ground to ground rockets and aircraft
   rockets and launchers.
4. aircraft armaments and equipment.
5. naval armament and euipment.

    please let us know of your requirement and we shall do out
utmost to supply and assist you.

    regards

          boyn trading co.

pls read after point 12. :   qem = point 13.

213554 mio ir
13364z hbal nl